Gewidmet dem inneren
und äußeren Frieden

Geschrieben
von Michael Gleich,
fotografiert
von Christian Klant

Places of Resonance
Orte der Stille in Südwestfalen

8 **Stille, verortet**
Über die Sehnsucht nach Resonanz

18 **Alme-Quellen**
Geburt

26 **Nuhne Ursprung**
Getrennt – verbunden

34 **St. Bonifatius**
Ganz sein

41 **Freistuhl Düdinghausen**
Frieden

47 **Friedenskapelle**
Dankbarkeit

52 **Borberg**
Trauer und Erlösung

60 **Wilzenberg**
Gemeinsam – allein sein

68 **Kyrill-Pfad**
Tod und Neugeburt

78 **»Am Kahlen«**
Sich ent-sorgen

86 **Himmelssäulen | Douglasien**
Ehrfurcht

94 **Kloster Flechtdorf**
Herkunft und Zukunft

102 **Rinsleyfelsen | Saalhausen**
Erhabenheit

109 **Steinbruch an der Peperburg**
Musik der Natur

116 **Der Goldene Pfad**
Brüche

126 **Kirche und Kirchhof St. Peter und Paul**
Lebendiger Tod

136 **Kirche St. Maria Magdalena**
Heilung

142 **Adorfer Klippen**
Das innere Kind

149 **Osterkopf**
Unendlichkeit

159 **Philippstollen im Eisenberg**
Angst und Vertrauen

167 **Unterkirche Hallenberg**
Weibliche Urkraft

173 **Open Mind Places**
Perspektivwechsel

182 **Hollenhaus**
Haben und Sein

190 **Lausebuche**
Nach innen lauschen

194 **Eiche im Ohl**
Gastfreundschaft

206 **Staumauer | Diemelsee**
Kraft und Macht

211 **Schmalah Stausee**
Im Fluss

220 **Kirche St. Dionysius**
Einfachheit

227 **Wallfahrtskirche Kohlhagen**
Tröstung

236 **Schwarzbachtal**
Geschaffen und vergänglich

246 **Steinbruch am Schinkenkeller**
Verwandlung

256 **SteinZeitMensch**
Verrückt sein

262 **Gefühlsbilder jenseits der Zeit**
Die Fotografie von Christian Klant

270 Die Autoren

272 Impressum

Stille, verortet
Über die Sehnsucht nach Resonanz

»Wo aber Gefahr ist,
da wächst das Rettende auch.«
Diese Zeilen von Friedrich Hölderlin,
1803 gedacht und geschrieben,
könnten auf das 21. Jahrhundert
übertragen lauten:
»Wo aber die Seele droht,
in Hektik und Stress verloren zu gehen,
da wächst die Sehnsucht
nach Stille auch.« Nach Innehalten.
Sich wieder spüren.

Ankommen bei sich selbst.
Neue Einsichten gewinnen.
Wer bin ich eigentlich?
Was will ich wirklich?
Und warum renne ich eigentlich
so aufgescheucht durchs Leben –
schneller an ein Ziel?
Oder einfach nur weg?
Es ist auch die Sehnsucht,
sich selbst wieder zu befragen.
Ohne die schnellen Antworten,
die an jeder Ecke
oder mit zwei Klicks wohlfeil sind.
Es ist die Sehnsucht
nach Zeiträumen und nach Plätzen,
die innere Sammlung
und Besinnung ermöglichen.
Die Sehnsucht nach Seelenorten.

Beschleunigung ist der große Beweger.

Die treibende Kraft hinter Phänomenen wie Informationsüberflutung, Hektik am Arbeitsplatz, Burn-out, Schlaflosigkeit, Depression. Viele westliche Menschen beschleicht das herzbeengende Gefühl, nicht mehr mitzukommen. Beschleunigung heißt nicht einfach »immer schneller«. Sie bezeichnet eine Steigerungslogik, die dem herrschenden Wirtschaftssystem eigen ist. Produktion, Distribution und Konsumption müssen mehr, schneller und weitreichender werden allein dafür, nicht zurückzufallen im Wettbewerb. Wir müssen in diesem Jahr mehr machen, um den Stand des Vorjahres zu halten. Denn alle anderen machen ja auch: mehr.

Aus den sich selbst beschleunigenden Wirbeln in der Wirtschaft ist unmerklich ein (un)heimliches Narrativ in die Gesellschaft eingesickert. Mach mehr! Werde besser! Lauf schneller! Eine Umkehrung der eigentlichen Hierarchie wurde vollzogen. Schon von Ökonomen wie Adam Smith war es ganz anders gedacht. Und zwar so: Die Finanzwirtschaft stellt das Geld bereit und dient damit der Realwirtschaft, die wiederum der Gesellschaft dient. Das soziale Miteinander stand oben, an erster Stelle. Doch dann wurde, als Tribut an Wettbewerb und Profitstreben, alles auf den Kopf gestellt. Alle Bereiche der Gesellschaft – Bildung, Freizeit, Gesundheit, Ortschaften – werden so umgebaut, dass sie einer reibungslosen Wirtschaftsmaschinerie dienen. Dort hat die hyperschnelle Finanzwirtschaft das Sagen, die heute in der Lage ist, in Sekunden Billionen rund um den Globus zu katapultieren. Sie agiert in Lichtgeschwindigkeit. Unschlagbar.

Seele macht da nicht mit. Sie funkt auf langsameren Frequenzen. Um das zu konstatieren, muss man nicht alte Indianerweisheiten bemühen. Krankengeschichten sind beredt genug. Psychische Erkrankungen sind zu

einem Massenphänomen geworden. Der tiefere
Grund heißt Entfremdung, eine direkte Folge von
Beschleunigung. Verbindungen gehen verloren:
zu mir selbst, zu anderen Menschen, zur Natur; von
Gott gar nicht zu reden. – Soweit zur Gefahr.
Nun zum Rettenden auch.

**»Wenn Beschleunigung das Problem ist,
dann ist Resonanz vielleicht die Lösung.«**

So beginnt das Buch des Soziologen Hartmut Rosa,
das mich tief berührt und für die Annäherung an die
Seelenorte inspiriert hat. Eigentlich stammt der Begriff
Resonanz aus der Physik und bezeichnet Schwingungen,
die durch die Zufuhr von Energie ausgelöst werden. Rosa
überträgt diesen Begriff auf menschliche Beziehungen.
Zu anderen, zur Natur, zu allem, was uns umgibt. Er
beschreibt nichts Geringeres als unsere Weltbeziehung.
Etwas erreicht uns im Inneren, berührt uns, und wir
reagieren darauf mit einer je eigenen Antwort.

So kann uns die Schönheit einer Blume berühren,
eine Gedichtzeile, der Blick in die Augen eines anderen
Menschen, aber auch der Geruch eines Misthaufens.
Das löst in uns Gedanken, Gefühle, Handlungen aus.
Resonanz ist jedoch kein Echo, so wie ein Ton von
einer Felswand akustisch-mechanisch zurückgeworfen
wird. Die gleiche Berührung kann bei einem anderen
Menschen andere Reaktionen bewirken. Von mir selbst
kenne ich, dass mich ein Musikstück an dem einen Tag
zu Tränen rühren kann und an einem anderen völlig kalt
lässt. Offensichtlich braucht Resonanz einen inneren
Raum, in dem sie klingen kann. Wenn der verschlossen
ist, verstummt sie.

In Südwestfalen, genauer: im Sauerland hat
man nach Orten gefahndet, an denen die Menschen seit
alters und bis heute eine hohe Intensität spüren.

Plätze, die berühren und inspirieren; die dazu einladen, sich niederzulassen und zur Ruhe zu kommen; von denen die Ortsansässigen spannende Geschichten zu erzählen wissen, *Vertellekes,* wie man im Idiom der Region sagt. Sie sind fündig geworden, haben 43 dieser Orte identifiziert und beschrieben. Sie, das sind Touristikerinnen, Naturschützer, Heimatpflegerinnen, Kirchenleute und spirituell Interessierte. An jedem Ort machten sie gemeinsam einen »Wahrnehmungsspaziergang«: lauschend nach außen und nach innen, mit allen Sinnen den Ort und seine Qualitäten erspürend, ein stilles Gespräch mit ihm führend. Nur wenn man sich einig war, man befinde sich tatsächlich an einem besonderen Ort, wurde er in den Kanon aufgenommen. Man nannte sie »Sauerland-Seelenorte«.

    Und dann brauchte es einen, der ihre Geschichten aufschreibt. So kamen die Sauerländer-Wanderdörfer, eine touristische Kooperation in Südwestfalen, auf mich, Autor und Exilant, mit 19 aus dem Tal am Rothaarkamm geflohen, das mir viel zu eng geworden war, mit nie gekappter Verbindung zum »Land der tausend Berge«. Nicht mehr Messdiener, dafür Meditierender. Und passionierter Wanderer. Ich habe alle 43 Orte besucht, die meisten zu Fuß. Felsen und Steinbrüche, Kirchen und Bergkuppen, mächtige Bäume und unterirdische Grotten, Seen und Talsperren. Und meine alte Heimat völlig neu kennengelernt. Überwältigt von der Fülle an kulturellen, natürlichen und spirituellen Reichtümern, von denen ich in Kindheit und Jugend nichts gewusst hatte.

    Im Südschwarzwald hat man Kraftorte benannt, im Allgäu »Magische Kraftorte«, ein Verlag gibt eine Reiseführer-Serie mit »Glücksorten« heraus, und verspricht: Fahr hin und werde glücklich. In anderen Regionen wurden die Orte entweder nur von den Touristikern, von Kirchenleuten oder von Autoren ausgesucht.

Nirgendwo war der Prozess der Findung so aufwändig und achtsam wie in Südwestfalen. Die ganze örtliche Bevölkerung konnte sich beteiligen. In Workshops und bei den genannten Wahrnehmungswanderungen spürte man den spirituellen Qualitäten nach. Erzähl-Paten meldeten sich, um Interessierte an ihre Lieblingsplätze zu führen.

Auch die meisten Einheimischen waren überrascht von der Anzahl und Vielfalt dieser außergewöhnlichen Plätze. Von Anfang meiner Recherchewanderungen an habe ich mich gefragt, was sie, die äußerlich so verschieden aussehen, eigentlich miteinander verbindet? Kosmische Energien, heilende Vibes? Dazu habe ich wenig Zugang, ohne zu behaupten, dass es so etwas nicht gibt. Das Magische liegt mir nicht so. Was ich aber spüren konnte an den Seelenorten, war eine Einladung an mein Inneres, zur Ruhe zu kommen. Die langsame Annäherung als Wanderer war diesem Runterkommen und Ankommen dienlich.

»Wenn alles still ist | geschieht am meisten«,

schrieb der dänische Philosoph Søren Kierkegaard. Ich verstehe den Satz so, dass er nicht nur die äußere Ruhe meinte (kein Lärm) sondern auch die innere Lautlosigkeit (keine dröhnenden Gedanken, kein Wegdriften, kein Dagegenhalten). In Momenten dieses einfachen Seins an den Seelenorten geschah dann tatsächlich »am meisten«. Im Steinbruch an der Peperburg durfte ich einem »Konzert für zwei schüchterne Motorsägen, Hummelchor und Amselsolo« lauschen. Auf der Lichtung vor der Skulptur *SteinZeitMensch* wurde ich Zeuge, dass meine Fantasie einen uralten Kampf zwischen den Nassauern (protestantisch) und den Köllschen (katholisch) für mich inszenierte. Am Freistuhl bei Düdinghausen, ein uralter Gerichtsort,

konnte ich die Verhandlung von »Mißetaten, Diebstahl und Reuberey« belauschen. Und beim Eindringen in den 700 Meter langen, eiskalten Philippstollen war mir danach, bei der Heiligen Barbara um Schutz zu bitten, genau wie einst die Kumpel, die hier unter großer Gefahr mit Hammer und Meißel Eisenerz schlugen.

     Das Verbindende dieser Erfahrungen ist eben jenes Phänomen der Resonanz. Sie zeigte sich je anders: mal als pure Freude, mal als eine neue Erkenntnis über mich selbst, mal als ein Fantasiegalopp meiner Assoziationen. Aber immer war da etwas, das mich im Inneren erreichte, das etwas in mir etwas zum Schwingen und Klingen brachte. Deshalb sind diese Plätze für mich Resonanzorte.

www.sauerland-seelenorte.de

Resonanz lässt sich nicht herstellen.

Sie geschieht. Bei jedem anders, an jedem Tag anders; insofern ist das, was ich erlebt habe und hier beschreibe, nur eine von vielen Möglichkeiten des Erlebens; jede Besucherin, jeder Wanderer wird sie auf eigene Weise entdecken. Das zeigte sich auch, als ich mit dem Fotokünstler Christian Klant erneut unterwegs war und mitbekam, dass seine Assoziationen oft völlig anders waren als meine. Wie schön! So ergänzt und bereichert sich der bildliche und textliche Ausdruck gegenseitig.

Resonanz ist unverfügbar.
Nicht planbar, nicht kontrollierbar.

Genau aus dieser Qualität entfaltet sich das Überraschende, das Neue, die frische Lebendigkeit. Es lassen sich allenfalls Bedingungen nennen, die förderlich sind, damit in Menschen etwas zum Schwingen kommen kann. Dazu gehören direkter Kontakt, Präsenz (ganz und gar anwesend sein), Langsamkeit und Muße. Klingt einfach. Und entspricht doch nicht Tempo und Rhythmus, die wir uns angewöhnt haben. Beim Wandern jedoch kommen viele dieser begünstigenden Faktoren zusammen. Es zählt zu den Resonanzsportarten, wie die englische Trendforscherin Oona Horx-Strathern sie nennt: »Sie können einen Impuls auslösen, der unser Leben, unsere Sichtweise, unsere inneren Einstellungen verändert. Über die zu erwartenden positiven Auswirkungen auf unser körperliches und geistiges Wohlbefinden hinaus. Resonanzsport zieht Menschen an, die auf der Suche nach einer neuen Verbundenheit sind.« Dass Wandern im Trend liegt und insbesondere bei jüngeren Generationen immer beliebter wird, ist sicher auch eine heilsame Reaktion auf einen sich ständig beschleunigenden Alltag.

Als bereichernd habe ich es erfahren, wenn gute Begleiterinnen und Begleiter mich an die Seelenorte führten. Menschen, die eine besonders innige Beziehung dazu haben, die dort seit vielen Jahren immer wieder hingehen und die ihr Wissen darüber mit mir geteilt haben. Sie waren wie menschliche Schlüssel, die Tore zu einem tieferen Verständnis aufschlossen. Persönliche Geschichten, Anekdoten aus der Historie, spannende Naturerklärungen. Anni Kuhler geleitete mich zu den größten Lebewesen Südwestfalens, mehr als 60 Meter hohe Douglasien, die sie »Himmelssäulen« nennt; als sie ihren Kopf an die Rinde legte und auf das Fließen der Lebenssäfte darunter lauschte, musste ich unwillkürlich mittun. Wolfgang Kraft weihte mich in das Geheimnis ein, dass die Alme-Quellen eigentlich einem Ozean entspringen, und sein verschmitztes Lächeln während des Erzählens sagte mir, dass er den Überraschungsmoment genoss. Horst Freese ließ Düdinghausener Dorfgeschichte lebendig werden, wie die vom Knecht Hanns Unland, der einen Fehdebrief an seinen Bauern an die Kirchentür heftete, in dem nicht mehr stand als »Dü wol waist warum«; er streute im Dorf, der Bauer habe ihn anstiften wollen, den neuen lutherischen Pfarrer umzubringen. Oder die Förstersfrau, die mir auf dem Rinsleyfelsen erzählte: Genau hier oben, weit über dem Tal, habe ihr der junge Förster den Verlobungsring angesteckt, vor vielen Jahren, genau um sieben Uhr morgens.

    Die Geschichten der Erzähler wirken zweifach: Der Funke ihres Begeisterungsfeuers springt auf mich über und entzündet auch in mir Freude; und die Fakten und Kontexte, die sie berichten, erschließen mir die geschichtliche und spirituelle Bedeutung der Orte. »Man sieht, was man weiß«, meinte Johann Wolfgang von Goethe.

Natur ist ein besonderer Resonanzraum.

Wir erkennen in den Zyklen des Keimens, Wachsens und Vergehens das eigene Werden, die eigene Lebendigkeit und die eigene Vergänglichkeit wieder. An den Alme Quellen, die vieldutzendfach der Erde entspringen, erlebe ich das Wunder einer Flussgeburt. Am »Hollenhaus«, einem beeindruckenden Felsen bei Bödefeld, werde ich Zeuge eines Schauspiels in vielen Wendungen. Nach einem heftigen Hagelschauer beginnt der dick mit Moos gepolsterte Waldboden zu dampfen. Nebel steigt auf. Sonnenstrahlen durchdringen das Kronendach der Buchen, fächern sich auf, als würde ihr Licht durch farbige Kirchenfenster gebrochen. Die knallgelben Flechten, die sich auf der Unterseite des Felsens ausbreiten, beginnen zu leuchten. In dieser Kulisse wirken die kahlen Stämme abgestorbener Bäume wie Säulen und Pfeiler eines mächtigen Doms, die großen Baumpilze daran wie steinerne Skulpturen. Der Wald als Kathedrale. In Wormbach, auf dem Friedhof von St. Peter und Paul, machen die schlicht-ergreifend aufgereihten Holzkreuze klar, dass wir im Tod alle gleich sind. Und auf dem Kyrill-Pfad zeigt mir der Ranger, wie nach einem verheerenden Orkan neues Leben auf dem Humus von Baumleichen sprießt. Geburt und Leben, Tod und Neugeburt. Existenzielles wird angerührt. Sinnfragen tauchen auf. Das Fragende und Suchende bekommt Raum. Fragen öffnen. Könnten sie wichtiger sein als finale Antworten?

Wenn wir uns in der Natur bewegen, können wir erkennen, dass wir selbst Natur sind. Und können uns so frei fühlen wie sonst nirgendwo. Das liegt daran, dass die Natur keine Urteile über uns fällt. Wir können eintauchen in die lebendige Stille der Seelenorte und ankommen. Genau hier, in diesem Moment –
bei uns selbst.

Alme-Quellen
Geburt

Können Quellen mitten in Deutschland
einem Ozean entspringen?
Welche Rolle spielt der Uhu-Felsen
als Ruheort?
Gibt es fliegende Juwelen?
Wie kommt ein Mensch ins Sprudeln?
Solvitur ambulando –
es wird im Gehen gelöst –
auf einer Wanderung
als Antwortsuche.

Es ist still. Jetzt um die Mittagszeit scheinen die Singvögel zu schläfrig für Konzerte zu sein. Der frische Duft von Wasserminze begleitet mich, Sträuße von Mädesüß lassen die Luft nach Honig und Vanille schmecken. Von Süden kommend, wandere ich durch das schluchtartige Mühlental, auf Alme zu. Keine Mühle ist zu sehen, kein Bach, nach dem das Dorf benannt wurde. Auf der Suche nach dessen Quelle folge ich einem trockenen Bachbett, das in sanften Kurven nach Norden führt. Meine Idee von einer Quelle sieht so aus: Da gibt es eine kleine Mauer, heraus lugt ein Wasserspeier, dessen dünner Strahl in ein Becken fließt, darüber das Schild »XY Quelle«.

  Hinter einem der Mäander erlebe ich etwas, das meine Vorstellungen komplett über den Haufen wirft. Das Wunder einer Geburt: Erst ist da nichts außer Staub und Steinen. Ein paar Meter weiter nur zeigt sich ein Schimmer, der die grauen Steine silbern färbt. Dann glitzert es stärker, überall ein Rinnen und Rieseln, ohne dass etwas zu hören wäre, so als hätte jemand den Ton abgedreht. Nur zwei, drei Schritte weiter wird das Wasser quirliger. Luftbläschen drängen wie Perlenschnüre von unten herauf und kräuseln in kleinen Kreisen die Oberfläche. Wahrlich, diese Quelle sprudelt.

  Jetzt beginnt die Alme, Geräusche zu machen. Sie säuselt, seufzt, blubbert. Sie wächst schnell. Ein paar Meter weiter erlebe ich sie schon als jemanden, der eine ziemliche Welle schiebt und mit pubertierendem Tosen auf sich aufmerksam macht. Wie sammelt sie diese Kraft? Woher kommt all das Wasser? Nach weiteren Gehminuten wächst sich die Quelle zu einem mehrere Meter breiten, unbändig strömenden Bach aus. Gemeinsam erreichen wir einen großen, aufgestauten Teich am Dorfrand. Die Alme wird still, als wolle sie sich besinnen. Und behält doch ihre angeborene Munterkeit. Mit aufsteigenden Bläschen und Ringen auf dem glasklaren Wasser verrät sie weitere unterirdische Zuflüsse, die sie nähren. Auch der Teich ist Quelle.

Ich bin mit einem Bewohner von Alme verabredet, der mir diesen Seelenort erklären will. Wolfgang Kraft engagiert sich ehrenamtlich in der Alme AG. Der Verein will das Dorf lebendig erhalten, dem Sog der nahen Städte zum Trotz. Die Anziehungskraft, die die Quellen auf Spaziergänger und Fernwanderer ausüben, spielt dabei eine wichtige Rolle; auch die örtlichen Gasthäuser profitieren davon.

Kraft beschreibt das Wunder der Alme-Geburt so: Das Tal liege am Rande der Briloner Hochfläche, die in der Tiefe aus so genanntem Massekalk besteht. Der ist vor 350 Millionen Jahren hier abgelagert worden, von den Schalen absterbender Korallen, als alles hier Meer war. Der hohe Anteil an Kalk im Boden ist leicht auswaschbar, sodass die umgebenden Berge und Hügel im Inneren rissig und löcherig wurden. Regenwasser sammelt sich unterirdisch, und weil es sich im Mühlental an einer Schicht aus undurchlässigem Schiefer staut, tritt es hier zutage. Fazit: Eigentlich entspringt die Alme einem Ozean.

Wolfgang Kraft erzählt, dass er abends oft an der Alme entlang bachaufwärts wandere. Einer seiner Lieblingsorte ist der Uhu-Felsen, von dem aus er wie ein Greifvogel das Mühlental überblicken könne. »Hier oben schalte ich ab, komme zur Ruhe, denke nochmal über den Tag nach.« Er hat lange bei der Volkshochschule gearbeitet, nahm oft an naturkundlichen und geschichtlichen Exkursionen teil. So wurde der Quellen-Erzähler mit der Zeit selbst zur sprudelnden Erzählquelle.

Heute sind Quelle, Bach und die umgebende malerische Landschaft ein Magnet für Naturliebhaber. Botaniker freuen sich, seltene Pflanzen wie das Pyrenäen-Löffelkraut anzutreffen, Ornithologen über den Gesang von Mönchsgrasmücke und Rotkehlchen und die Möglichkeit, den Eisvogel, dieses fliegende Juwel, beim Fischen zu beobachten. Für den still Wahrnehmenden sind spirituelle Qualitäten wie Klarheit und Ewigkeit spürbar. Denn hier sprudelt es schon seit Menschengedenken. Schöpfung in Aktion, immer gleich, immer anders, immer Anfang.

Brilon-Alme
51.449413 | 8.622434

Nuhne Ursprung
Getrennt – verbunden

Doppelcharakter der Dinge:
Ein Fluss kann
trennen, weil er zu alter Zeit
nicht zu überqueren war.
Ein Fluss kann
verbinden, weil sich die Anrainer
seine Wasser genauso teilen
wie die Mythen, die seinen Lauf begleiten.
Die Nuhne macht beides.

Auf den ersten Blick ist der Winkel, wo die Nuhne ihren Ursprung hat, vor allem ein schöner Platz zum Rasten. Ich setze mich auf eine der breiten Rothaarsteig-Bänke, gemütliche Freiluft-Sofas mit Blick auf einen Brunnen, in dem sich fischschwänzige Nixen tummeln, anmutig-verführerisch, leider nicht lebendig, sondern aus Bronze. Gepflasterte Wege formen ein merkwürdiges Ypsilon, bei dem der senkrechte Balken in die Höhe verlängert ist. Eine Art Halbinsel ist entstehen, zwei Bäche fließen links und rechts vorbei, Sonneborn und Ahre. Ihre Läufe vereinigen sich zum Flüsschen Nuhne, ihr verhaltenes Rauschen webt einen Klang-Kokon, der alle anderen Geräusche dämpft. Wortlose Einladung, meine Wegzehrung auszupacken, die Wanderschuhe auszuziehen und die Füße im Wasser zu kühlen.

  Auf den zweiten Blick wird der Ort noch spannender. Stabile Ringbücher, auf Steinblöcke geschraubt, erzählen Geschichten aus einer langen Geschichte, in denen die Nuhne eine Hauptrolle spielt. Sie markiert seit erdenklichen Zeiten, mindestens aber seit dem Mittelalter, eine Grenze. Damals lebten auf der einen Seite die Sachsen, auf der anderen Seite die Chatten. Beide bedienten sich aus dem üblichen Repertoire der Machtpolitik: Man bekämpfte sich und schloss Frieden; mal hatte die eine Seite Oberwasser, mal die andere; Wellen von Zerstörung, abgelöst von unbändigem Willen zum Wiederaufbau. Die Nuhne trennte, denn Flüsse waren damals nicht leicht zu überqueren. Die Nuhne verband, denn von ihrem Ursprung bis zur Mündung trug sie den gleichen Namen zum gleichen Wasser. Züschen scheint an einem im Mittelalter wichtigen Verkehrsweg gelegen zu haben, der Alten Landstraße, den Norden und Süden Deutschlands verbindend. Rasteten hier Händler und ganze Heerzüge?

Der dritte Blick macht Unsichtbares sichtbar. Dabei hilft mir Walter Peis, Ortsheimatpfleger und leidenschaftlicher Hobbyhistoriker. Er kümmert sich um Borgs Scheune, in der die lange Geschichte des Ortes lebendig dargestellt wird. Mindestens 775 Jahre zählt sie, vielleicht sogar 1225 Jahre, je nachdem, welcher Quelle man glaubt. Peis hat zahlreiche Bücher, Broschüren und Aufsätze verfasst. Wann immer es ihm seine Arbeit als Fotograf erlaubte, betätigte er sich als Spurensucher und Geschichte-Erzähler. »Mich haben schon in der Jugend Fragen umgetrieben: Was war hier in grauer Vorzeit? Woher stammen wir? Was sind unsere Wurzeln?«

Besonders fasziniert ihn die germanischen Mythenwelt. Er ist sich sicher, dass Züschen lange vor der Christianisierung ein heiliger Ort war. Er zeigt auf den Kirchhügel, der das Ortsbild dominiert: »Schauen Sie, von dort aus gesehen liegt der Nuhne-Ursprung auf exakter Linie gen Osten, Richtung Sonnenaufgang. Das hatte für Germanen göttliche Bedeutung.« Jetzt erklärt er mir auch die Bedeutung der ungewöhnlichen Pflasterung: Das sei kein verfremdetes Ypsilon, sondern das Runenzeichen für den Gott Nun, der dem Fluss möglicherweise den Namen gegeben habe. Nun sei für indogermanische Stämme der Urgott gewesen, Schöpfer des Universums – einer, der alles aus dem Nichts erschuf.

In vielen alten Flurnamen glaubt Peis die Spur der Götter zu lesen. Für den Winkel, wo die beiden Flüsschen sich vereinigen, habe sich die Bezeichnung »Oskuhle« erhalten – Hinweis auf den Asgard, Wohnort des Göttergeschlechts der Asen? Peis' Stimme zittert ein wenig – ein ehrfürchtiges Schaudern? –, wenn er solche Fragen stellt. Will er, der Heimatdetektiv, nur seine Herkunft in der Zeit zurückzuverfolgen? Oder spielt auch der Wunsch eine Rolle, das eigene Dorf möge eine großartige Vergangenheit haben, die noch heute

Bedeutung verleiht? Jedenfalls hat Peis den Zusammenfluss als einen mystischen Ort mitgestaltet. Seine Inszenierung erinnert daran, dass Geschichte einen langen Atem hat. Und dass ihr Verlauf, trotz aller allzu menschlichen Bemühungen, nicht vorhersehbar ist. »Dafür steht auch der Brunnen aus Bronze«, meint Walter Peis, »er zeigt die drei Nornen, die Schicksalsgöttinnen der Germanen. Sie standen für Vergangenheit, Gegenwart und Zukunft. Sie lenkten alle Geschicke.« Schon damals stand im Bewusstsein: Der Mensch denkt, Gott lenkt. Das Göttliche trat lediglich in anderer Gestalt auf.

Ich setze mich in der Nähe des steinernen Monolithen, der den Nuhne-Ursprung kennzeichnet, und schließe die Augen. Fragen tauchen auf. Habe ich mein Leben selbst in der Hand? Was kann ich beeinflussen, und wo kann ich einfach nur annehmen, was ist? Bin ich bereit, mich in den Fluss namens Leben zu werfen – ohne zu wissen, wohin ich treibe? Kann ich Identitäten aufgeben, so wie Sonneborn und Ahre ihren Namen abgelegt haben, um in der Nuhne aufzugehen? Kann ich Gedanken fließen lassen, ohne zu glauben, ich sei meine Gedanken?

Dieser Ort hat einen Sog, der mich immer tiefer führt. Der vierte Blick geht nach innen. Ich merke: Hier lässt sich gut meditieren.

Winterberg-Züschen
51.152367 | 8.564905

St. Bonifatius
Ganz sein

Ein Holzkreuz,
ein Labyrinth
und ein Friedwald
in stillem Austausch miteinander.
Dieser Ort orchestriert
eine ganze Bandbreite von Gefühlen:
Liebe und Leiden,
Verlust und Sehnsucht,
Gipfeleuphorie und Grabesruhe.
Ein Ort, um ganz nah,
um ganz zu sein.

Wandern und Spiritualität sind nahe Verwandte. Warum ist das so? Beim bewussten Gehen bewegen wir uns nicht nur körperlich. Auch innerlich gehen wir Schritte. Können wir Fragen klären. Erwandern wir Neues. Etwa im Moment des Aufbruchs: Bin ich bereit loszulassen? Unterwegs: Bin ich offen für das Unvorhergesehene? Am Ziel: Bin ich bei mir selbst angekommen? Seit der Romantik, als das absichtslose Gehen in der Natur aufkam, sehen Künstler und Philosophen in einer Wanderung ein starkes Sinnbild unseres Lebenswegs. Er beginnt mit der Geburt, dann krabbeln wir eine Weile, richten uns auf, machen Lernschritte, vergrößern den Radius, bewegen uns und rasten, bis wir am Ziel angekommen sind, das – je nach Glauben – Endstation oder der Beginn einer neuen Seelen-Wanderung ist.

Beim Gang über das Gelände von St. Bonifatius kann ich Lebensstationen ablaufen. Ich beginne auf dem Gipfel des Alten Grimme, 755 Meter hoch. Das Holzkreuz, nachts hell beleuchtet und weithin sichtbar, markiert kein Ende, sondern einen Anfang, einen Geburtsvorgang. Erstmalig wurde es 1935 aufgerichtet, aus Dankbarkeit dafür, dass St. Bonifatius als Bildungsstätte gegründet werden konnte. Der Initiator, ein Studentenpfarrer, hatte damals hier oben die Vision eines kleinen Dorfes, mit mehreren Häusern und einer Kapelle. Er wollte einen Ort der Besinnung und echter Begegnung. Vom Kreuz aus habe ich das gesamte Areal im Blick. Der Traum des Pfarrers ist Wirklichkeit geworden. Mein Blick wird angezogen von einem Labyrinth in der Mitte des Anwesens.
Da will ich hin.

Den Abstieg erlebe ich als den steilsten, den ich im Sauerland kenne. An einer Stelle ist er sogar mit einer Kette versichert, und das ist auch gut so. Ein Weg, der herausfordert. Wieder so ein Sinnbild: Nur wenn ich etwas riskiere, komme ich weiter. Die Belohnung stellt

BONIFATIUS
HAUS

sich unmittelbar ein, denn der Kraxelsteig führt durch wunderschöne Waldstücke, mit Buchen, Eichen und Eschen, die ein göttlicher Designer als charakteristische Einzelstücke geformt hat. Es geht steil an einem Schlepplift hinab, über den Bach Orke, hin zu den Fachwerkhäusern mit den für's Sauerland typischen grauen Schieferdächern.

    Dann stehe ich vor dem Labyrinth. Es ist keines, in dem man sich tatsächlich verirren könnte. Auch ist der Mittelpunkt schnell gefunden. Es geht um etwas anderes. Labyrinthe gehören zu den ganz alten Symbolen der Menschheit. Im Christentum stehen sie für die Einkehr. Der Weg von außen ins eigene Innere und wieder zurück in die Welt. Mein eigenes Leben kommt mir manchmal auch labyrinthisch vor. Viele Abzweigungen. Viele Entscheidungen zu treffen. Was ist die richtige? Wäre eine andere Richtung nicht doch besser gewesen? Unsicherheit ist meine ständige Begleiterin. Keine angenehme, aber mittlerweile habe ich sie als Weggefährtin akzeptiert. Schließlich bringt sie mich immer wieder zum Nachdenken darüber, ob ich noch auf der richtigen Spur bin. Entscheiden und die Folgen tragen: Im Labyrinth kann ich erwachsen werden.

    Nächste Station meiner spirituellen Wanderung ist die Kapelle. Warme Farben, zwei große Kerzen brennen links vom Altar, der wohnlich aussieht wie ein uralter Esstisch. Rechts davon eine Lebensbaum-Skulptur. Eindeutig die Mitte des Raumes ist eine ganz ungewöhnliche Jesus-Darstellung. Die Körperhaltung des Heilands ist die von der Kreuzigung bekannte: die Beine zusammen, die Arme gestreckt. Aber... es gibt kein Kreuz. Nur den Körper. Auf diese Weise drückt die Figur beides aus, Leiden, aber auch Liebe und das Empfangen des anderen mit offenen Armen. Wieder wird eine Entscheidung fällig: Will ich mich auf meiner Lebensreise auf beides einlassen?

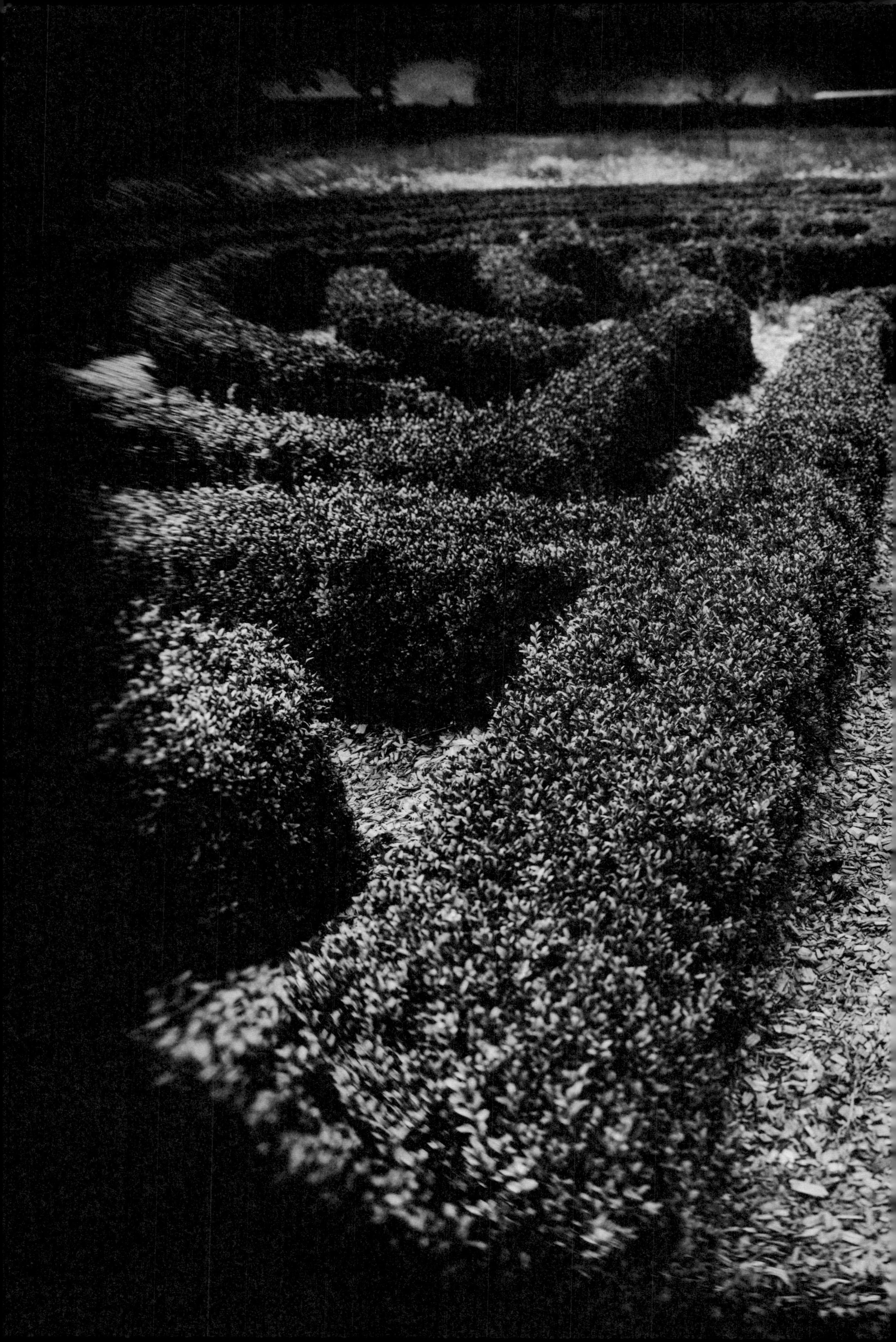

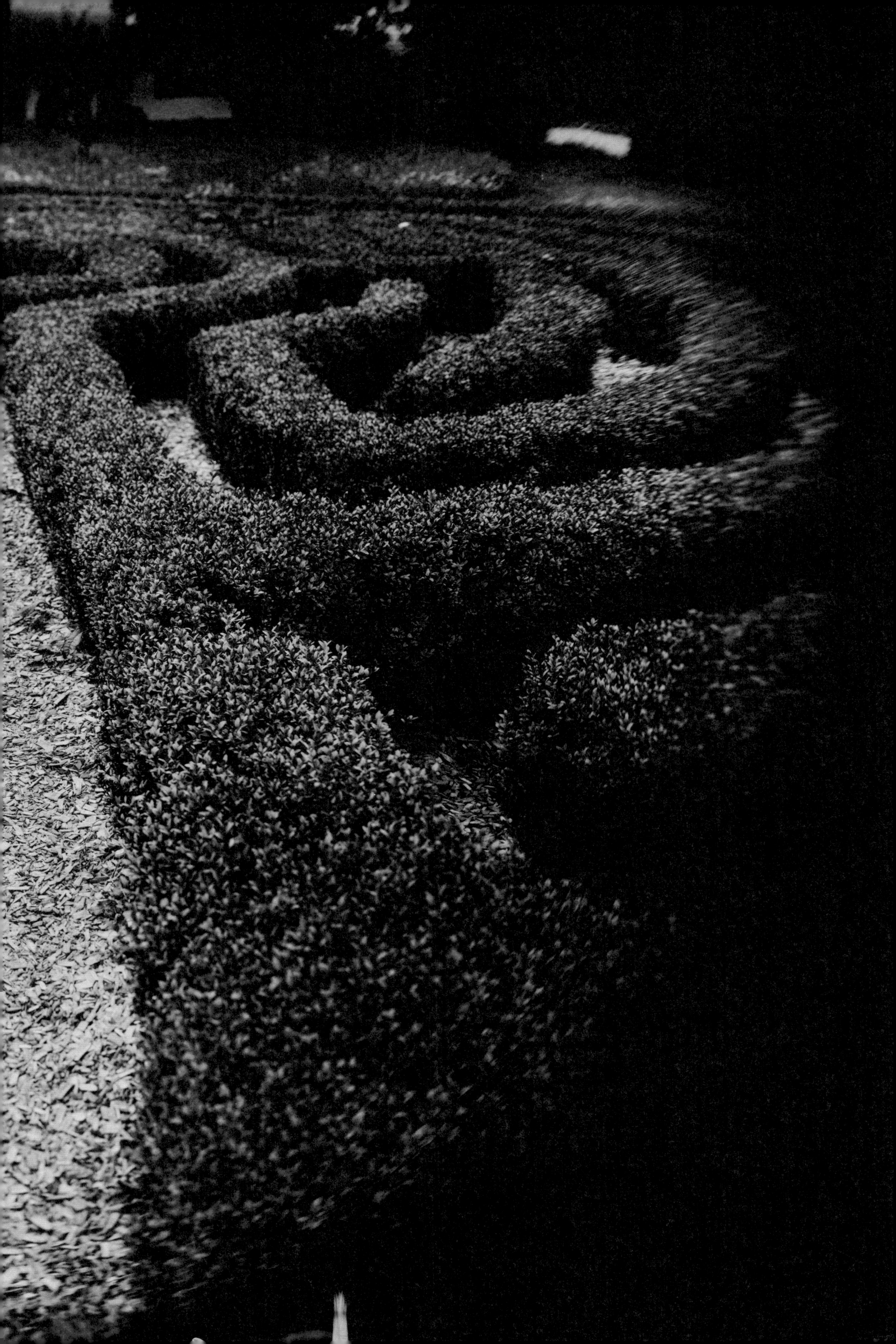

Bin ich demütig genug, mich Kräften zu beugen,
die definitiv stärker sind als ich?

In Sachen Demut gibt es einen Lehrmeister, den ich als nächstes aufsuche. An der Zeltkirche vorbei, die Menschen von weit her für Gottesdienste anzieht, führt der Weg in den Ruhewald, der nördlich an St. Bonifatius grenzt. Leichter Regen setzt ein. Er lässt die hellen Holzhackschnitzel, mit denen die schmalen Wege gepolstert sind, noch heller glänzen. Als Friedhof zeigt sich das Buchenwäldchen erst auf den zweiten Blick. An den Stämmen sind dezent kleine silberfarbene Schilder angebracht, in die Namen und Sterbedaten eingraviert sind. Als ich zwischen den Bäumen flaniere, stoße ich auf Zeichen, dass Menschen immer wieder zum Gedenken an Verstorbene hierher kommen. Eine frische rote Rose wurde in dunkelgrünes Moos gebettet. Zwischen Wurzelarmen lehnt ein weißes Engelsfigürchen. Ein Stern aus Holz am Fuße einer mächtigen Eiche. Fast wäre ich auf das Kreuz getreten, das wie getarnt in die dichte, rotbraune Blätterschicht am Boden gesteckt worden ist. Zwei Äste, mit einer Schnur verbunden, mehr nicht. Das Kreuz wirkt urtümlich, urchristlich, seine Einfachheit berührt mich sehr.

Dieser Wald vereint. Das Lebendige mit dem Tod. Die Trauer mit dem Trost. Das Einfache mit dem Höchsten. Ein Ort, an dem ich mich als ganzer Mensch fühle.

Winterberg-Elkeringhausen
51.199854 | 8.584940

Freistuhl Düdinghausen
Frieden

Ein Gerichtsplatz aus Stein.
Hier rangen Freigraf und Schöffen darum,
die dörfliche Harmonie
wieder herzustellen.
Meist nach kleineren Streitigkeiten,
manchmal in Mordfällen.
Auch das gab es schon im Mittelalter:
einen Täter-Opfer-Ausgleich,
selbst bei Ehebruch.

Düdinghausen hatte ich im Internet unter der Bezeichnung »Erlebnisdorf für Natur und Geschichte« gefunden. Das hatte meine Neugier geweckt. Unter dem Freistuhl, einem Gerichtsplatz, konnte ich mir allerdings nicht viel vorstellen. Auf Fotos waren lediglich zwei behauene Steine zu sehen, und ich habe mich gefragt, was daran so faszinierend sein soll. An der Dorfkirche treffe ich Horst Frese. Er ist Vorsitzender des Heimat- und Verkehrsvereins und will mir den Freistuhl nahebringen. Seit seiner Pensionierung geht er seiner Lieblingsbeschäftigung nach: Er erzählt Düdinghausen.

So auch, als wir entlang von Fachwerkhäusern schlendern, viele davon über 100 Jahre alt. Frese kennt alle Häusernamen, die sich über Jahrhunderte erhalten haben, auch wenn Gebäude abgerissen und an gleichem Platz wieder aufgebaut wurden. Er kennt auch die Geschichten hinter den vier Wänden. Aus »Königs« ist einer nach Amerika ausgewandert. »Berendes« hatten um 1600 einen Hexerei-Streit mit einem Nachbarn. Eine Straße weiter gingen 1723 der evangelische und der katholische Pfarrer aufeinander los, nicht mit geistlichen Argumenten, sondern mit Zaunlatten. Und ausgerechnet die »Jägers« betätigten sich als Wilderer: Vater und Sohn wurden 1735 im Wald auf frischer Tat ertappt, erschossen und unehrenhaft verscharrt, neben dem Friedhof. So erzählt sich Frese von Haus zu Haus, sichtlich stolz auf den historischen Reichtum des kleinen Dorfes.

Am südlichen Rand gelangen wir zum Freistuhl. Er gehört zur historischen Freigrafschaft Düdinghausen und ihren acht sächsischen Dörfern. Ein herrschaftlicher Sitz aus Stein, mit eingemeißeltem Stern aus dem Wappen derer von Waldeck, zu deren Grafschaft das Dorf lange gehörte. In die Oberfläche des ebenfalls steinernen Richtertischs wurde ein Schwert eingraviert, Symbol für die Macht über Leben und Tod.

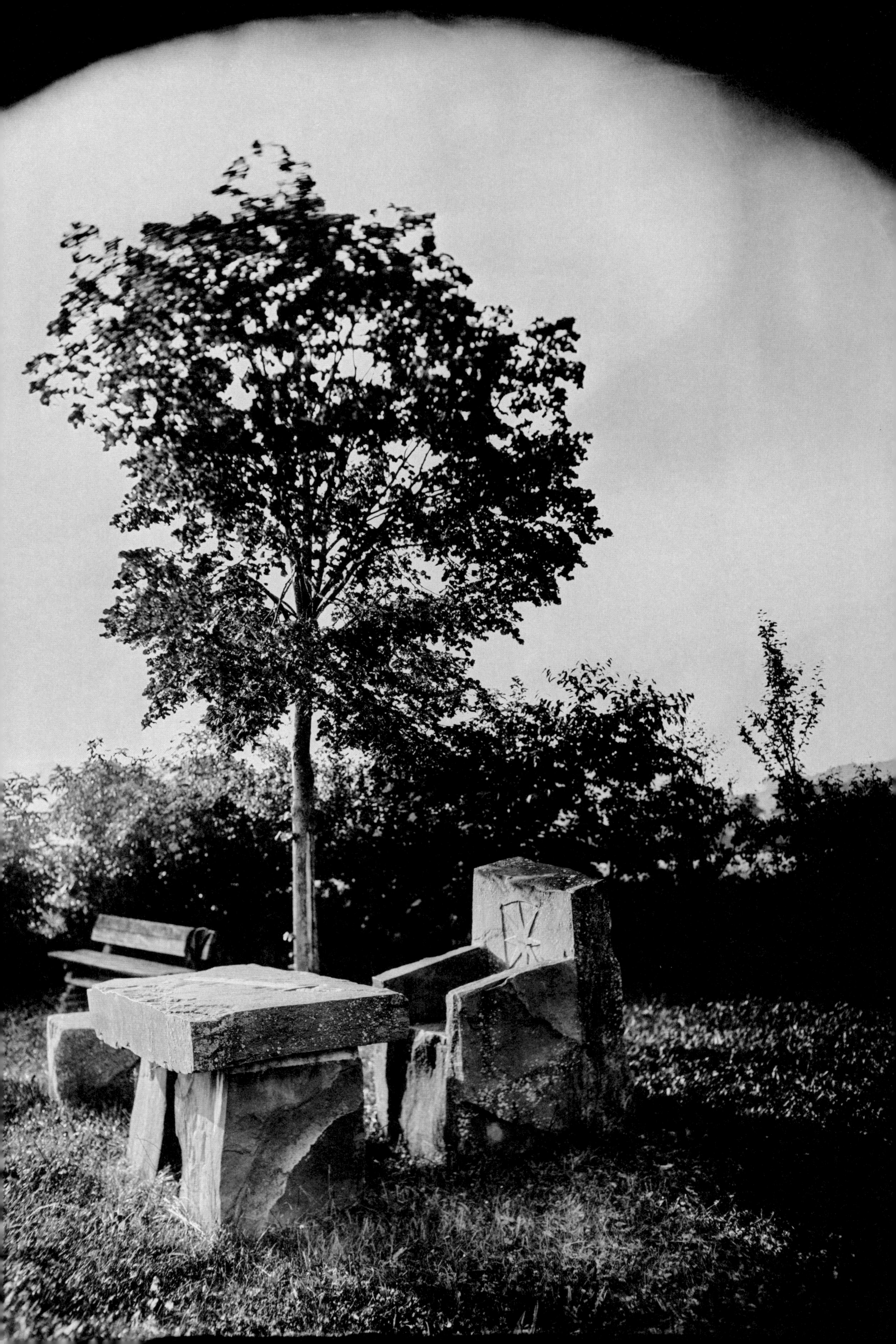

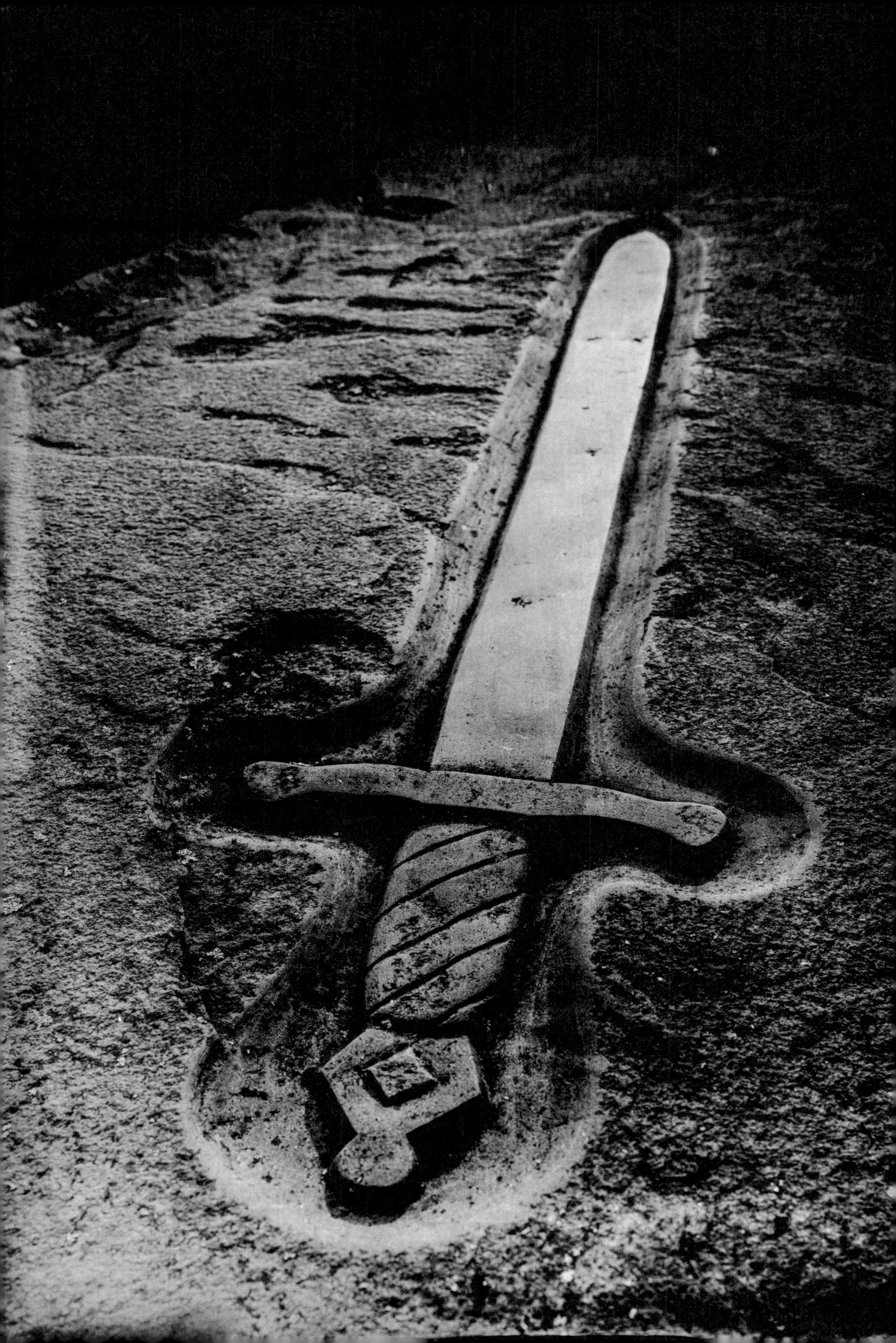

Daneben eine junge Linde, wie sie traditionell an Gerichtsplätzen gepflanzt wurden. Nüchtern betrachtet, gibt es an dieser Stelle nicht mehr als zwei Steine, ein Bäumchen und den Blick in eine weitläufige Bauernlandschaft mit Wiesen und Äckern.

Doch als Horst Frese erzählt, beginnt in meinem Kopfkino ein Historiendrama: »Hier auf dem Stuhl saß der Freigraf, die Burg Eisenberg der Waldecker Grafen immer im Blick. Von denen war er eingesetzt, um Recht zu sprechen. Links und rechts verteilten sich sieben Schöffen. Das waren angesehene Bauern mit erheblichem Landbesitz. Sie bestimmten selbstbewusst die Urteile mit. Das Gericht tagte, der germanischen Tradition des ›Thing‹ folgend, unter freiem Himmel. Deshalb musste der Stuhl auch aus Stein sein. Die Verhandlungen waren öffentlich. Wenn die Dorfleute mit dem Urteil des Freigrafen und der Schöffen nicht einverstanden waren, musste weiterverhandelt werden. Das hatte durchaus demokratischen Charakter. Neben dem Schwert lag manchmal auch ein Seil auf dem Tisch, in den Fällen, wo ein Todesurteil drohte. Das wurde auch gleich vollstreckt.«

Aber meist sei es bei den Verhandlungen um banalen Streit gegangen. Ein Grenzstein wurde heimlich versetzt. Nachbars Kuh verletzt. Scherben bei einer Wirtshausprügelei. Acht Dörfer unterlagen der Gerichtsbarkeit, die von diesem Ort ausging. »Das war echte Friedensarbeit«, erklärt Horst Frese. Es sei darum gegangen, Eintracht und Harmonie immer wieder neu herzustellen – wichtig in jenen Zeiten, als die Dörfler auf Gedeih und Verderb aufeinander angewiesen waren. Es wurde gerichtet über »freye Güter, Wege und Stege, auch Schuld und Schaden und dergleichen bürgerliche Sachen«. Täter-Opfer-Ausgleich wurde schon damals praktiziert. Wer einem anderen geschadet hatte, musste Ausgleich leisten. Das galt sogar bei Ehebruch: Der

Nebenbuhler hatte dem Gehörnten Schadensersatz zu zahlen.

Seltener und unter Ausschluss der Öffentlichkeit tagte eine Art Kriminalgericht, die »heimliche Acht«. Tatort Düdinghausen: An einem Septembertag des Jahres 1539 heftete ein Knecht namens Hanns Unland einen Fehdebrief an die Kirchentür. Er erklärte dem Bauern Thiele die Feindschaft – zur Wahrung seiner Ehre. »Dü wol waist warum«, du weißt schon warum. Er streute im Dorf, der Thiele habe ihn anstiften wollen, den neuen lutherischen Pfarrer umzubringen. War der Bauer ein heimlicher Rebell gegen die Herren von Waldeck, unter deren Schutz der Pfarrer stand? Oder nahm da einer Rache für niedrigen Knechtslohn? Als Unland sich aus dem Staub machte, wurde er verfolgt, verhaftet und kam vor die heimliche Acht. Der Freigraf hatte recherchiert und konfrontierte den Knecht mit dessen früheren »Mißetaten, Diebstahl und Reuberey«, sogar Morde soll er begangen haben. Die Intrige ging für den Knecht nicht gut aus: Er endete am Ast einer Eiche.

Von Grenzstreitigkeiten zwischen den Waldeckschen und den Kurkölnischen erzählt Frese, vom Kampf um Gold, das in der Nähe gefunden wurde, von Liebeshändeln und politischen Ränkespielen. Mal siegte die Gerechtigkeit, mal einfach die mächtigere Partei.

Geschichten aus der Geschichte berühren uns, weil wir uns darin wiedererkennen, unsere eigenen Ängste und Konflikte, Leiden und Freuden. Von all dem berichtet Frese, während wir, bei Sonnenschein und von Hummeln umsummt, auf dem Freistuhl sitzen. Mit seinen Beschreibungen hat er zwei Steinblöcke und ein Bäumchen in die Kulisse für Krimis verwandelt, die mich, den Zuhörer, an den Freistuhl fesseln.

Medebach-Düdinghausen
51.257473 | 8.692625

Friedenskapelle
Dankbarkeit

Eine Kapelle hoch über dem Dorf.
Und doch mitten im Herzen der Bewohner.
Wer morgens um sechs Uhr hierher
kommt, findet schon frische Blumen
und angezündete Kerzen vor.
Dankbarkeit und Verehrung haben
ihren Ort gefunden.

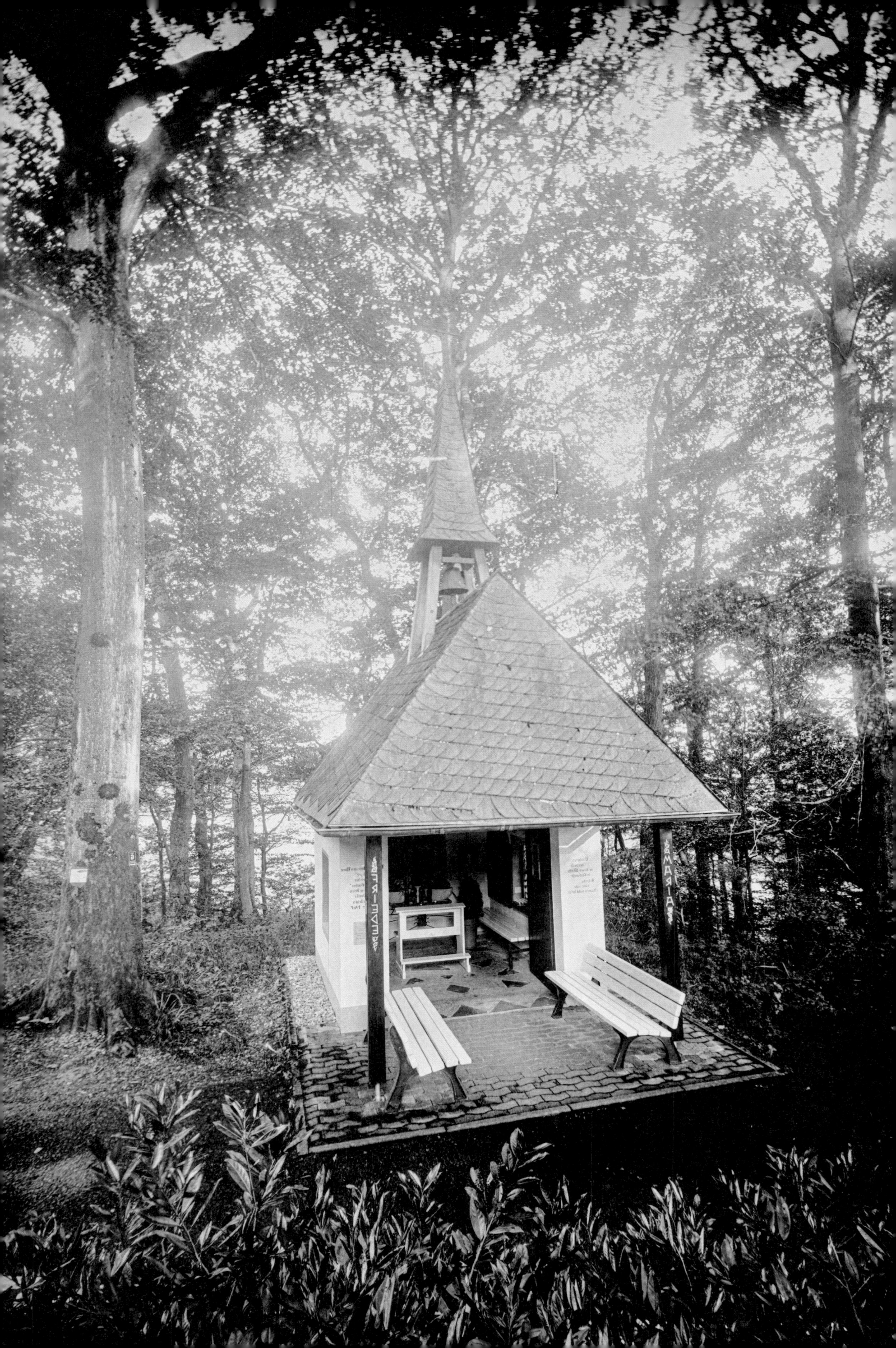
MARIA

Dankbarkeit ist nah mit dem Staunen verwandt. Sie hebt uns aus dem Alltagsbewusstsein heraus, in dem man kaum wahrnimmt, was das Leben uns alles gibt. Plötzlich durchströmt einen etwas, freudig, elektrisierend, überwältigend, und man erkennt, welch ein Geschenk einem gerade gemacht wird. Durch einen anderen Menschen, durch einen Glücksfall oder einfach durch die Lust am Lebendigsein. Besonders intensiv wird es, wenn die Dankbarkeit nicht nur gefühlt, sondern auch ausgedrückt wird.

    Es ist diese Intensität, die ich spüre, als ich in der kleinen Kapelle auf dem Ruthenberg bei Elleringhausen stehe. Es gibt sie nur deshalb, weil ihre Erbauer, alles Männer aus dem Dorf, einen eigenen Weg gesucht haben, der Welt etwas mitzuteilen. Von dem Leid, das sie erlebt haben, von der Dankbarkeit, mit dem Leben davon gekommen zu sein. Sie kehrten aus dem Krieg heim. Manche waren im Ort selbst von amerikanischen Soldaten gefangen genommen worden; weiße Fahnen, aus den Häusern gehängt, verhinderten, dass noch mehr Menschen starben. Andere kamen nach Jahren aus der Kriegsgefangenschaft, einige erst in den späten Fünfzigerjahren. Was sie an Grausamkeiten erlebt und selbst begangen hatten, ließ die Männer verstummen. Später nannte man sie die »schweigende Generation«. Sie zogen sich in sich zurück, grübelten, verzweifelten, versuchten zu verdrängen. Aber manche von ihnen fanden wortlose Wege, um sich auszudrücken. Die Kapelle, die sie hoch über dem Dorf Stein für Stein selbst errichteten: Das taugte ihnen als Ausdruck.

    An den Wänden sehe ich kleine Tontafeln. Darauf Ortsnamen, die sich tief ins kollektive Gedächtnis der Deutschen eingegraben haben: Verdun, Stalingrad, Narvik, Sedan, Ysselstein, el-Amain. Sie stehen für Schlachtfelder, Kanonenfutter, Kadavergehorsam, Massengräber. Auf jedem Täfelchen eine Anzahl von

Kreuzen: die Zahl der Gefallenen. Ellringhausen zählte auch damals nur ein paar hundert Einwohner, 41 davon kamen im Zweiten Weltkrieg um, eine ungewöhnlich hohe Zahl. Eine Familie verlor vier von sechs Söhnen; das steht auf einer der beiden Sterbetafeln links und rechts vom Altar.

Noch im Gefangenenlager hatte einer der Männer, Josef Isenberg, gelobt: Sollte er all das überstehen, würde er der Mutter Gottes zu Ehren eine Kapelle bauen. Er fand Heimkehrer, die seine Gefühle teilten und mitmachen wollten. Es dauerte jedoch Jahre, bis sie sich vom Schock der Schlachten erholt hatten und ans Werk gehen konnten. Einer steuerte den Architekturplan bei, ein anderer ließ Baumaterial heranfahren, einige sammelten Geld für eine Glocke, die Gemeinde stiftete den Platz. Leid und Trost scheinen gleichermaßen die inneren Fundamente der Kapelle zu sein. 1967 war Einweihung. Seitdem steht die Marienstatue im Zentrum des dämmerigen Raumes. Sie strahlt Stille aus. Herzensruhe, Herzensgüte. Ein Ehepaar aus dem Dorf sorgt hier oben für frische Blumen; auch die beiden haben Verwandte im Krieg verloren. Wer morgens um sechs Uhr hier oben zum Gebet kommt, findet die Kerzen bereits entzündet.

Maria war für die trauernden und dankbaren Männer die »Königin des Friedens«. Diesen Titel malten sie ihr auf die Wand über dem Altar. Weibliche Weichheit als Heilung für erlittene Härten. Das berührt mich als Besucher, auch heute, in ganz anderen Zeiten. Wie oft bin ich hart zu mir selbst, mit negativen Selbsturteilen, mit unerbittlichen Ansprüchen an mich. Die stille Stunde in der kleinen Kapelle löst etwas in mir, weicht etwas auf, lässt auch mich dankbar sein.

Ein paar Worte fanden die Männer dann doch noch. Im rauen Idiom der Gegend steht am Eingang geschrieben: »Väy Heimkehrer und ne Masse Gutt-

williger buggern der Mutter Guades vam gurren
Friän tatum Danke dütt Kapelleken im Sumer 1967.«
(Wir Heimkehrer und eine Menge Gutwilliger
bauten der Mutter Gottes vom Guten Frieden dieses
Kapellchen im Sommer 1967)

Zwischen den Zeilen und den Mahntafeln der Schlachtfelder lese ich eine weitere Botschaft: den Wunsch, nie wieder in einen Krieg ziehen zu müssen.

Olsberg-Elleringhausen
51.340.862 | 8.538.253

Borberg
Trauer und Erlösung

Gewalt als Kraftquelle?
Das billigen wir
allenfalls der Naturgewalt zu.
Aber auch menschliche Gewalt kann,
wenn der Schmerz darüber gefühlt
und bewusst verarbeitet wird,
sich in etwas Positives verwandeln:
Versöhnung und Friedenssehnsucht.
Auf diesem Berg
hat Transformation
Tradition.

Der Weg führt durch eine Art Tor. Links und rechts schützte einst ein mächtiger Wall aus sorgsam aufeinander getürmten, flachen Schiefersteinen die Schutzsuchenden vor den Angreifern. Zur Sicherheit folgt noch ein zweites Tor. Wir betreten ein weites Hochplateau. Plötzlich bleibt Dagmar Bereiter, die mich zusammen mit ihrem Mann Jochen auf den Borberg geführt hat, stehen und sagt: »Puh, ich kriege eine Gänsehaut.« Ich sehe auf meine Arme: bei mir dasselbe! Gleichzeitig fällt mir auf, dass keine einzige Vogelstimme zu hören ist. Bis auf einen Raben, der mit heiserem Rufen eine einsame Runde um den Berg dreht. Jochen zeigt auf eine Eiche, die den vor uns liegenden Platz beherrscht: »Die hat viel Leid gesehen im Laufe ihres Lebens.« Mir wird bewusst, dass Seelenorte ganz unterschiedliche Resonanzen auslösen können. Auch Gefühle von Trauer gehören dazu.

 Dagmar, Kneipp-Animateurin und Qigong-Lehrerin hat offensichtlich ein besonderes Gespür für Energien. »Auf dem Borberg kann ich fühlen: Hier oben sind viele Menschen gestorben, viele begraben worden.« Das fast zwei Hektar umfassende Plateau am Rothaarsteig, inmitten von Mischwald gelegen, war im 8. Jahrhundert eine Wallburg, in die Menschen aus den umliegenden Orten flohen, wenn Feinde im Anmarsch waren. Sie nahmen alles Lebenswichtige mit, um notfalls viele Monate auf dem Berg ausharren zu können: Hausrat und Saatgut, Kühe und Hühner. Sie schafften es sogar, in dieser Höhe an das lebenswichtige Wasser zu kommen. Jochen scharrt mit den Füßen eine Eisenplatte frei, die den einstigen Brunnen abdeckt: »Die müssen viele Meter tief gegraben haben, bis sie auf Wasser stießen.«

 Er erzählt von Karl dem Großen, der seine Pfalz in der Nähe hatte, in Marsberg auf der Eresburg, aber oft auf den 600 Meter hohen Borberg kam, weil er hier

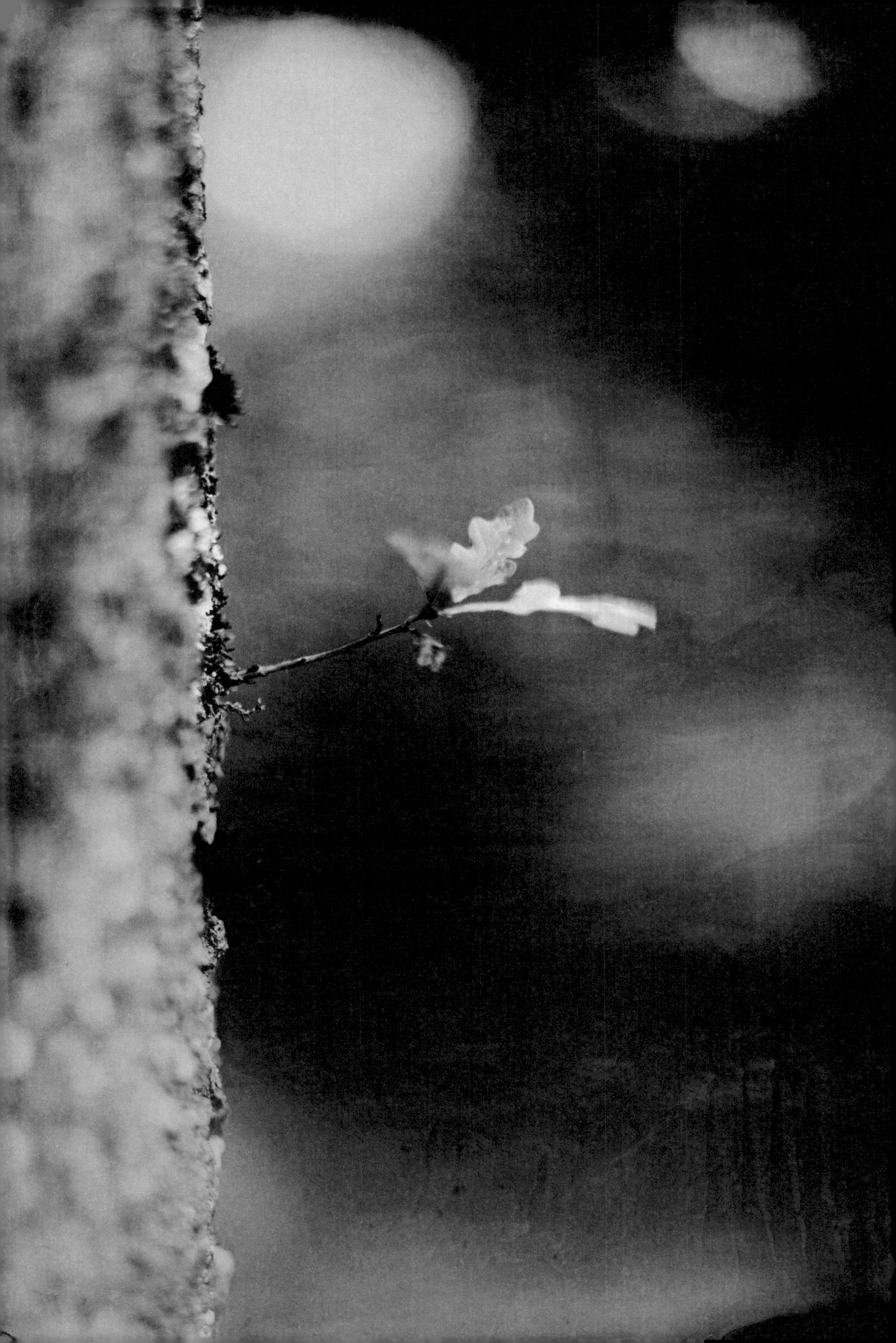

weit ins Ruhrtal blicken konnte. Ein mittelalterlicher Kaiser genießt die Aussicht? »Nein, ihm ging es um die strategischen Vorteile. Man konnte anrückende Verbände der feindlichen Sachsen schon von weitem entdecken. Und die eigenen Soldaten entsprechend platzieren.«

800 Jahre später, wieder Kriegszeiten, diesmal der Dreißigjährige, wieder wurde der Berg zum Zufluchtsort. In den Tälern raffte die Pest die Menschen dahin. Die Toten wurden aufs Hochplateau geschafft und dort vergraben. Auch die von Räubern, Mördern und anderen »Schandhaften«. Aus den Augen, aus dem Sinn. Blut getränkte Erde als Kraftort? Dagmar meint: »Viele Orte beziehen ihre Kraft aus Geschehnissen, die gewalttätig waren und später eine Heilung erfahren haben.«

Auf dem Borberg begann diese Transformation 1925. Gläubige Menschen wollten den Schrecken des Ersten Weltkrieges überwinden, wollten Deutsche und Franzosen, die Erzfeinde, miteinander versöhnen. Eine Kapelle wurde gebaut und der »Friedenskönigin Maria« gewidmet. Der Friedensbund Deutscher Katholiken lud Jahr für Jahr zu Kundgebungen und gemeinsamen Gebeten ein. Der in Neheim geborene Priester Franz Stock, der sich schon als Jugendlicher für Völkerverständigung eingesetzt hatte, pflanzte 1931 eine Eiche mitten auf das Hochplateau, gemeinsam mit Menschen aus vielen Ländern, die am Ersten Weltkrieg beteiligt gewesen waren. Ein Naturdenkmal für wachsende Nächstenliebe.

Muss ein Platz kuschelige Gefühle hervorrufen, um als Seelenort zu gelten? Meine beiden Begleiter verneinen. »Verlust und Trauer gehört zu unserem Leben dazu,« sagt Jochen. Und Dagmar ergänzt: »Wenn wir bereit sind, den Schmerz bewusst zu fühlen, kann er sich in positive Energie wandeln.« Auf dem Borberg scheint sich diese Wandlung vollzogen zu haben: aus Gewalterfahrung wurde Friedenssehnsucht.

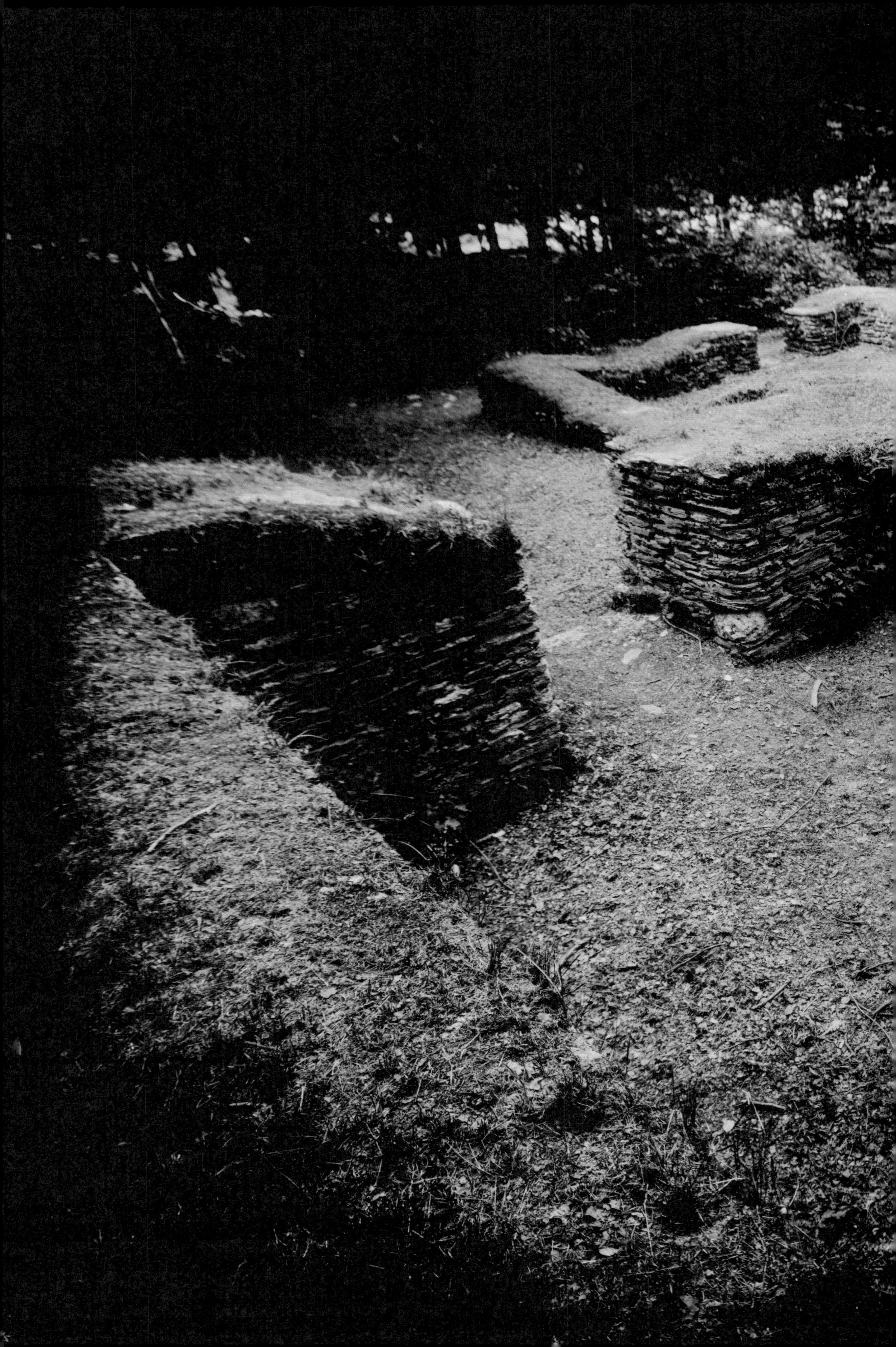

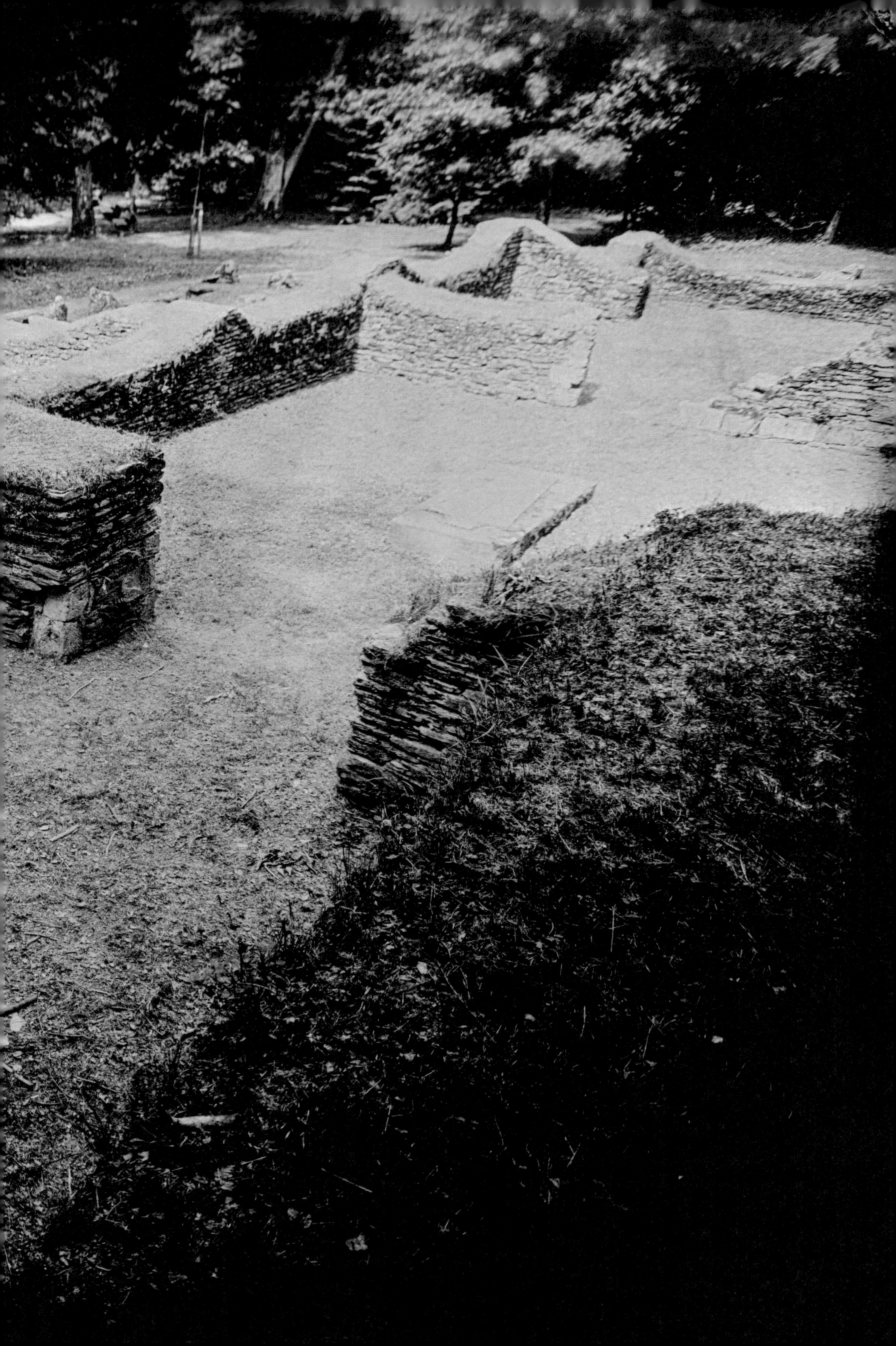

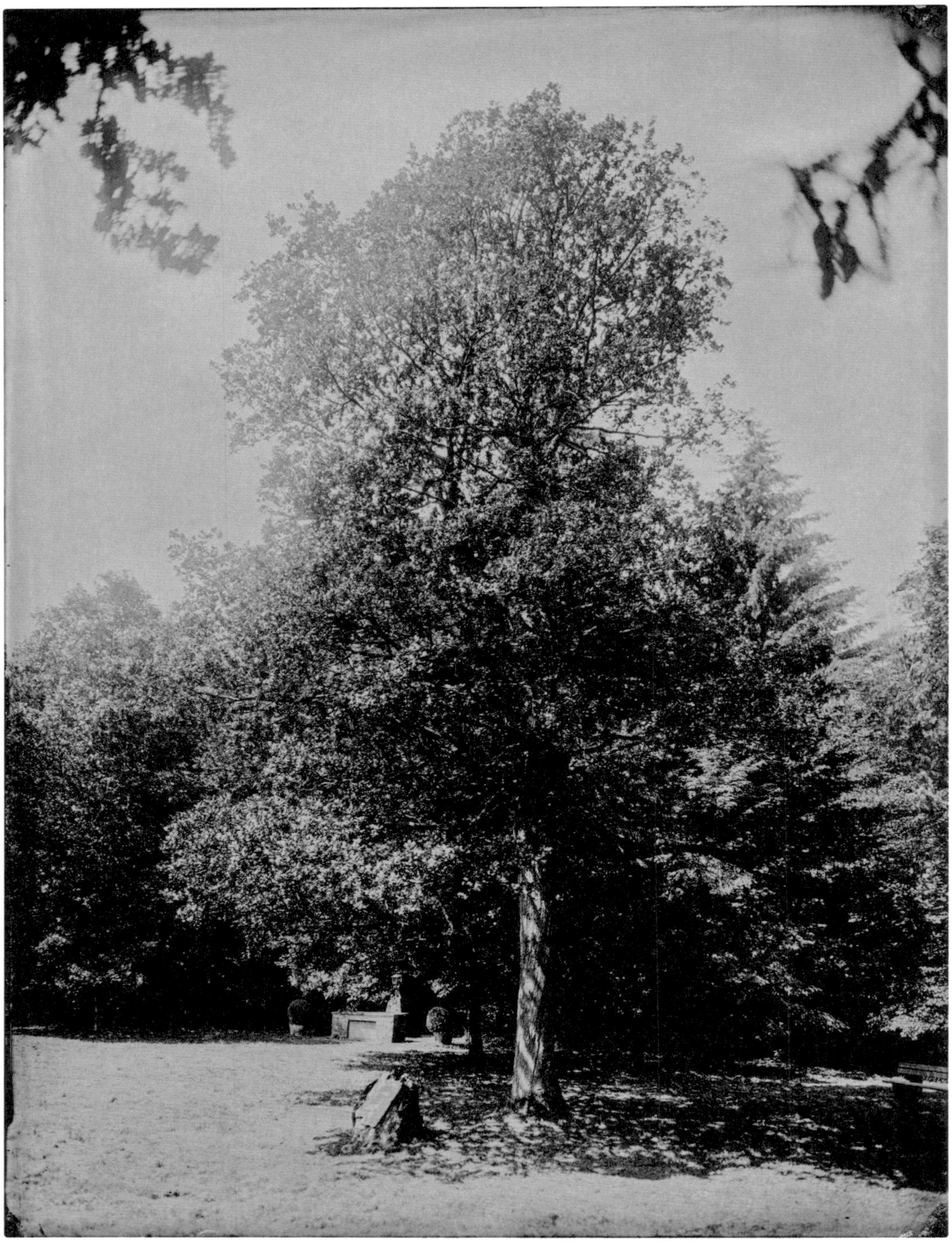

Um diese Bewusstheit geht es den beiden, wenn sie Gruppen von Menschen durch die sauerländische Landschaft führen. Sie ermuntern dazu, inne zu halten und die Umgebung mit allen Sinnen wahrzunehmen. Klingt das Rauschen in den Baumkronen hier nicht anders als zehn Meter weiter? Warum ist diese Buche gerade gewachsen, jene daneben nach rechts ausgewichen? Wie fühlt sich der Boden unter den Füßen an? Letztlich geht es ihnen gar nicht um die Landschaft. Sie ist nur ein Spiegel. Um sich darin wieder selbst zu sehen oder ganz neue Seiten an sich zu entdecken. Ein Berg als Seelenspiegel.

Brilon-Petersborn
51.357.600 | 8.541.253

Wilzenberg
Gemeinsam – allein sein

Sri Lanka hat Adam's Peak.
Die Aborigines verehren Uluru,
auch Ayers Rock genannt.
Der Kailash im Himalaya gilt Buddhisten,
Jains und Hindus als Pilgerort.
Und der Wilzenberg
ist der »Heilige Berg des Sauerlandes«.
Größe, das zeigt sich bei der Besteigung,
ist keine Frage der Höhenmeter.

Land der tausend Berge, ja, aber wo hört der eine Berg auf und fängt der andere an? Meist bietet sich dem Wanderer dieses Bild: Vom Kamm läuft die Horizontlinie zur Höhe hinauf und auf der anderen Seite herunter, um gleich wieder zum nächsten Gipfel anzusteigen. Die Kuppen sind wie Perlen aufgereiht an einer Schnur. Nur einer ragt heraus. Ich nähere mich ihm auf einem Wanderweg von Westen. Imposant erscheint er nicht wegen seiner Höhe, 658 Meter, sondern weil er allein steht. Als Kegel mit abgeflachter Spitze baut sich der Wilzenberg vor mir auf. Ohne dass er sich an einen anderen Bergrücken anlehnt. Er steht für sich selbst. Das flößt Respekt ein.

  Viele Wege führen um den Berg herum und hinauf. Ich gehe nach Westen und finde dort einen Pfad, der steil nach oben führt. Es kommt mir vor, als klettere ich einen alpinen Steig hoch, schwitzend, mit immer neuen Ausblicken weit ins Land, wenn ich mich umdrehe. Auf einer Terrasse im Hang entdecke ich einen Tümpel, gefüllt von einer sacht plätschernden Quelle. Brauers Deyk wird er genannt. Der Bruder-Teich ermöglichte Einsiedlern, oben auf dem Berg auszuharren, sommers wie winters. Sie gewährten Pilgern Unterkunft und lebten von deren Gaben. Gottesfürchtig sei der letzte Klausner gewesen, das ist schriftlich überliefert, mit gewaltigem Bart. Alleinsein mit dem Höchsten. Bis irgendwann um 1850 hat er auf Bergeshöhe gelebt und gebetet, der Dorfgemeinschaft entsagend, dem Himmel nah.

  Weiter, zwischen lichten Buchen hindurch, weiter nach oben. Dann flacht der Pfad fast schlagartig ab, und ich gehe auf zwei Kapellen zu. Uralter Verehrungsplatz: Schon 1543 wurde eine Kapelle auf dem Wilzenberg erwähnt, die jetzige Marienkapelle wurde 1633 errichtet. Was mich jedoch magisch anzieht, ist die Gruppe von drei Holzkreuzen, die ich zwischen den Gebäuden erblicke. Schon immer hat mich diese intensive Szene berührt: Jesus in der Mitte, links und rechts die beiden Räuber, die mit ihm gekreuzigt wurden. In seinem verzweifelten Ausruf, »Mein Gott, warum hast du mich verlassen?« ist der Heiland ganz allein. Und dennoch sieht er auch die Leidensgenossen, findet gute Worte für sie: »Ich sage dir, heute noch wirst du mit mir im Paradies sein.« Größter Schmerz und paradiesische Erlösung, verschmolzen zu einem einzigen Moment.

So erscheint das Hochkreuz, ein paar Meter weiter und noch höher gelegen, als ein Hoffnungszeichen. 28 Meter ragt es in den Himmel. Fünf Tonnen Stahl, vier Halteseile: Das wird nicht für die Ewigkeit reichen, aber zumindest länger als die Holzkonstruktionen halten, die seit dem 17. Jahrhundert immer wieder hochgezogen wurden und immer wieder morsch herunterfielen. Weithin sichtbar, auch durch die Alleinstellung des Wilzenberges, lockt das Kreuz Wanderer und Pilger gleichermaßen an.

Auf einer Bank vor der Kreuzigungsgruppe sitzend, allein mit meinen Gedanken, andächtig im besten Sinne, fühle ich mich für eine Weile selbst wie ein Einsiedler. »Heiliger Berg« nennen sie ihn im Sauerland. Im Moment der Stille, mit Abstand zum Alltag, der irgendwo am Fuße des Berges zurückgelassen wurde, kann ich nachvollziehen, warum. Schon in vorchristlicher Zeit, als eine Wallburg den Menschen rings umher Zuflucht gewährte, könnten hier Opfergaben dargebracht worden sein. Das liegt nah. Viele Mythologien und Religionen verehren Berge als Sitz der Götter, vom Kailash in Tibet über den griechischen Olymp bis zum Uluru, dem roten Berg der Aborigines. Vielleicht steckt das, wie man sagt, »noch in uns drin«. Vielleicht ist das der Grund, warum wir Menschen unbedingt jede erreichbare Anhöhe erklimmen wollen: um den höheren Mächten nahe zu kommen.

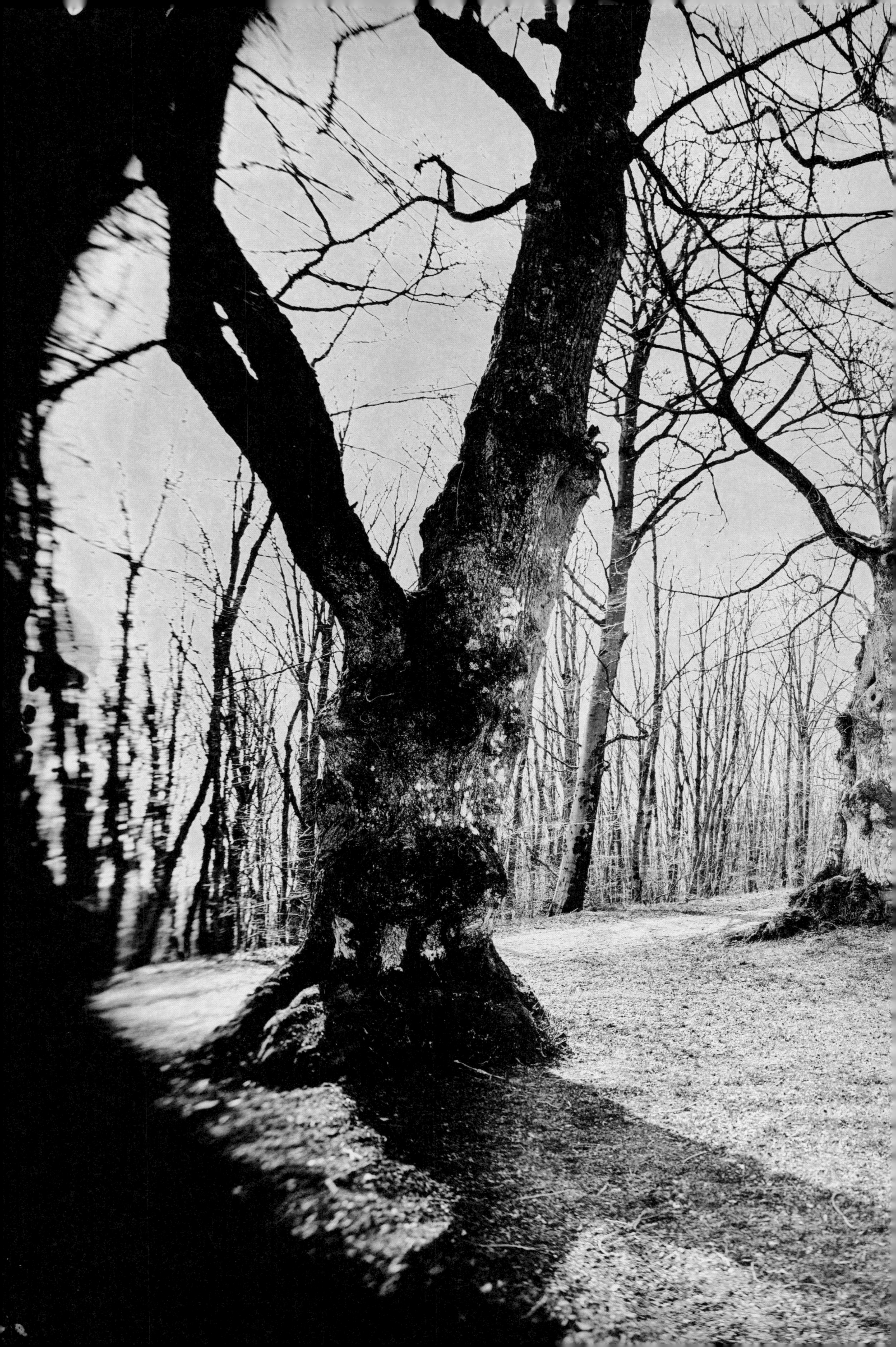

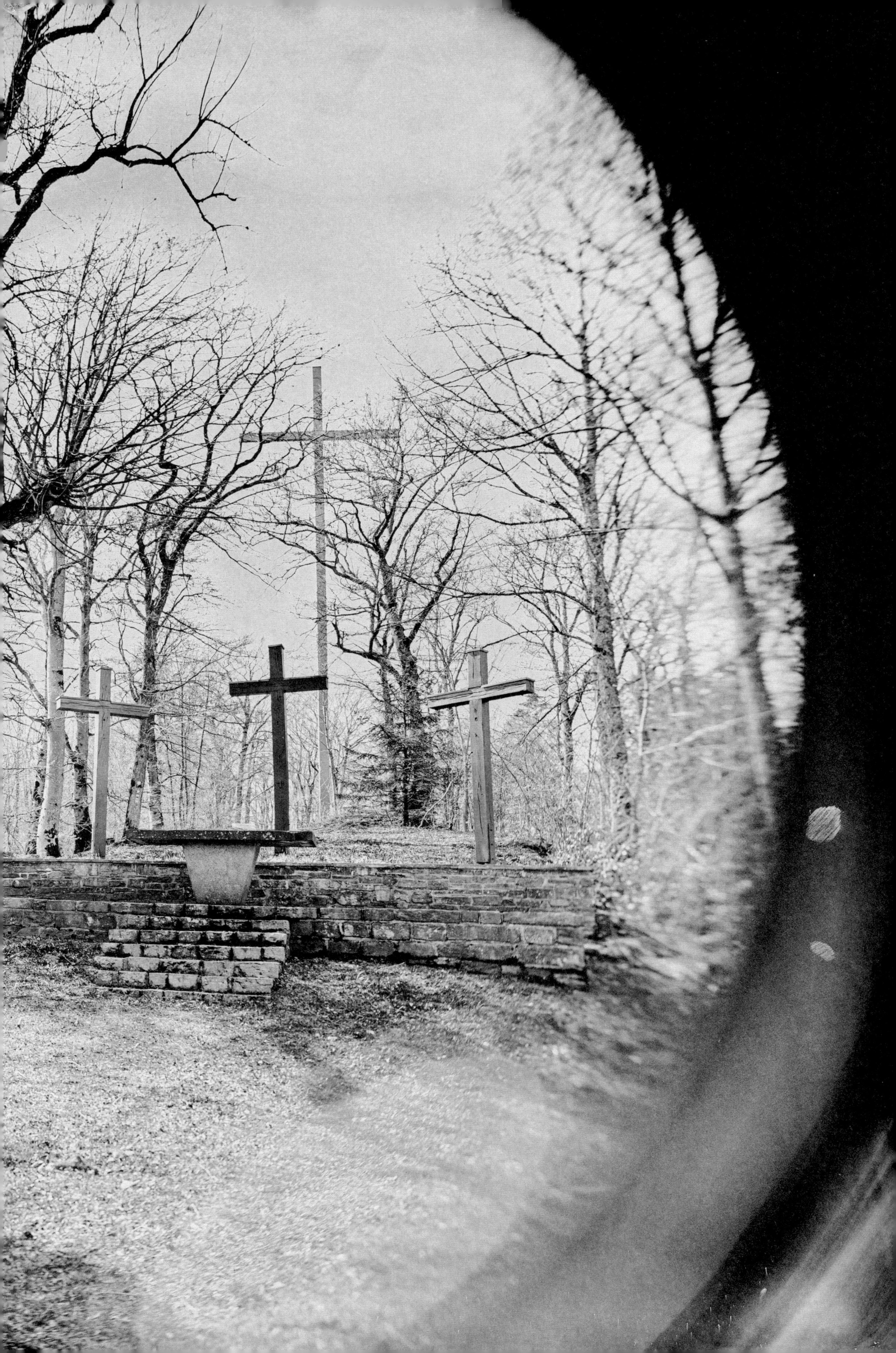

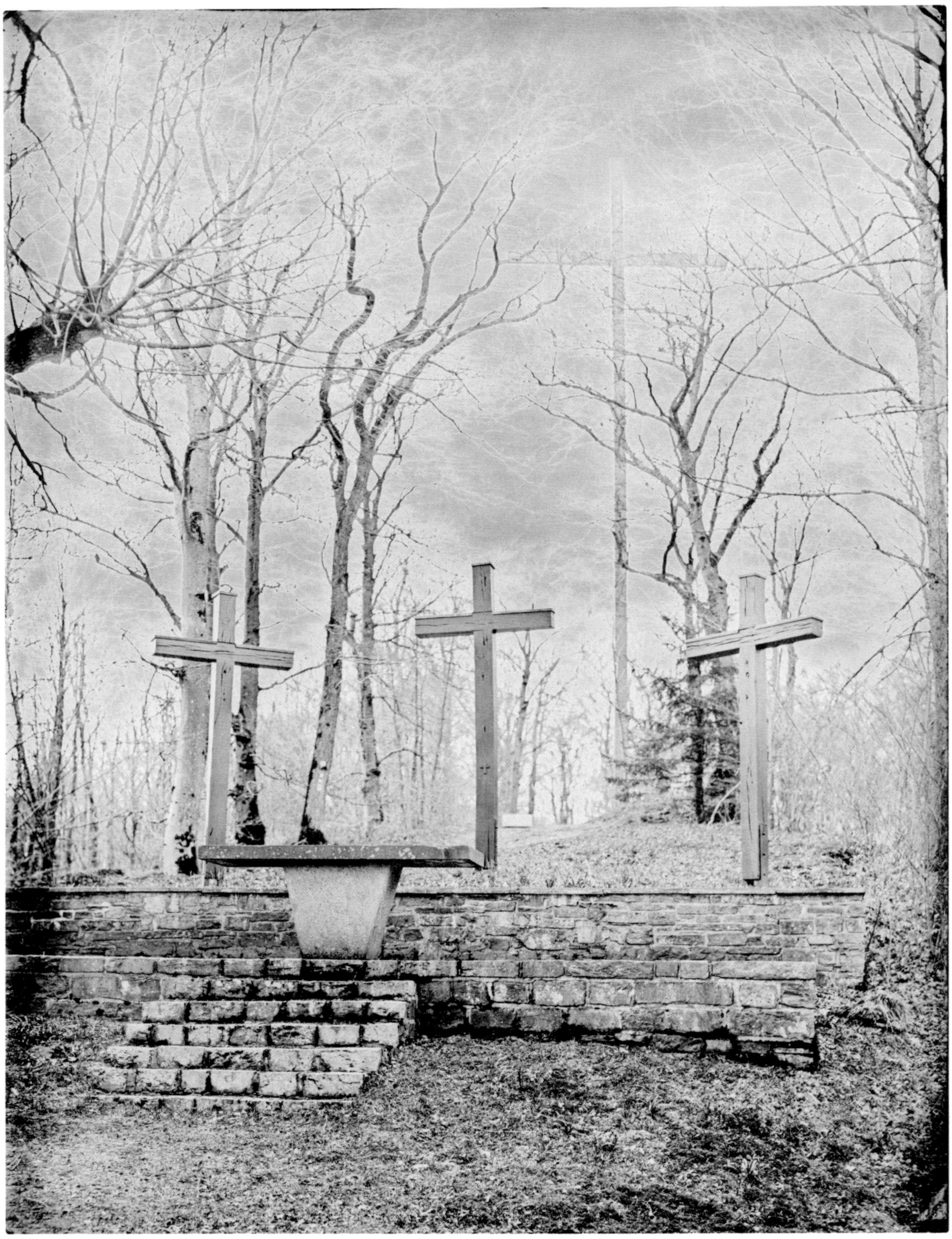

Allein sein auf dem Wilzenberg ist die eine Möglichkeit, ihn fürs Seelenheil zu nutzen. Gemeinsam mit anderen hoch zu pilgern ist die andere. Hans Robert Schrewe, als Kirchenvorstand und mit weiteren Ehrenamtlichen aus Grafschaft eng mit den Kapellen und Kreuzen auf dem Wilzenberg verbunden, nennt beeindruckende Zahlen: Mehr als Gottesdienste, etwa 3000 Pilger werden jährlich gezählt, darunter allein 600 Schützen, die sich alle drei Jahre zur Wallfahrt einfinden. Schulkinder und Erwachsene verbinden seit jeher mit der Wallfahrt zum Fest »Mariä Heimsuchung« den Duft von Kaffee und den Geschmack von süßen Berlinern. Nach der Seelennahrung was zum Naschen.

Schrewe ist vielfach fasziniert von dem Berg, seiner reichen Geschichte und seinem Charisma, seiner offensichtlichen Schönheit und davon, wie er Geheimnisse für sich behält. Etwa dieses: Hat dort droben eine Edelfrau Chuniza gelebt, die sieben Ehemänner vergiftete, bevor sie schwere Buße tat? Legenden, Ahnungen, das vielversprechend Unbekannte. Davon angezogen engagiert Schrewe sich in der Kirchengemeinde für die Pflege des Wallfahrtsortes. Und die kostet viel Zeit und Geld. »Man kann sagen: Der Wilzenberg ist uns lieb – und teuer.«

Was ihn besonders freut, sind die vielen jungen Menschen, die er oben antrifft. Am meisten berührt ihn aber, »wenn ich beobachte, wie auch die, die zuerst noch aufgedreht und laut daher kommen, langsam still werden und in sich gehen«. Offenbar erleben sie etwas, was unser Verstand nicht versteht: dass man gleichzeitig mit anderen zusammen *und* ganz mit sich sein kann.

Schmallenberg-Grafschaft
51.152819 | 8.326082

Kyrill-Pfad
Tod und Neugeburt

Orkane haben schon immer
ganze Wälder in Südwestfalen verwüstet.
Nun aber werden sie häufiger und heftiger.
Und treffen auf Bäume,
viel zu oft flachwurzelnde Fichten,
mit wenig Standfestigkeit.
Monokulturen sterben.
Der Tod des Alten
ist die Chance für das Neue.

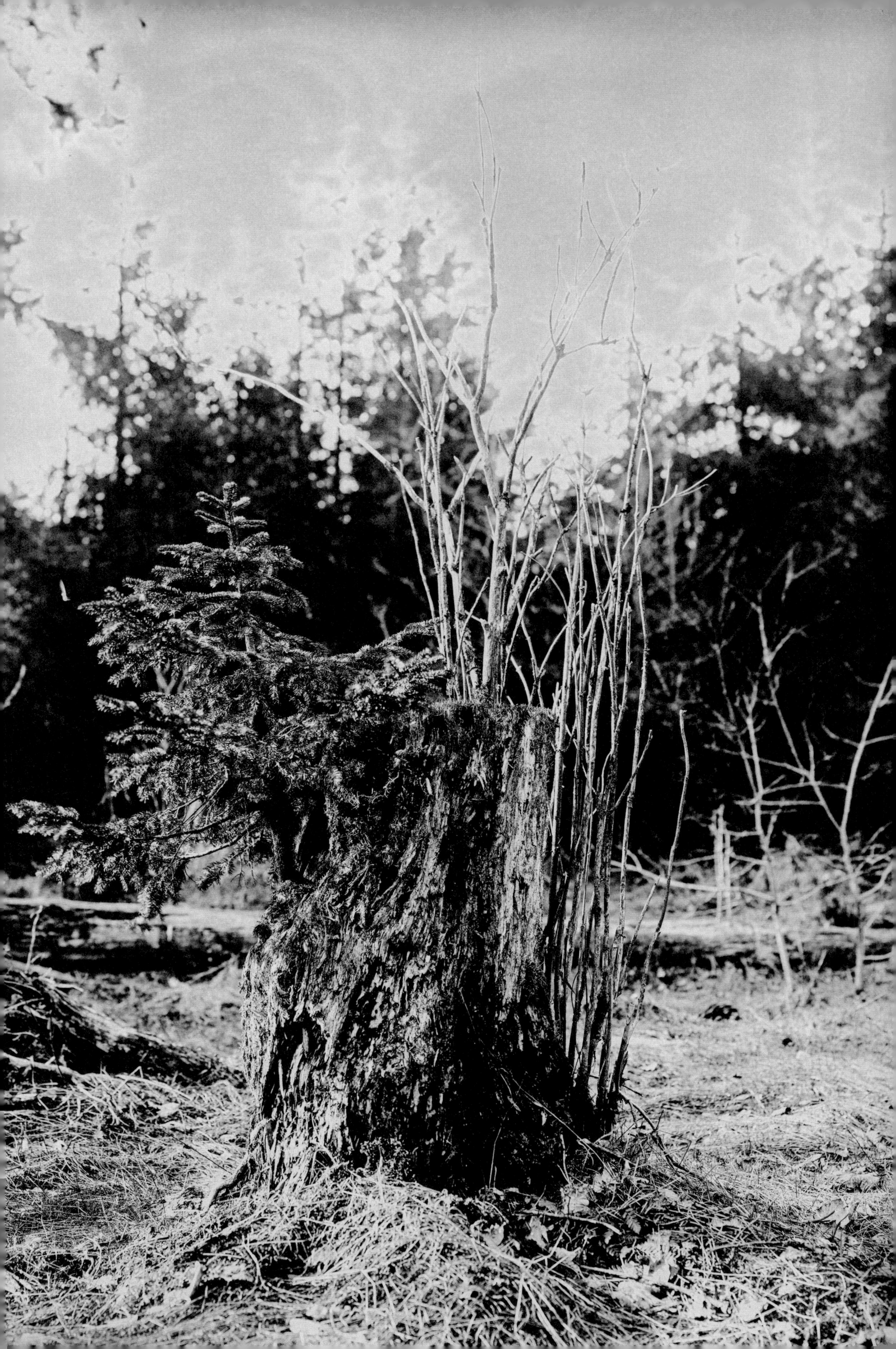

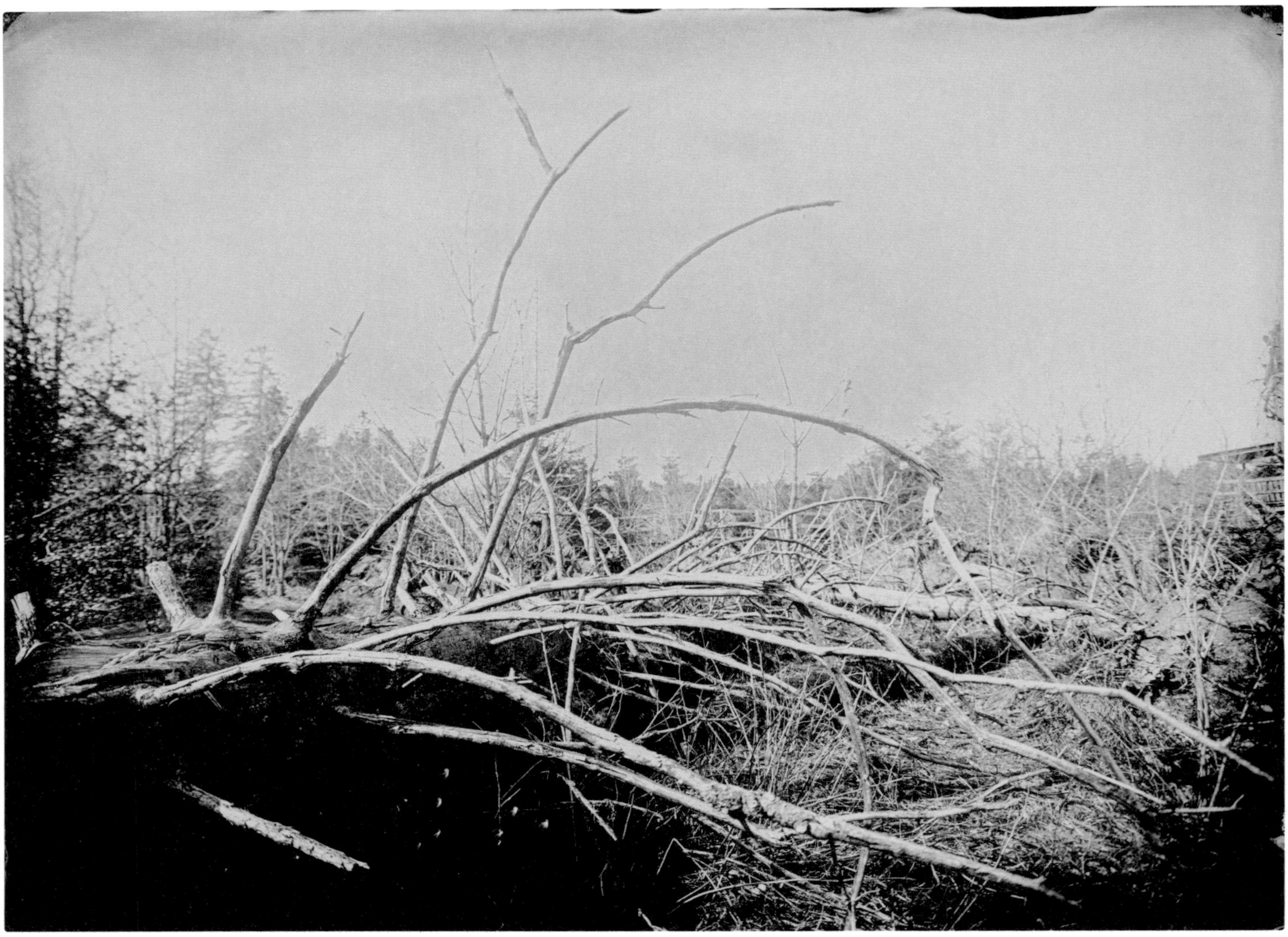

Ein Friedhof, mitten im Wald. Am Morgen des
19. Januar 2007 türmten sich hier die Baumleichen bis
zu zehn Metern hoch. Sie lagen kreuz und quer übereinander. Umgelegt von jemandem, den sie auf deutsch
»den Herrlichen« nannten. Auf griechisch heißt er Kyrill.
Der Wintersturm fegte mit Windstärken von bis zu
225 Kilometern in der Stunde durch Europa. Auch in
Südwestfalenverwüstete er riesige Waldflächen. Am
stärksten betroffen waren Flächen mit Fichten: Sie
wachsen zwar schnell, wurzeln aber nur flach im Boden.
Kyrill hatte leichtes Spiel.

  Stefan Knippertz nahm sich einige Wochen
nach dem Orkan zwei Rollen rot-weißes Absperrband,
jeweils 500 Meter lang, und schlug sich ins Dickicht.
»Ich war der kleinste unter den Rangern, also wurde ich
ausgeguckt, um zwischen den Baumstämmen durchzukriechen und mit dem Band einen Pfad zu markieren,«
erinnert er sich und muss grinsen. Gemeinsam
wandern wir über jenen schmalen Weg, dessen Verlauf
er damals auf allen Vieren festlegte. Knippertz ist
angestellt beim Landesbetrieb Wald und Holz. Er und
seine Kollegen sahen nach dem Sturm eine einmalige
Chance: »Wir wollten zeigen, was passiert, wenn so eine
Fläche sich selbst überlassen wird. Was wächst dort,
wenn der Mensch sich raushält?« Sie konnten das staatliche Forstamt überzeugen, für 3,5 Hektar auf den
Holzertrag zu verzichten, immerhin einige zehntausend
Euro. »Bei Privatbesitzern wäre das nicht möglich
gewesen.«

  Auf exakt einem Kilometer windet sich der Pfad.
Kriechen muss heute niemand mehr, die Besucher
können durch Schneisen, über Stege und kleine Brücken
wie durch ein Naturkundemuseum flanieren. An Spitzentagen kommen bis zu 1000. Knippertz erklärt mir, in
welchen Wellen die Sturmfläche wiederbesiedelt wurde.
Die ersten, die sich trauten, waren Blumen und Stauden

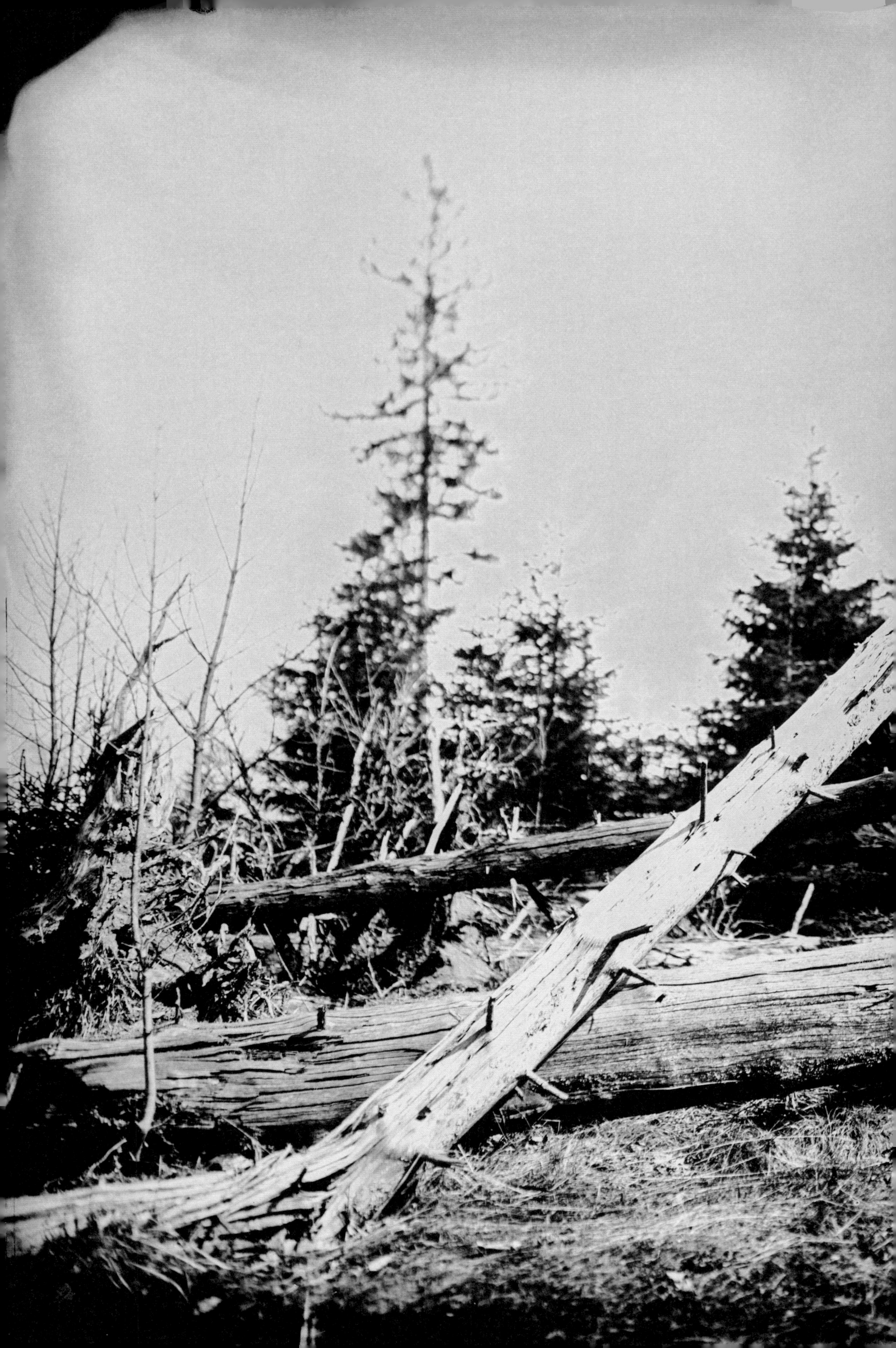

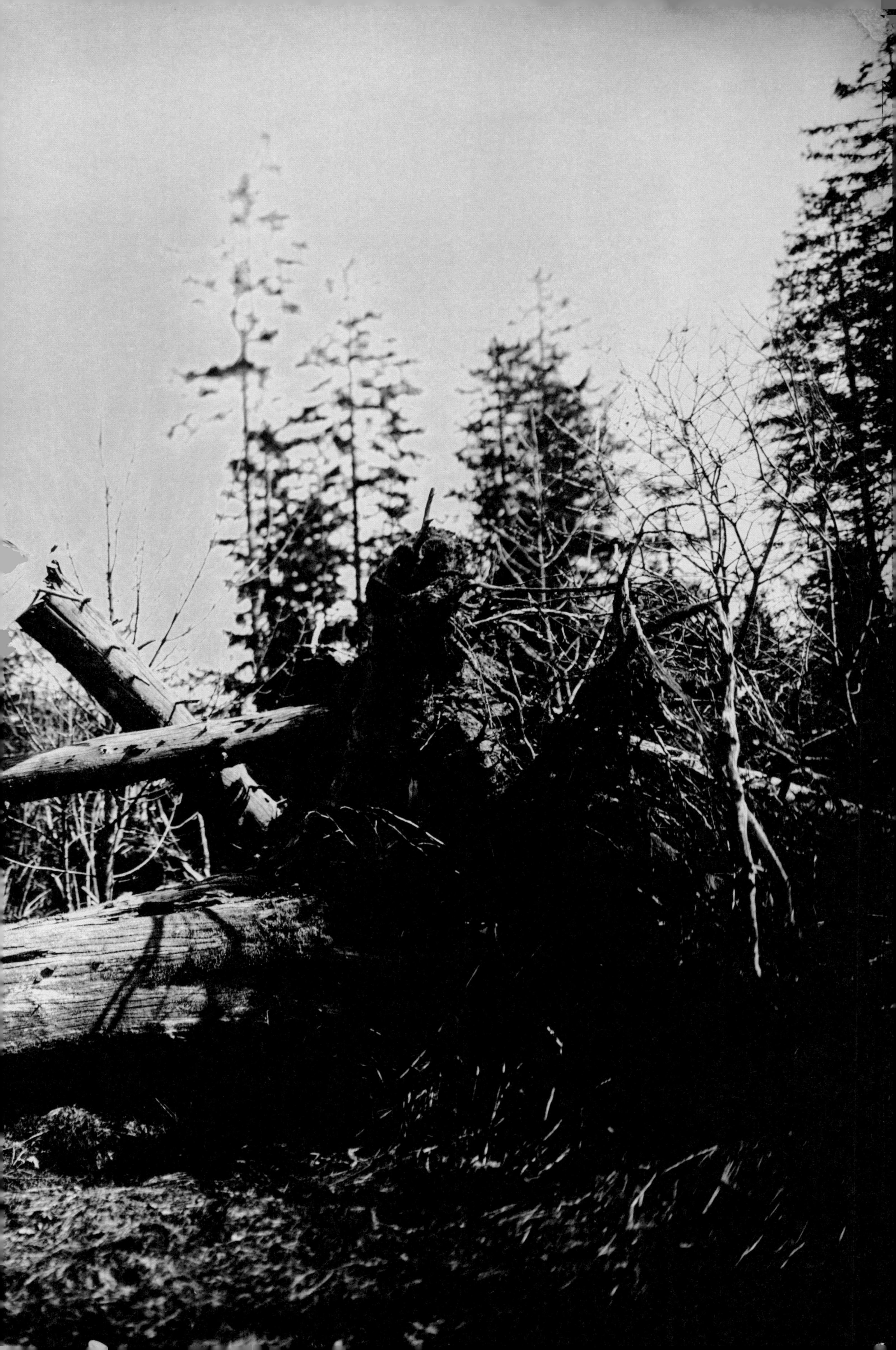

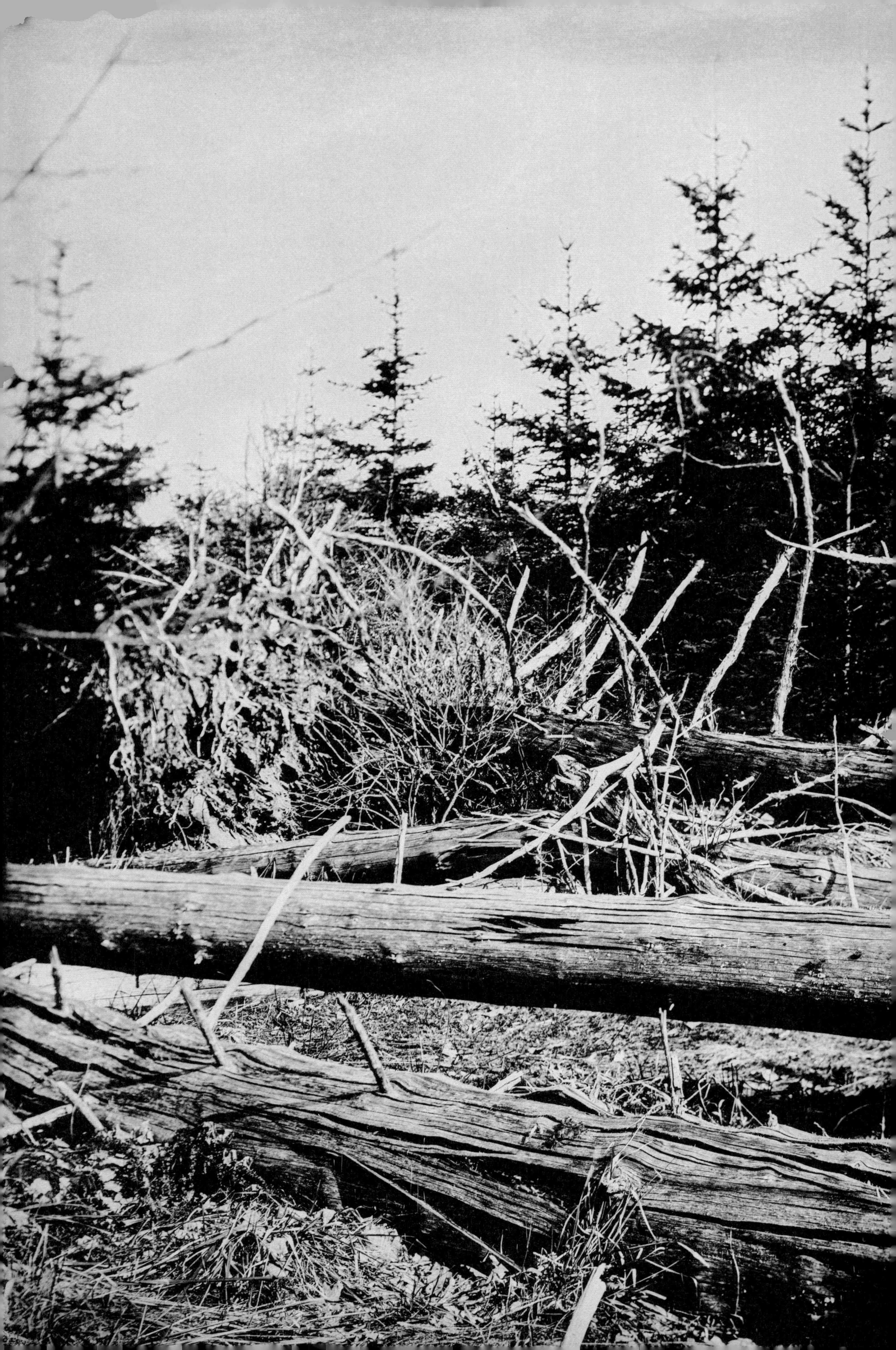

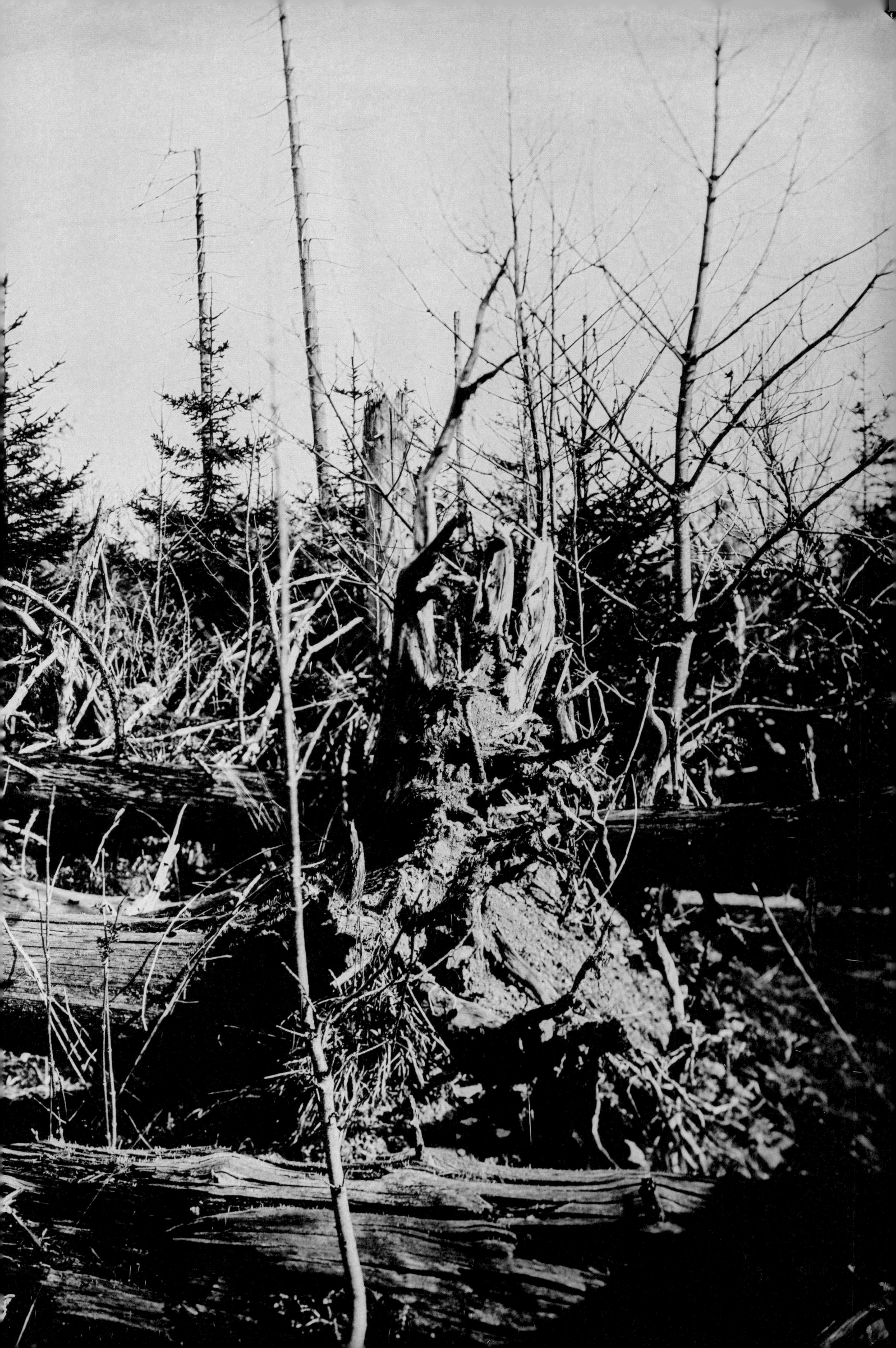

wie Fingerhut und Waldweidenröschen. Dicht gefolgt von Büschen wie Holunder und Brombeere. Letztere ist besonders aggressiv, die macht andere platt. Das Ganze ist ein lautloser Kampf um Licht und Wasser. Dann folgten die Pioniere unter den Bäumen – Vogelbeeren, Birken, Weiden, natürlich auch Fichten. Ein Wettwachsen um die besten Plätze an der Sonne setzte ein. Wer schneller nach oben schießt, stellt andere in den Schatten. Birken und Fichten machten zunächst das Rennen. Aber jetzt, nach elf Jahren ohne Axt und Säge, hat sich ein Gleichgewicht eingependelt. Knippertz' Augen leuchten, wenn er von einem Hochstand aus über den neuen Wald blickt: »Ist das nicht ein Wunder, wie reich an Pflanzen- und Tierarten er ist?« Kyrill hat für kreatives Chaos gesorgt. Was in den Nachrichten als forstliche Katastrophe gehandelt wurde, ist aus Sicht der Natur nur ein Intermezzo.

Und, sind die Forstbesitzer aus den Sturmschäden klug geworden? Knippertz schüttelt den Kopf: »Wahrscheinlich nicht alle, da müssen wir noch ein wenig Überzeugungsarbeit leisten! Wir haben geraten, mit standortgerechten Baumarten wie der Buche aufzuforsten. Dafür gab es sogar Fördergelder. Aber viele haben sich für schnelles Wachstum entschieden. Also doch wieder Fichten – mit hohem Risiko.« Der nächste Orkan kommt bestimmt.

Während wir weitergehen, frage ich mich, was den Kyrill-Pfad zu einem Seelenort macht. Mich inspiriert er, über Tod und Neubeginn nachzudenken. Über die eigene Vergänglichkeit. Über die Tatsache, wie kurz die menschliche Lebensspanne im Vergleich zum langen Atem der Natur ist. Darüber, dass manches, was auf den ersten Blick wie Ende und Aus wirkt, in Wirklichkeit eine Wandlung ist, ein Übergang zu etwas Neuem. Leben, das aus einem Tod geboren wird. Ein Augenzwinkern in der Ewigkeit. Knippertz zeigt auf einen Stamm zu unseren Füßen. »Noch fünf Jahre, und der ist komplett verrottet. Im Inneren sind Baumpilze am Werk, ihn zu zersetzen.« Er zeigt auf eine tellergroße Ausbuchtung außen am Holz: »Das ist nur der sichtbare Fruchtkörper. Innen im Stamm ist ein Pilz mit einem gigantisch großen Geflecht am Werk.« Moose und Pilze, Sonne und Regen sind die nimmermüden Transformatoren. Sie verwandeln Bäume in Erde und Erde in Nährboden für künftige Bäume.

  Am Ende des Pfades führt der Ranger mich zu seinem persönlichen Liebling im Freiland-Labor. Er zeigt auf eine Fichte, die am Boden liegt. An der Oberseite ist die Rinde aufgeplatzt. »Sonnenbrand,« erklärt er. Ganz anders die Krone des Baumes. Sie besteht aus dunkelgrünen, dichtbenadelten Zweigen, an den Spitzen sprießt und knospt es hellgrün. »Der will noch was«, sagt Stefan Knippertz, »der will unbedingt leben. Und der wird das auch schaffen.«

Schmallenberg-Schanze
51.129212 | 8.37843

»Am Kahlen«
Sich ent-sorgen

Ein Kreuzweg, eine Kapelle
und eine Bank mit Blick
über's bergige Land
dienen als Sorgen-Abladeplatz.
Zwei alte Damen erzählen,
wie sie mit Kümmernissen belastet
auf den Kahlen pilgern
und erleichtert in die kleine Stadt
unten im Tal zurückkehren.
Und wie das funktioniert.

Für die beiden älteren Damen aus Medebach ist diese Bank eine Krafttankstelle. Wenn sie »zum Kahlen« pilgern, beten sie zuerst in der oberen Kapelle zu Maria, »Trösterin der Betrübten«. Dann gehen sie ein paar Stufen den Hang hinunter, zur Grabkapelle, die den Leichnam Jesu zeigt. Und danach setzen sie sich auf diese Bank. Heute darf ich mich dazugesellen. Vor uns erstreckt sich das flache Tal von Glindfeld, rechts im Wiesengrund ein ehemaliges Kloster, gegenüber ragen die Spitzen von 63 Meter hohen Douglasien, die »Himmelssäulen«, aus dem Mischwald hervor. Die gewellten, sanft gerundeten Höhenlinien der Berge, so sagt die eine, kommen ihr vor wie grüne Wolken; tatsächlich sehen sich die Formen des Grüns auf der Erde und des Weiß am Himmel erstaunlich ähnlich. Die andere sieht »grüngefärbte Schäfchenwolle«, die Bergrücken mit Weichheit überziehend. Die eine fühlt sich geborgen durch das Rund der umstehenden Berge, die andere schätzt den Blick weit ins Land.
Ich kann beides nachvollziehen.
  Wir sitzen still beieinander.
Bis die eine erzählt: »Es war vor 50 Jahren. Mein Vater fuhr mit Trecker und Anhänger los, um Futter zu holen. Mein neunjähriger Bruder sollte mitfahren, er sollte hinten eine Bremse betätigen. Als er abspringen wollte, geriet er zwischen Deichsel und Anhänger. Der Vater musste ihn überrollen, um ihn überhaupt frei zu bekommen. Verzweifelt trug er den Jungen, bis er nicht mehr konnte. Dann kam endlich ein Auto vorbei. Mein Bruder kam noch rechtzeitig ins Krankenhaus, er hat knapp überlebt. Der Vater versank in Schuld und Schweigen. Anders meine Mutter. Sie ging hier hoch zur Kapelle und dankte Maria für die Rettung ihres Sohnes.«

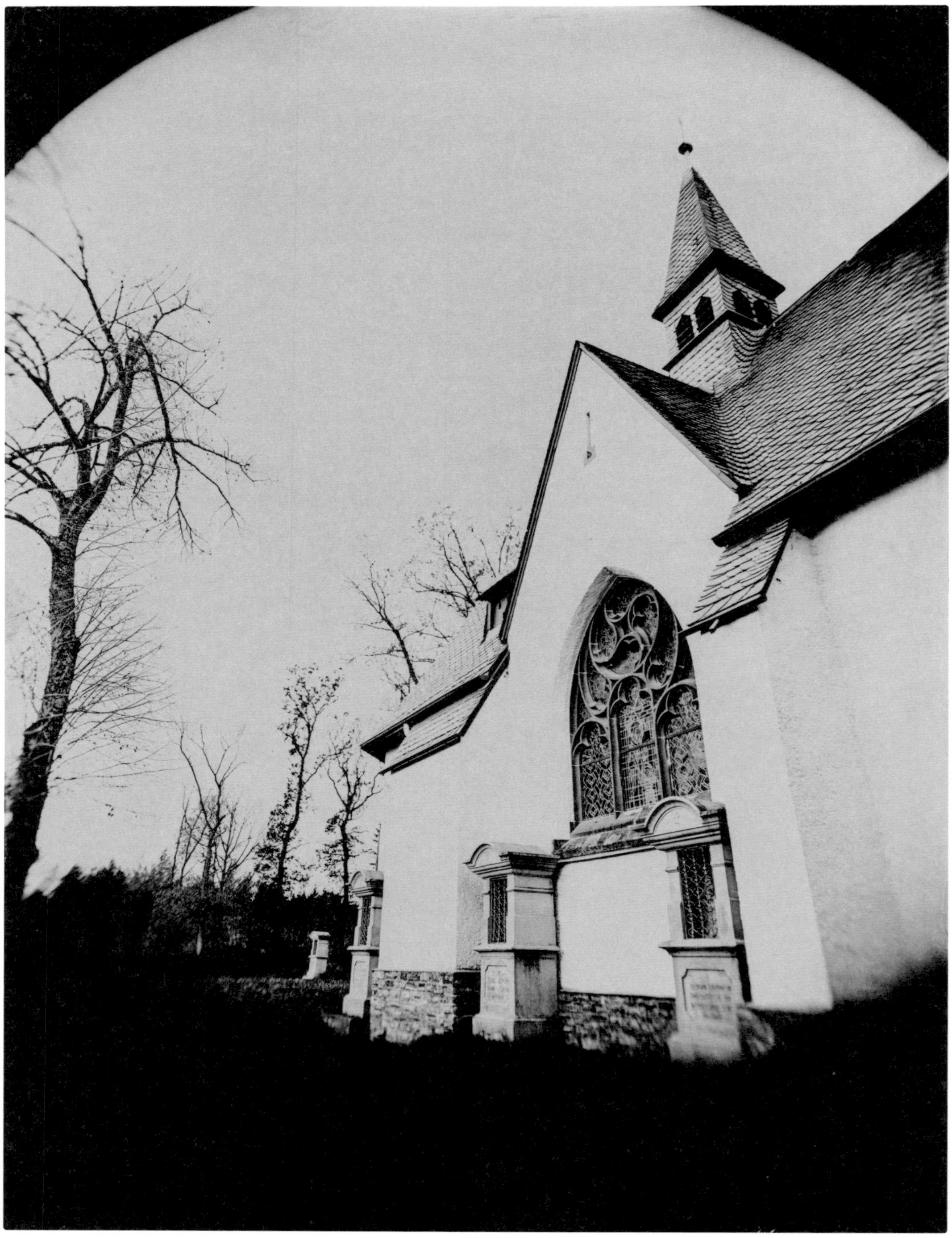

Dann erzählt die andere: »Ich habe noch acht Geschwister. In den Jahren nach dem Krieg wussten unsere Eltern nicht, wie sie so viele hungrige Bäuche gefüllt kriegen sollten. Eines Tages waren alle Vorräte aufgebraucht, mein Vater ratlos, meine Mutter verzweifelt. Sie pilgerte zum Kahlen und vertraute ihre Sorgen der Schmerzensreichen Mutter an. Als sie nach Hause kam, stand ein Sack Kartoffeln vor der Tür.« Die beiden erzählen mir diese Geschichten, »damit Sie verstehen, warum diese Kapellen für uns Medebachern so wichtig sind«.

Die eine erzählt vom Karfreitag: »Tausende gehen den Kreuzweg. Die ersten schon vor Sonnenaufgang. Viele mit der Prozession am Vormittag. Viele aber auch allein. Zu denen gehöre ich. Im eigenen Tempo gehen. Mit meinen eigenen Anliegen. Es gibt ja immer eins. Ob ich dafür bete, dass die Schwangerschaft meiner Tochter gutgeht. Oder weil eines der Kinder vor einer wichtigen Prüfung steht. Manchmal ist einfach alles gut, dann bete ich, dass es so bleibt.«

Die andere erzählt von der Wanderung des Sauerländischen Gebirgsvereins: »Am 1. Mai feiern wir die Messe auf dem Platz vor der Kapelle. Ich darf mir immer das Thema für die Predigt aussuchen. Meistens ist das Thema für die Predigt ›Bewahrung der Schöpfung‹. Das finde ich gut.«

Die eine erzählt, dass sie als Kinder auf dem Rückweg von der Karfreitagsprozession schon Ostereier suchen durften: »Suchen und finden, ja, aber nicht essen! Das war schließlich ein Fastentag.« Die andere zeigt auf den steilen, nur leicht kurvigen Pfad hinab nach Glindfeld, ein weiterer Kreuzweg, der bis zum Kloster führt: »Zwei meiner Brüder haben mal einen Bob aus Stahlblech gebaut. So richtig windschnittig, vorne mit Lenker, hinten mit Bremsen, die hatten scharfe Zacken. Im Winter schleppten wir den Bob hierher, auf den Anfang des Pfades. Die beiden stiegen vorne ein,

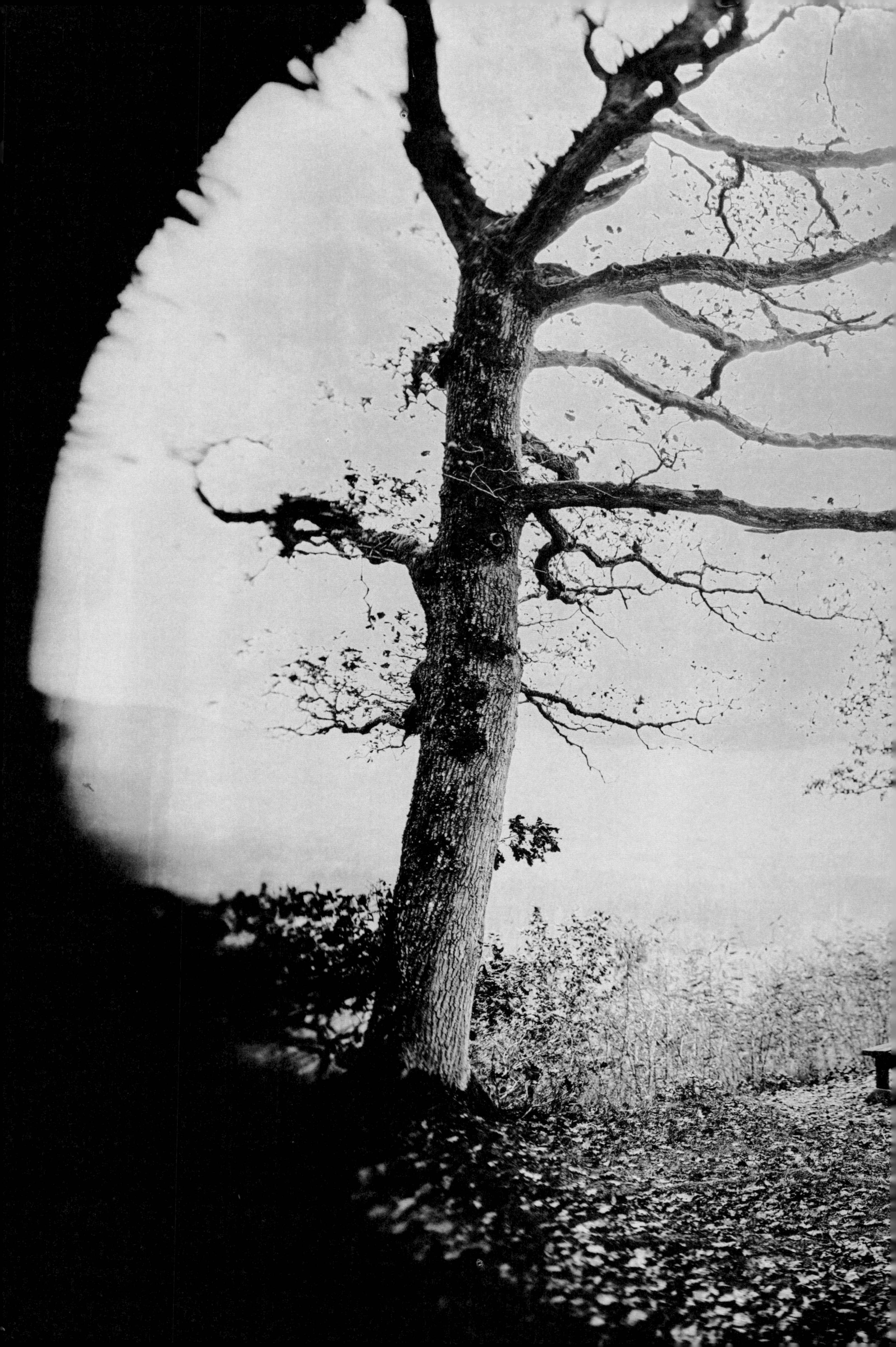

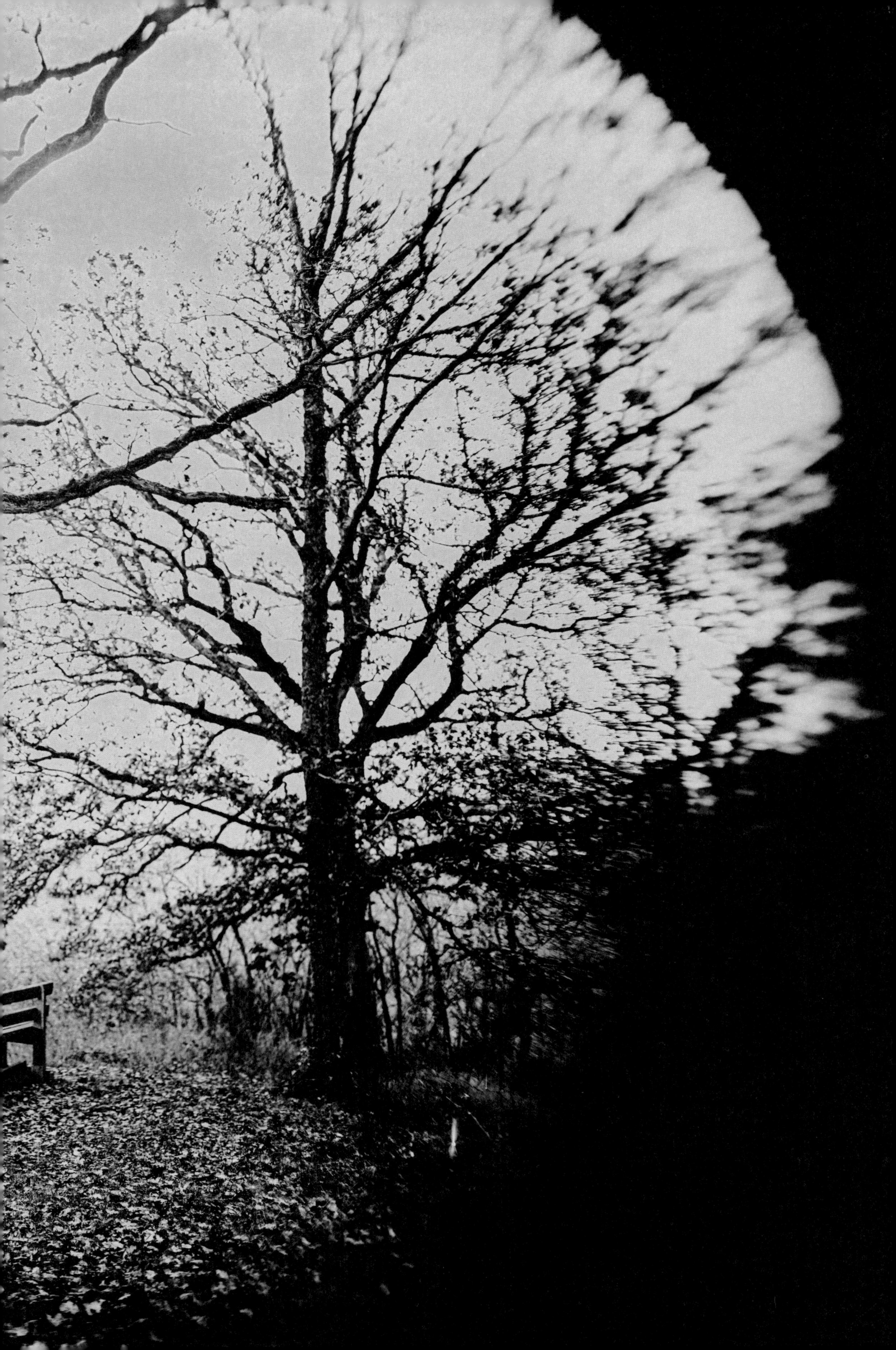

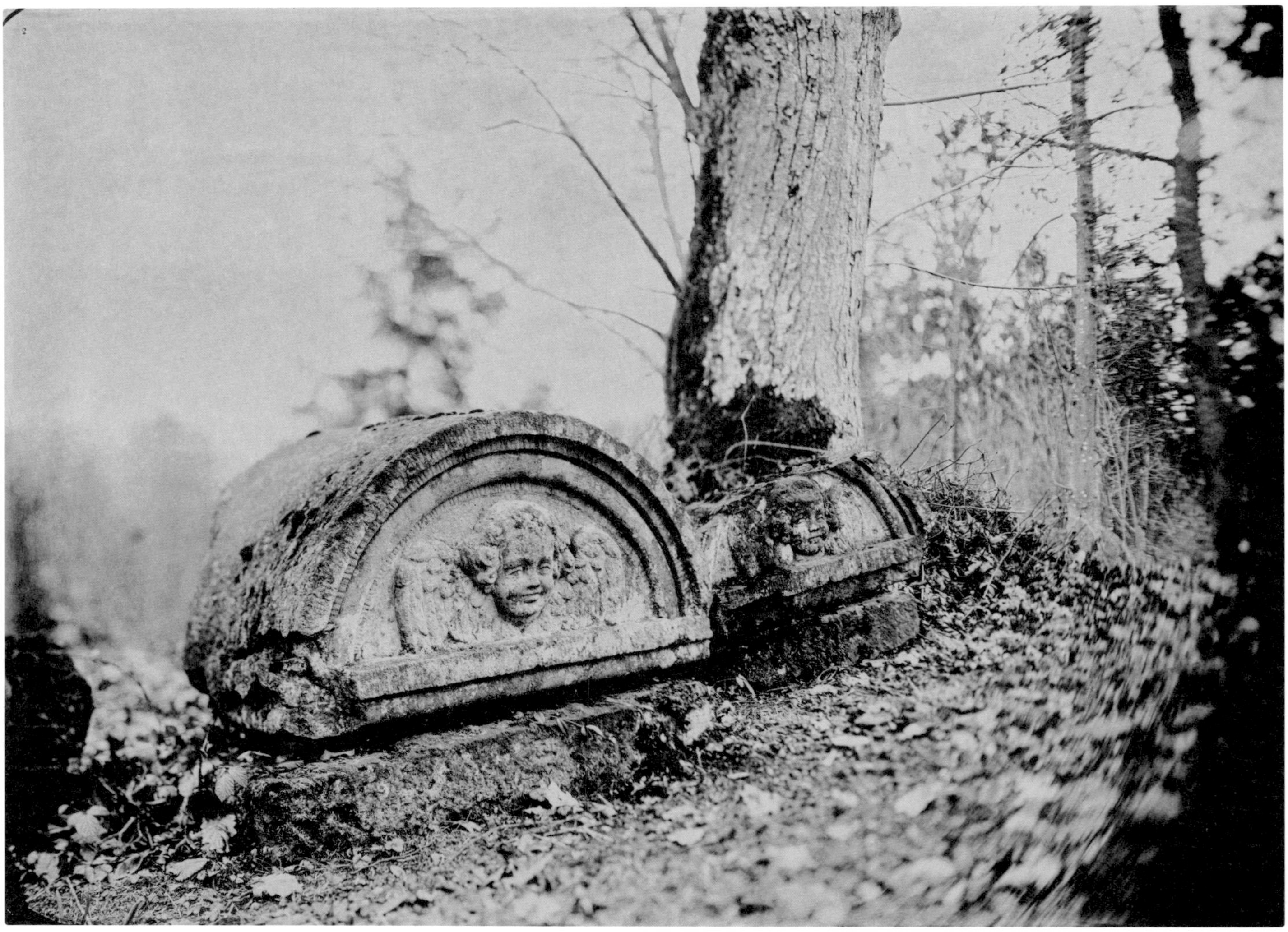

ich durfte Bremserin sein. Und dann ging's in einem Affentempo den Berg runter. Heute würde man sagen: der ultimative Kick.«

Was zieht die beiden immer wieder hierher? Die Kapelle ist den »Sieben Schmerzen Marias« gewidmet. Sie leidet, als ihr vom Propheten Simeon geweissagt wird, dass ihr der Sohn noch viel Kummer bereiten wird. Sie steht unterm Kreuz, als er Höllenqualen leidet. Sie hat den Schmerz auszuhalten, als sie den gemarterten Leib ins Grab legt. Eine starke Frau sei das, sagen die beiden starken Frauen aus Medebach, eine Mitfühlende, ein Vorbild. Wer sich und seine Sorgen den Berg hinaufgetragen habe, könne sie im Gebet abladen.

»Danach fühle ich mich erleichtert«, sagt die eine. »Ich finde meinen Frieden wieder«, sagt die andere.

Medebach-Glindfeld
51.199865 | 8.676812

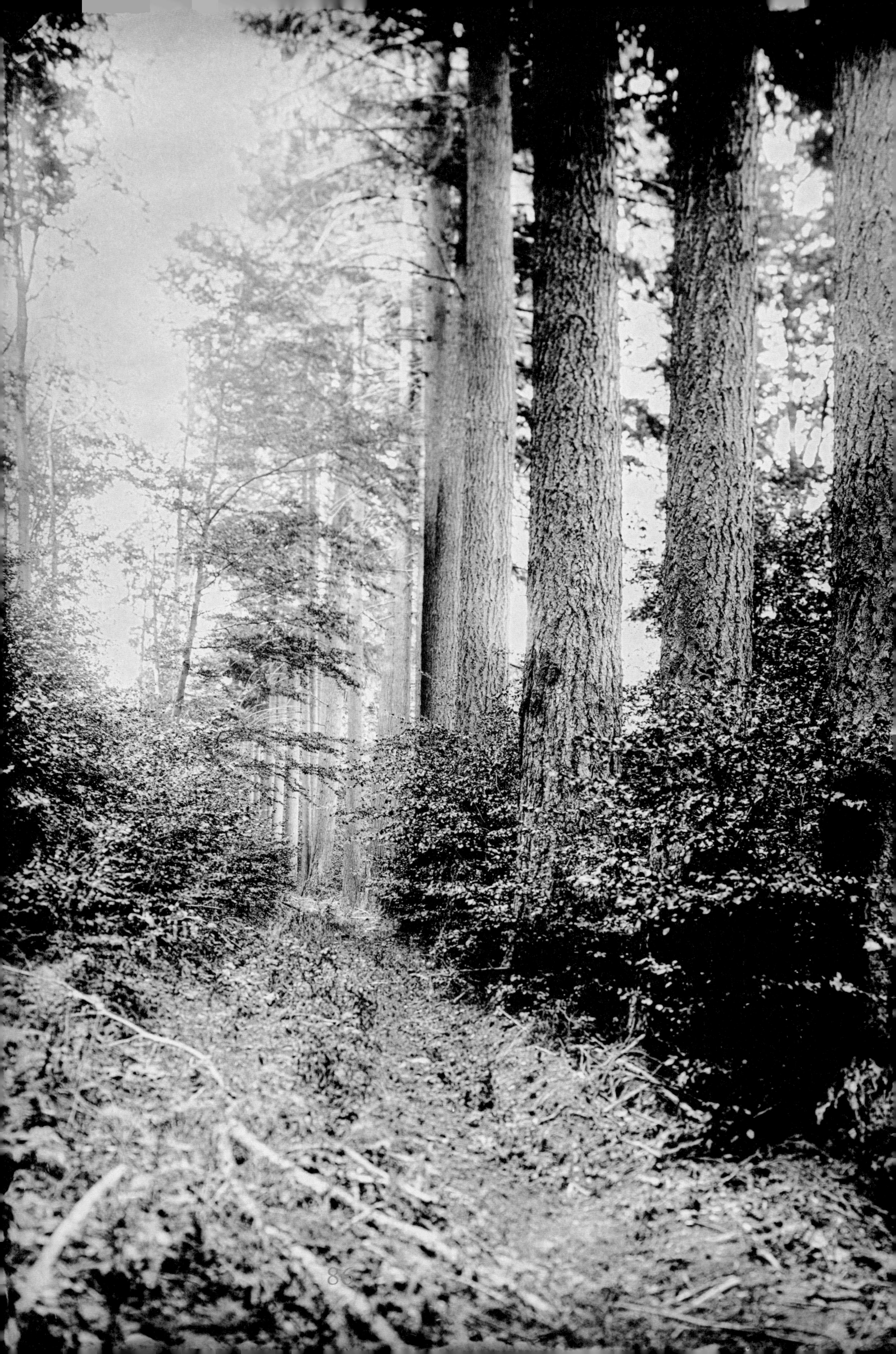

Himmelssäulen | Douglasien
Ehrfurcht

Tiefe Wurzeln schlagen,
und dann hoch hinaus, zum Licht –
das ist die Strategie
der größten Lebewesen Südwestfalens.
Ob man den Kopf weit in den Nacken legt,
um ihre Kronen zu betrachten,
oder ob man das Ohr
an ihre rauzerfurchte Rinde legt,
um ihrer Lebendigkeit zu lauschen:
Ehrfürchtiges Staunen
begleitet die Begegnung.

Zu Besuch bei den größten Lebewesen des Sauerlandes. Da stehen sie, 38 an der Zahl, in akkurater Reihe, und rühren sich nicht vom Fleck. Seit 127 Jahren schon stehen die Waldriesen beharrlich Spalier. Während sich die Fichten ringsumher als ziemliche Umfaller erwiesen haben, wenn die Winde mal heftiger wehen, Fluch der Flachwurzler, trotzten die Douglasien sogar einem Orkan wie dem legendären Kyrill. Immer standfest, immer grün. Mit 63 Metern sind sie heute schon genauso hoch wie der Turm von St. Peter und Paul in Medebach (den Wetterhahn mitgerechnet). Und während bei letzterem das Ende der Fahnenstange erreicht ist, können die Baumgiganten noch weitere 200 Jahre an Höhe zulegen.

Wir stehen an Douglasie Nummer eins, der mächtigsten von allen. Anni Kuhler und Hildegard Althaus, die mich hierhergeführt haben, entfachen ein wahres Feuerwerk von Fakten, in geübtem Wechselspiel. Die beiden, geboren in Medebach, seit Jahrzehnten Freundinnen, seit Jahrzehnten Bewunderer der Baumriesen, wandern regelmäßig mit Gruppen ins Jungholz. So heißt der Wald bei den Douglasien. Sie denken, das sei ein guter Ort, um Ehrfurcht vor der Schöpfung zu vermitteln. Nicht mit erhobenem Zeigefinger. Sondern spielerisch, sinnlich, fühlend.

Die beiden haben dieses Glitzern in den Augen, wenn sie von den besonderen Bäumen schwärmen. Das überträgt sich. Auch auf Schüler, die eigentlich mit der Natur fremdeln, beim Wandertag keine Wasserflasche dabei, aber Geld, weil da bestimmt ein Shop im Wald ist. Smartphone-Kids, denen lila Kühe vertrauter sind als echte. Aber diese Bäume... boah, sind die riesig... und schon so alt... ich muss den Kopf ganz weit in den Nacken legen und sehe die Spitze immer noch nicht... wie viele Kinder es wohl braucht, um den Stamm zu umfassen? »Und dann haben wir sie«, sagt Anni, und ihre blitz-blank-blauen Augen leuchten.

Die Kleinen werden losgeschickt, die Stämme zu zählen. Sie rennen an der Baumreihe hoch und runter, toben sich aus, lernen spielend. Sie schauen zu, wie man Höhen messen kann, nur mit einem Stock, den man armlang vor dem Gesicht hält, und gezählten Schritten. Sie erfahren, dass Douglasien Schummelbäume sind. »Wenn die verletzt werden, schließen sie ganz schnell die Wunde mit ihrer dicken Borke. Deshalb sind die so widerstandsfähig. Erst im Sägewerk zeigt sich, wo das Holz unregelmäßig ist. Schreiner finden das nicht so toll.«

»Wenn wir den Kindern in der freien Natur Geschichten erzählen, werden sie ungewöhnlich still«, sagt Hildegard. Sie hat den Vergleich, vor der Pensionierung war sie Lehrerin. Die fein-weißen Netze der Gespinstmotte? Das ist Elfenstoff. Der Rote Fingerhut? Seht ihr die vielen Punkte im Inneren der Blüte? Das sind Landebahnen für Hummeln. Ein Seil, an das Efeu-Ranken geknotet werden? Vorhang auf, tretet ein in die Anderswelt. Dazu noch ein Zaubertrick: Brennnesseln, die nicht brennen – wenn man von unten nach oben über die Blätter streicht.

Die beiden erzählen dann auch vom »Gelobten Fest«, gut eingespielt, wie ein altes Ehepaar. Im Dreißigjährigen Krieg rückten die feindlichen Schweden und Hessen auf die Stadt vor. Die Medebacher flohen mit Sack und Pack hierher, ins Jungholz. Bauten Hütten, nutzten Höhlen, aßen Beeren und Pilze. Und sie gelobten: Wenn diese Heimsuchung vorüber ist, feiern wir ein Fest – jedes Jahr. Sie hielten sich an das Gelöbnis. Früher war das Gelobte Fest ein »Fasttag für Mensch und Tier«, an dem kein Medebacher die Stadt verlassen sollte. Bis heute schließen die Geschäfte, stattdessen Kirchgang und Prozession. War der Brand 1844 die Strafe dafür, dass man die Sache mit dem Gelöbnis in den Jahren davor hat schleifen lassen? Gebannt lausche ich den beiden. Und gebe zu: Dem kleinen Jungen in mir

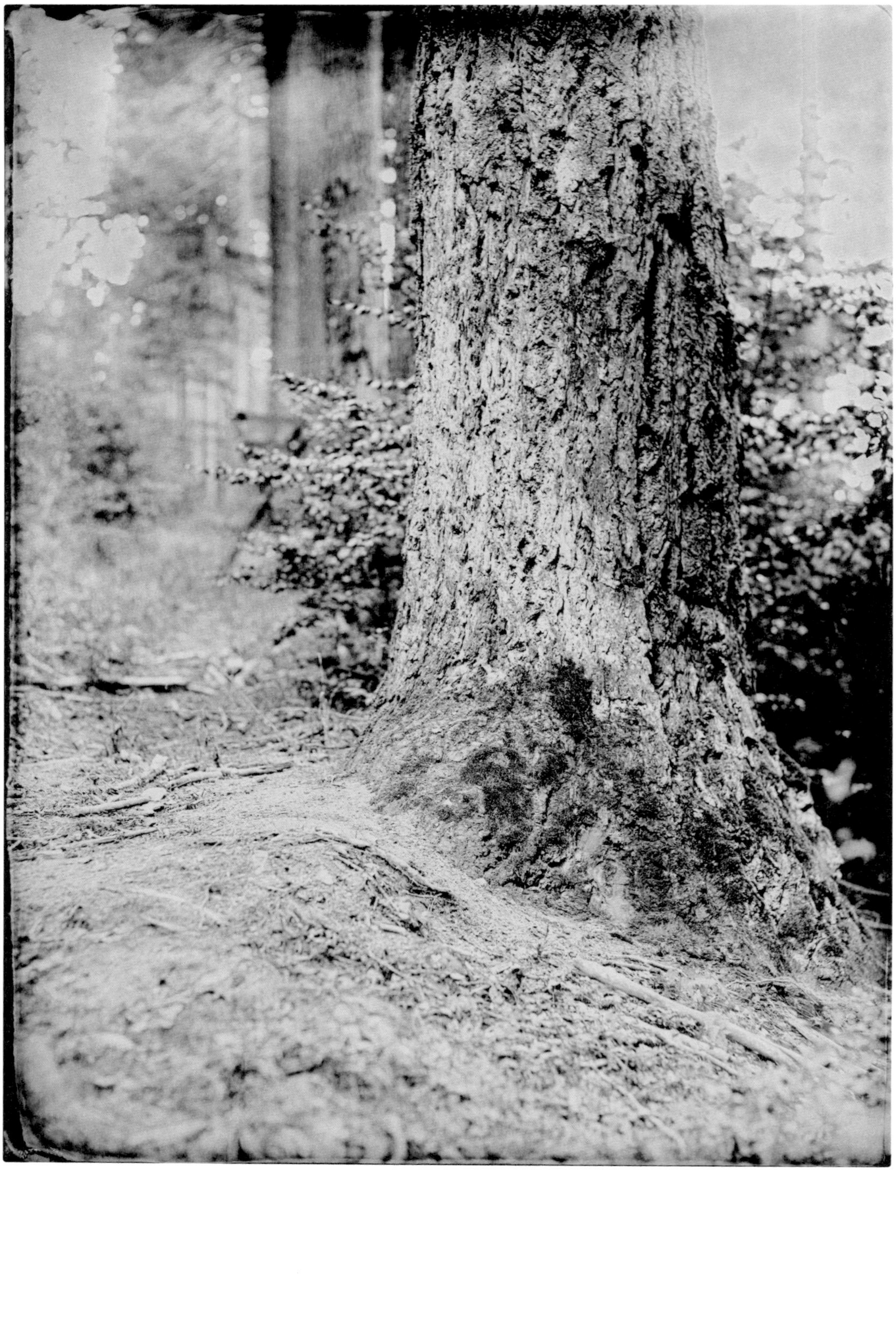

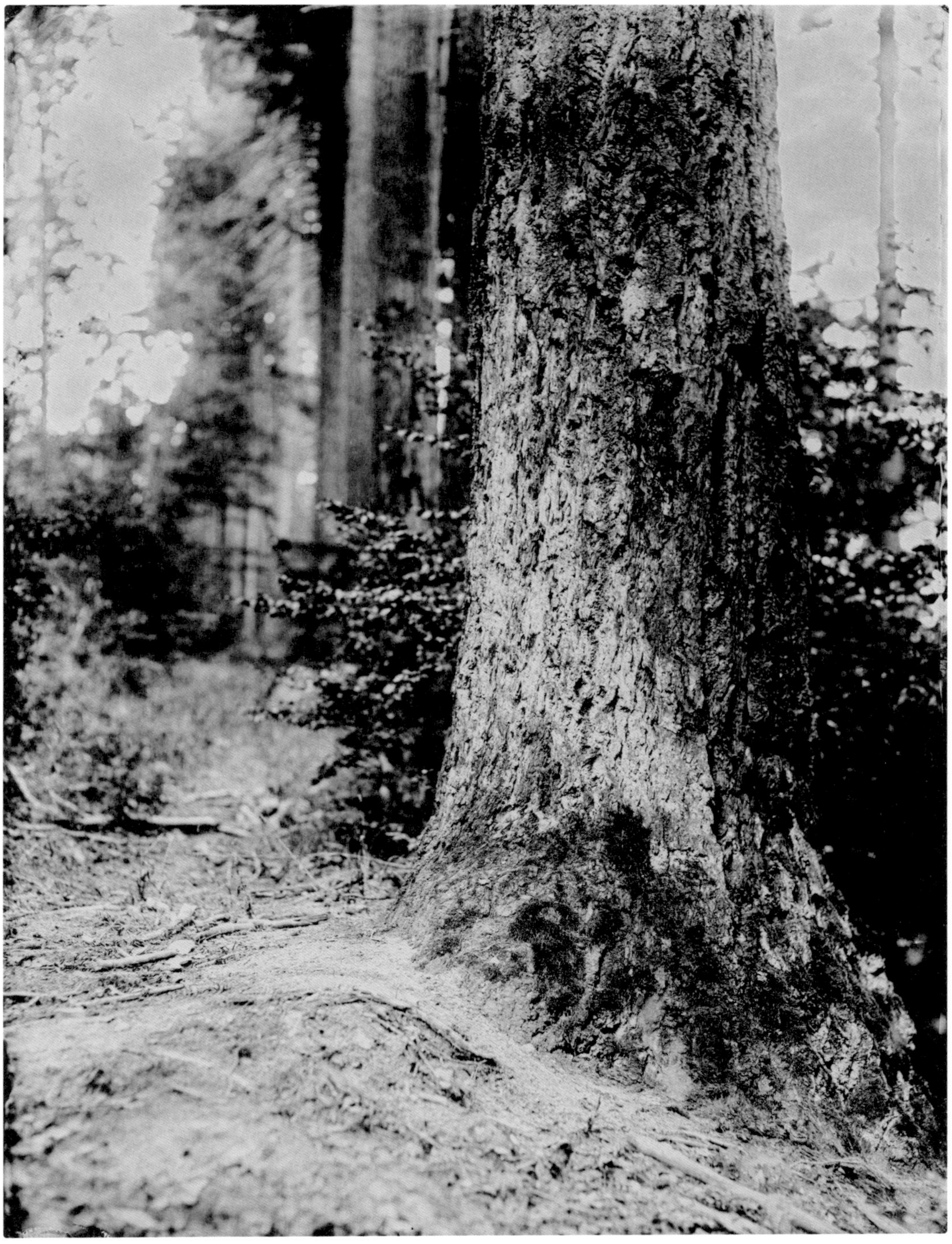

würde so eine Schulwanderung auch sehr gefallen. Es gibt zwei Dinge, die wirklich alle Menschen in ihren Bann ziehen: Spielen und Geschichten.

Freude und Staunen sind unsere Begleiter im Jungholz. Aus einem Gemisch von Buchen, Fichten und Weißtannen ragen die Douglasien hervor wie Hünen aus einer Menschenmenge. Sie sind Ausländer, mittlerweile gut integriert. Als das Königlich-Preußische Forstamt 1890 säckchenweise Samen verschickte, mit der Anweisung, es mal mit diesem nordamerikanischen Baum zu versuchen, wussten deutsche Förster nicht recht, wie mit dem Fremdling umzugehen. In Medebach wurde mit einem Meter Abstand gepflanzt, wie bei Fichten gewohnt, aber viel zu eng für die Mammuts. Mittlerweile werden immer mehr Douglasien gepflanzt. Fichten sind zwar schnell, Waldbesitzer können ihrer Rendite beim Wachsen zusehen. Aber Douglasien behaupten sich gegen Sturm, Trockenheit und Borkenkäfer. Sie machen langfristig das Rennen.

Meine beiden Begleiterinnen zollen ihnen nicht nur botanisch Respekt. In ihren Augen ist das hier eine Galerie von Himmelssäulen. Fest verwurzelt und hoch hinaus. Hildegard sagt: »Diese Bäume sind so viel größer als wir Menschen. Ehrfürchtig stehe ich davor, schaue nach oben und kann ich mich nicht mehr so wichtig nehmen.« Anni ergänzt: »Das lehrt Demut. Und die tut mir gut.«

Medebach-Glindfeld
51.198797 | 8.642142

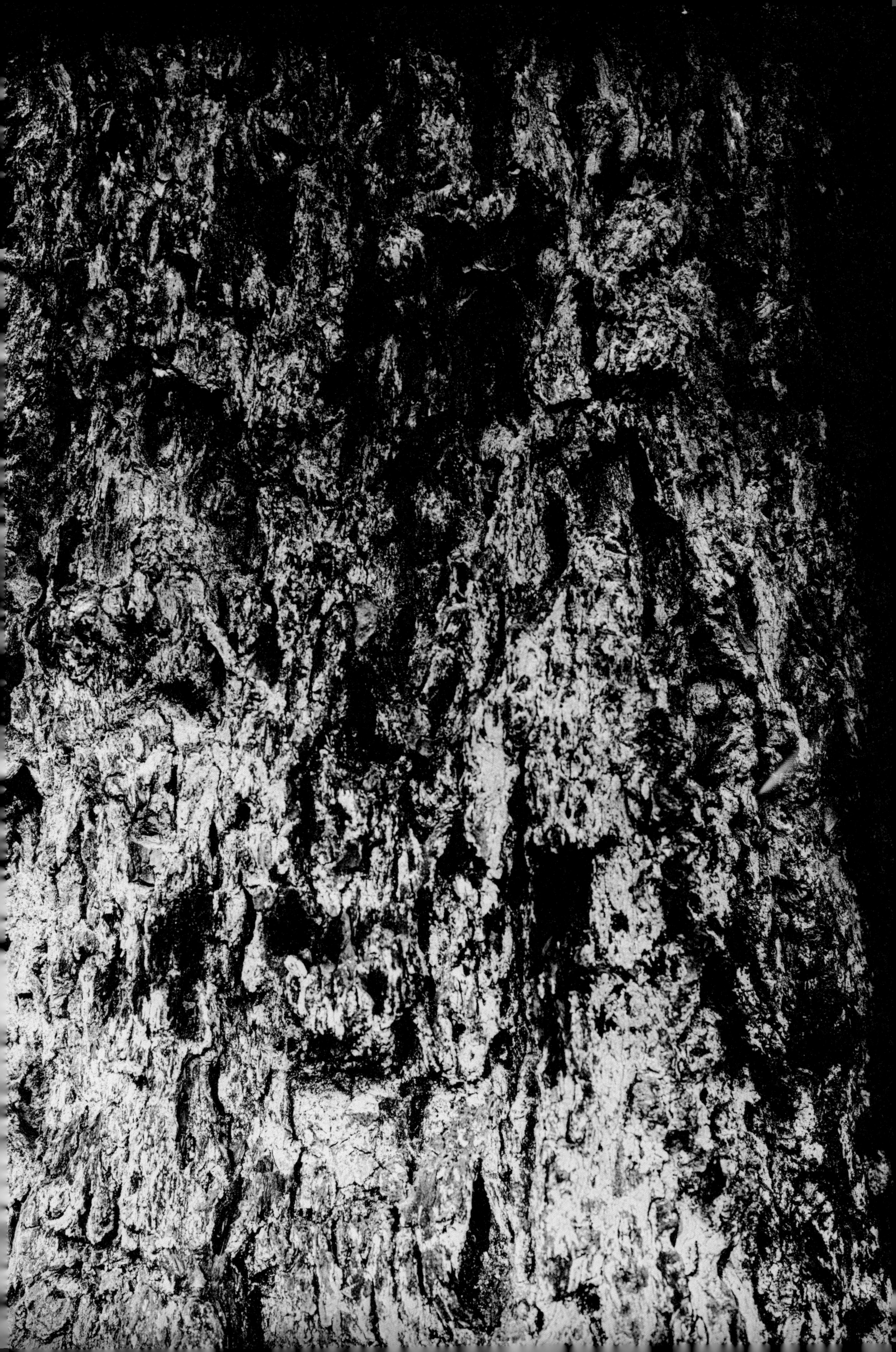

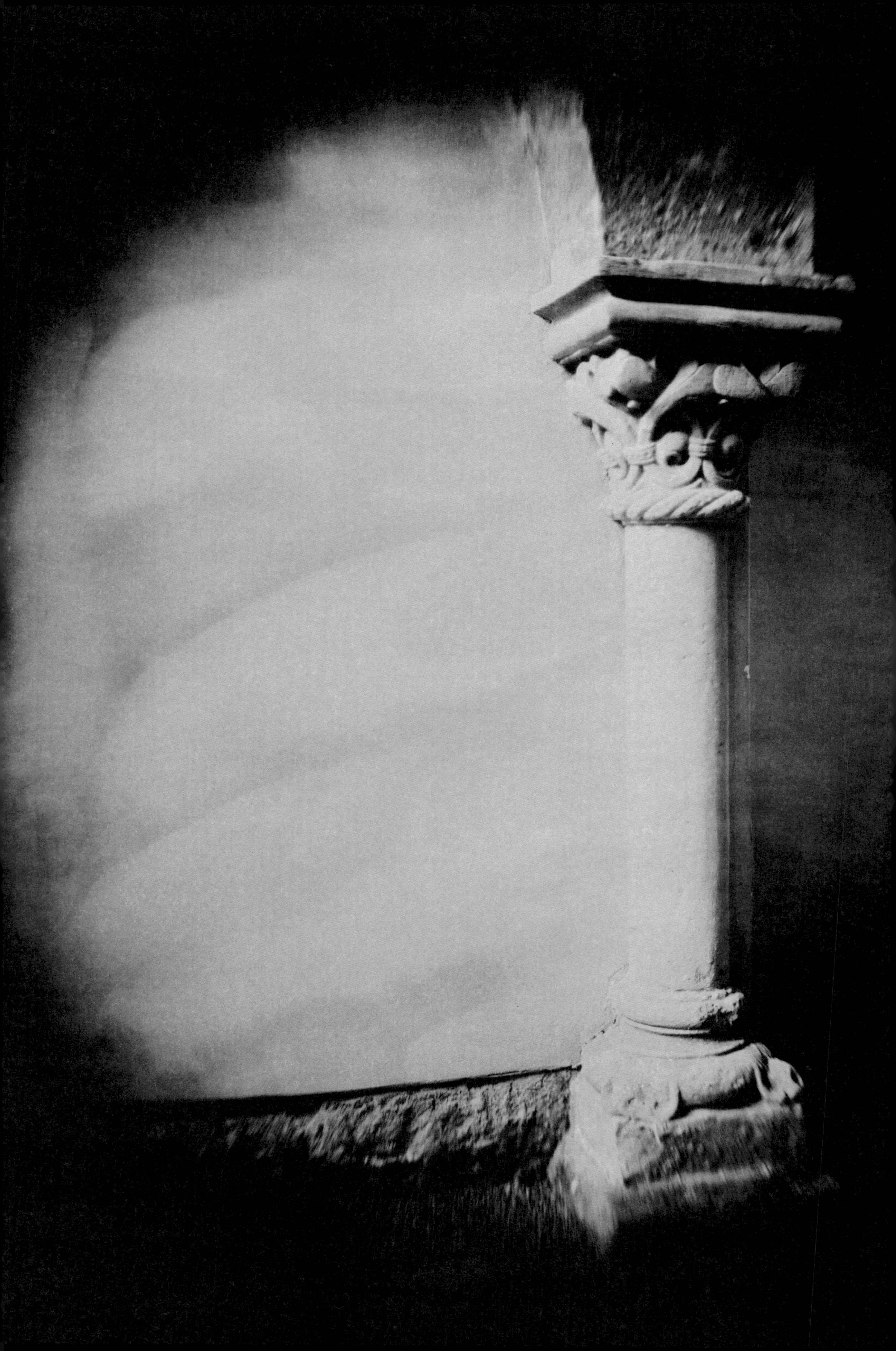

Kloster Flechtdorf
Herkunft und Zukunft

Ein Abt braute was zusammen,
mit dem das alte Kloster
auch heute wieder hip werden könnte.
Das wahre Wesen von Tradition zeigt sich.
Nicht die kalte Asche anbeten,
sondern das Feuer lebendig halten.
Das versuchen die Menschen in Flechtdorf:
mit Tango im Altarraum
und Hochzeiten in einem Trauzimmer,
das immer schon
langen Atem bewiesen hat.

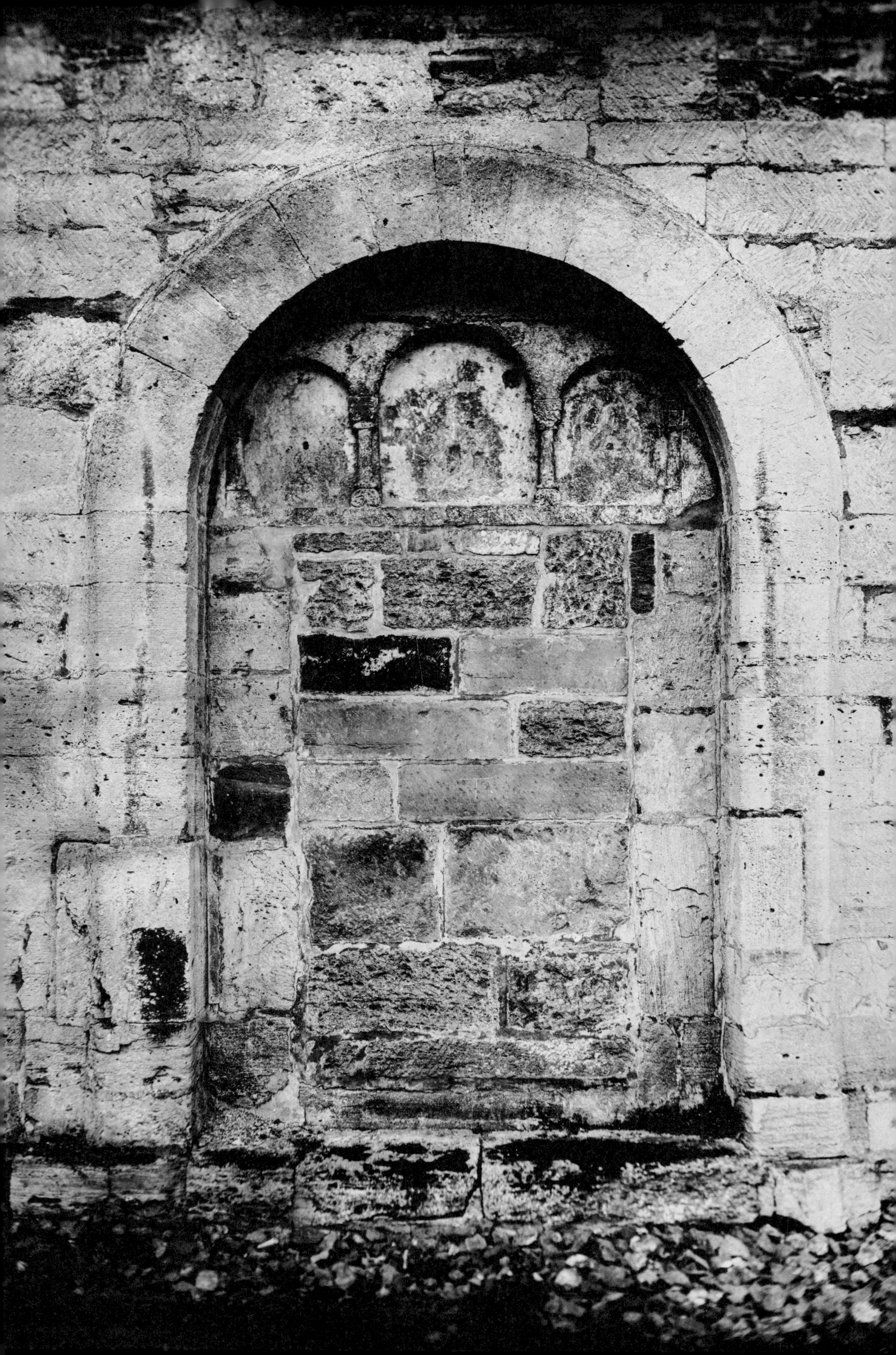

Könnten diese Steine sprechen, denke ich, als ich langsam um den weitläufigen Komplex flaniere: Sie hätten viel zu erzählen. Ursprünglich lagen die Kalksteine grob und grau in der Erde. Dann wurden sie fein behauen und als Quader sorgsam aufeinandergesetzt. Zu Mauern, die fast tausend Jahre lang lauschten. Den Liedern frommer Benediktinermönche. Dem Treiben sittenloser Äbte. Den Streitereien von Vögten und Grafen, die um die Besitztümer von Kloster Flechtdorf rangen. Sie hörten die Flüche der Söldner im Dreißigjährigen Krieg, die mordeten und brandschatzten. Sie erbarmten sich des Seufzens der Kranken und Siechen, als das Kloster zum Hospital wurde. Sie rahmten Friedensgebete und Fürbitten. Sie erblühten, als jüngst Menschen kamen, eine Vereinigung gründeten und die hellgrauen Mauern seitdem pflegen und beleben. All das, was sie an Geschichten aufgesaugt haben, tausend Jahre lang, erzählen diese Steine. Dem, der sich Zeit nimmt, einlässt und zuhört.

Hier gibt es wenig Ablenkung. Das schlechte Mobilnetz in Flechtdorf mag für die Einheimischen eine Last sein. Für den, der ungestört in die Geschichte eintauchen will, entsteht ein Ruheraum jenseits von Updates und Downloads. Als Flechtdorfer Bürger kennt Helmut Walter dieses Dilemma der Abgeschiedenheit. Seit mehr als zehn Jahren führt er Menschen durch das Kloster. Vor allem engagiert er sich für dessen Erhaltung, zusammen mit seinen Mistreitern im Förderverein. »Die jungen Leute ziehen weg, dorthin, wo es Arbeit gibt und bessere Vernetzung«, erklärt er, »gleichzeitig liegt in der Ruhelage des Dorfes ein Reiz, der Besucher anzieht.«

Das Kloster, das vom 12. bis zum 16. Jahrhundert geistiges und wirtschaftliches Zentrum für ein weites Umland war, drohte in den Nuller Jahren zu verfallen und zu vermüllen. Die Flechtdorfer gründeten 2006 einen

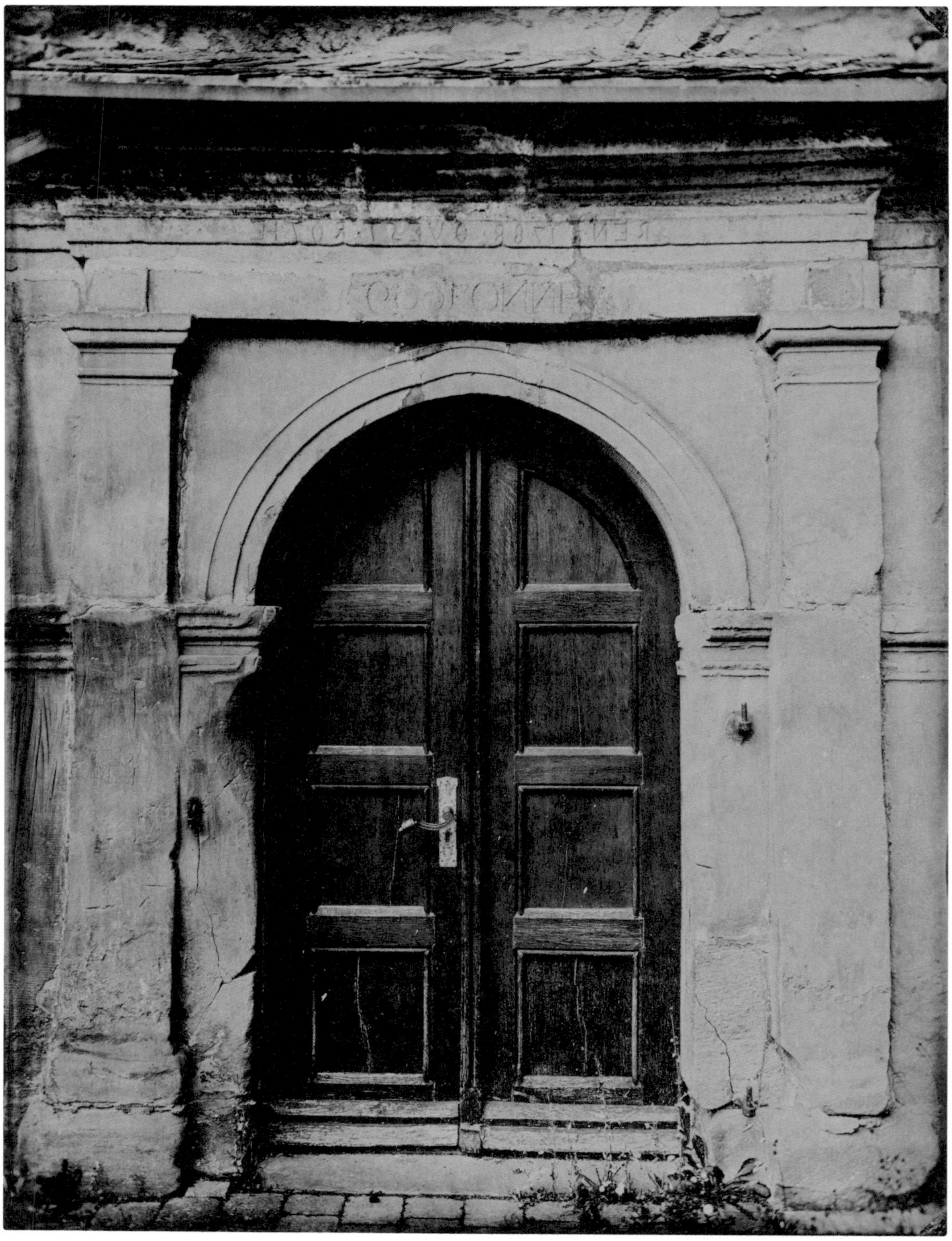

Verein, sammelten Geld, stellten Anträge beim Denkmalamt, ließen das Gebäude renovieren. Raum für Raum, immer wenn es neue Mittel gab. Ihr Herzensanliegen, so Helmut Walter, sei nicht nur die Erhaltung eines geschichtlichen Juwels. »Wir wollen ihm neue Lebendigkeit einhauchen.« Sein Verein organisiert Camps, in denen Jugendliche bei der Sanierung mit anpacken. Der offene Innenhof verwandelt sich sommers in Konzertbühne und Open-Air-Kino. Im ehemaligen Kuhstall treffen sich Dörfler und Besucher zu Kaffee und Kuchen. Frischzellenkuren für den alten Klosterkörper.

Aber nicht alles passt zur Tradition. Es ist ein Balanceakt, Herkunft und Zukunft mit gegenwärtigen Aktivitäten stimmig miteinander zu verbinden. Anspruchsvolle Konzerte und sogar Tango in der Klosterkirche finden Anklang.

Man fand heraus, dass dieser Tanz eine spirituelle Dimension hat. Papst Franziskus hat ihn gern getanzt, als er noch Jorge Flores hieß, auch ein Zitat von Kirchenvater Augustinus ermutigte zu diesem Schritt: »Oh, Mensch, lerne tanzen, sonst wissen die Engel im Himmel mit dir nichts anzufangen.«

So stellt sich für die engagierten Flechtdorfer immer wieder die Frage, wie das geschichtliche Erbe neu belebt werden kann. Oder wie es Thomas Morus ausdrückte: »Tradition ist nicht das Halten der Asche, sondern das Weitergeben der Flamme.« Im Gewölbe unter dem ehemaligen Tor-Turm treffen sie sich einmal im Monat zu einer Friedensandacht, knüpfen in stillem Beisammensein an mönchisches Leben an. Wie Walter erzählt, lassen sie sich selbst von Winterkälte nicht davon abhalten. »Klingt vielleicht verrückt, aber in der Meditation werde ich von innen her warm.« Das Vortragen geistlicher Texte, in vielen Klöstern früher wie heute während der Mahlzeiten gepflegt, steht in Flechtdorf als »Lesefrühstück« auf dem Programm.

Brautpaare schätzen das Ambiente des Trauzimmers, um dort, wo Geschichte einen langen Atem bewiesen hat, den Bund fürs Leben zu schließen.

Immer wieder beschäftigen sich die Mitglieder des Klostervereins mit der Historie, entdecken neue Aspekte in der wechselhaften Geschichte, sind berührt von der Fülle ihrer Entdeckungen. So kamen sie auch auf die Geschichte mit dem Bier. In alten Aufzeichnungen wurde beschrieben, wie ein Abt mit eigenen Rezepturen experimentierte. Bier galt nicht als Genussmittel, sondern »als Erquickung der Kranken«. Neben Hopfen und Malz ließ er Kräuter dem Brau-Sud zusetzen: Waldmeister und Wermut, Salbei und Lavendel und andere. Die Flechtdorfer sammelten die entsprechenden Pflanzen und gewannen eine Brauerei, das Experiment zu wiederholen. Das Bier hatte eine ungewöhnliche Farbe: Es war grün. Für sauerländische Trinkgewohnheiten eine Herausforderung. »Aber es schmeckt herrlich erfrischend,« sagt Walter mit einem Schmunzeln. Außerdem liege selbstgebrautes Bier im Trend. Craft Beer. Er hätte nichts dagegen, wenn das Kloster auch auf diese Weise wieder hip wird.

Diemelsee-Flechtdorf
51.325989 | 8.824948

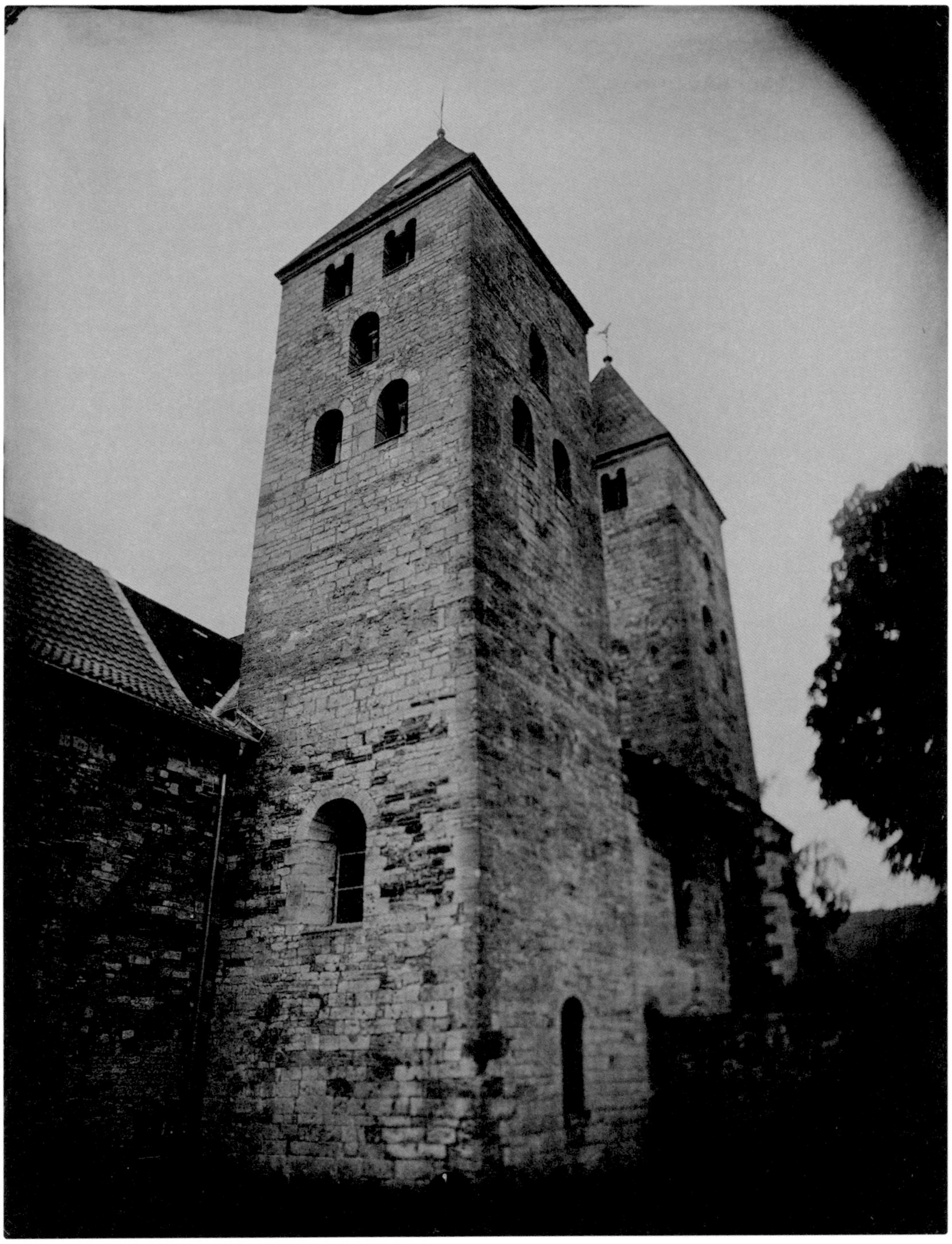

Rinsleyfelsen | Saalhausen
Erhabenheit

Ein Steinturm
als Geschichtenerzähler.
Und Menschen, die ihn schätzen,
seine Erzählungen bewahren
und dieses Repertoire gerne weitergeben.
Die Lebensspanne der Übersetzer ist kurz,
verglichen mit den Äonen der Stein-Zeit.
Nicht auszudenken, könnte mir
der Fels direkt ins Notizbuch
diktieren.

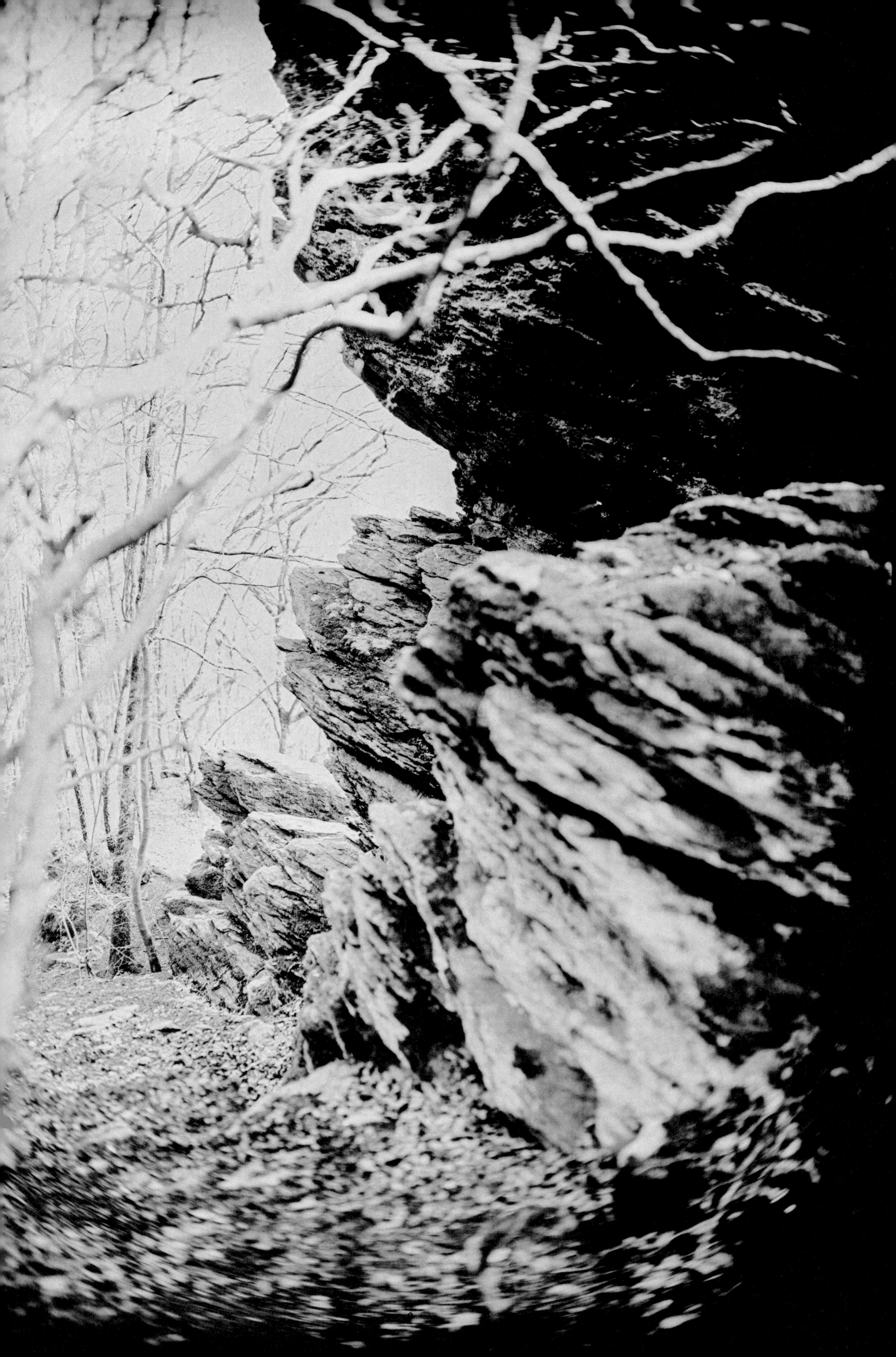

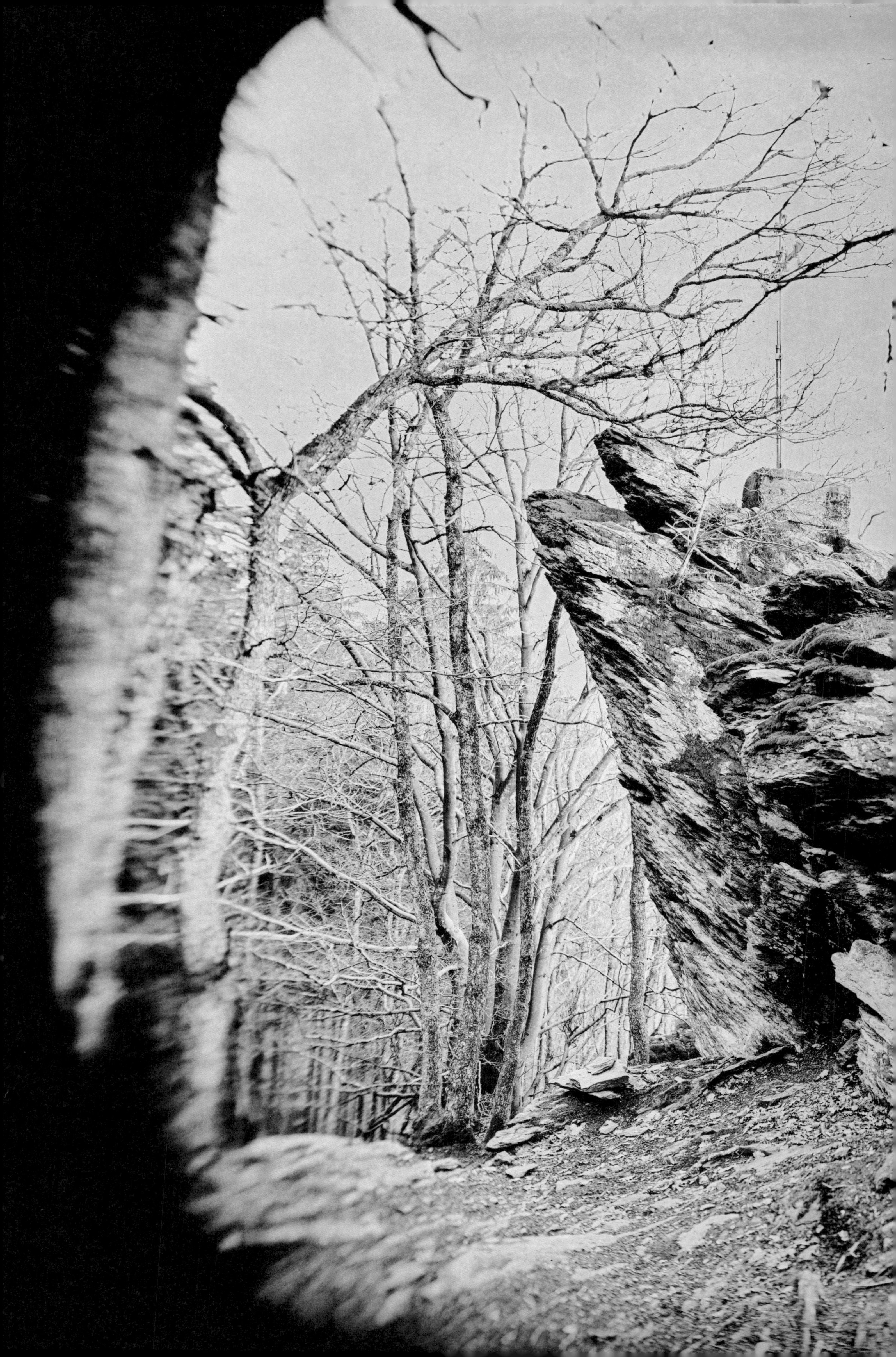

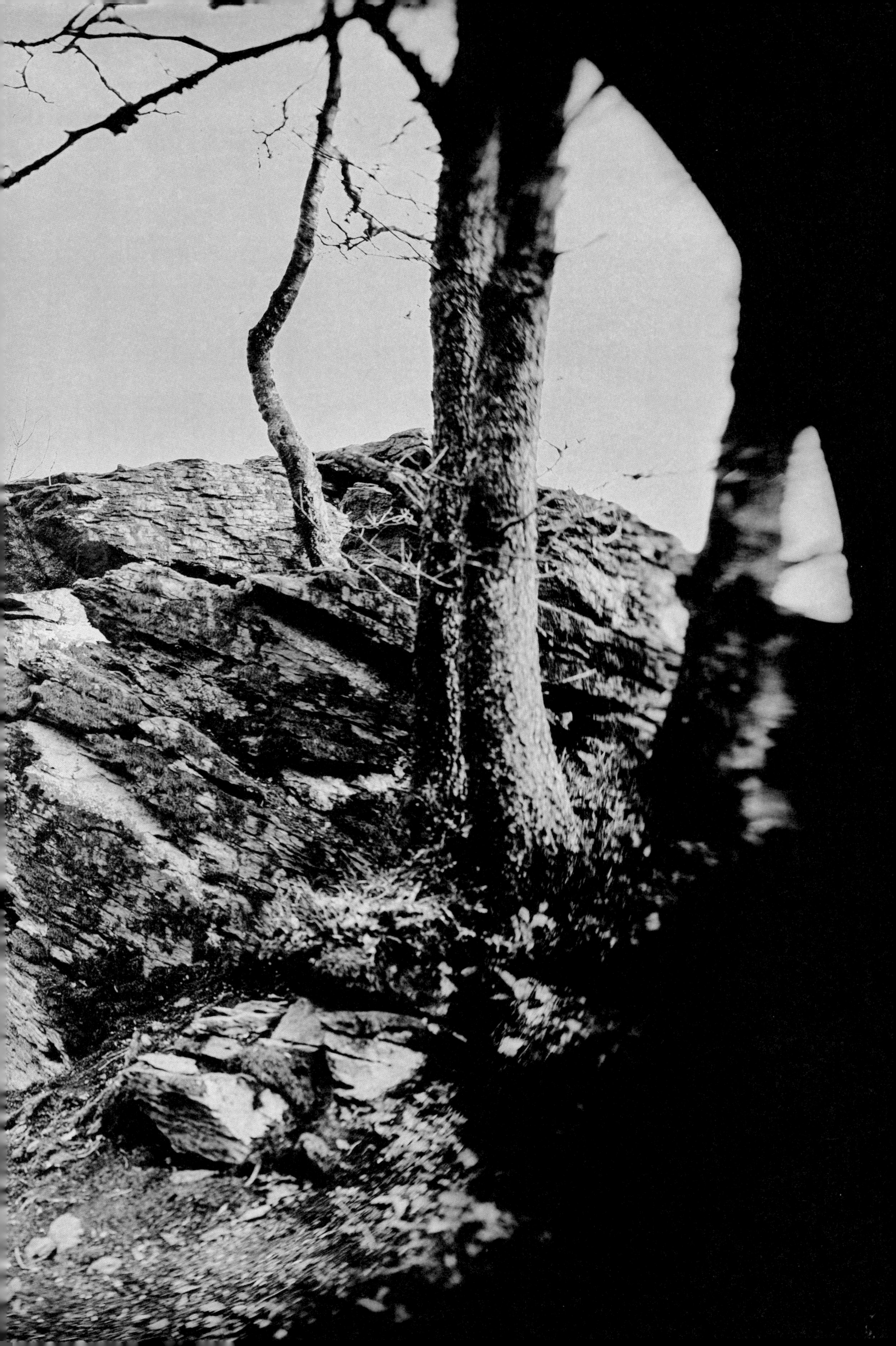

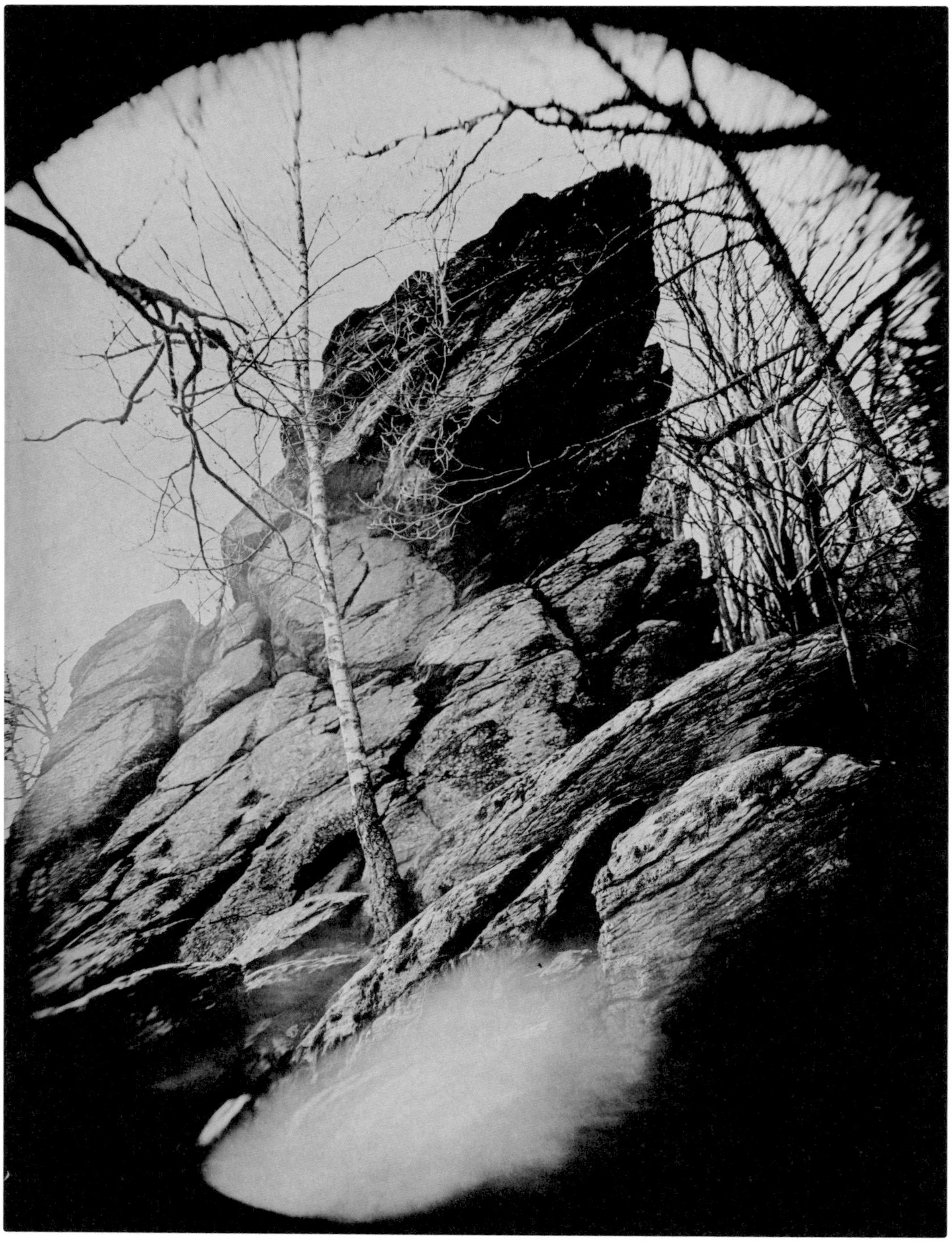

Es ist früher Morgen. Noch kein Mensch im Wald, außer einem jungen Förster und seiner Freundin. Sie gehen zügig. Der Weg führt sie aus dem engen Saalhauser Tal, erst langsam ansteigend, dann steiler. Schließlich biegen sie links auf einen schmalen Pfad ab. Gleich am Anfang neigen sich zwei schmale Buchen von rechts und links einander zu; sie bilden einen Torbogen, durch den die beiden wie in einen Zaubergarten eintreten. Jetzt setzen sie die Füße vorsichtiger, um zwischen schrundigen, moosbewachsenen Felsblöcken nicht zu straucheln. Noch ist ihr Ziel nicht zu sehen, verdeckt vom frühlingshaft lindgrünen Blattwerk von Buchen und Birken. Vorbei an Totholz-Skulpturen, die man im Morgennebel leicht für einen wegfliegenden Bussard oder ein hämisches Hexengesicht halten könnte. Bald darauf stehen sie vor ihrem Sehnsuchtsort. Über ihnen erhebt sich der Rinsleyfelsen. Er ragt über das Kronendach des Waldes. Letzte Herausforderung ist eine kleine Kletterei bis auf das schmale Gipfelplateau, das sie einlädt, sich niederzulassen. Um Punkt sieben Uhr steckt jeder dem anderen einen Ring an. Sie verloben sich.

Eine Wandergruppe will hoch auf den Felsen. Sie haben Gitarren und Trommeln dabei. Für eine Dame, die an Kurzatmigkeit leidet, erweist sich der Weg als mühsam bis quälend. Aber sie will unbedingt hinauf, lässt sich durch kein Zureden abbringen. Die Gruppe geht voraus, ihr Mann hilft ihr und stützt sie. Gemeinsam schaffen sie erst den steilen Felsbrockenpfad, dann die finale Kraxelei. Als sie oben ankommen, wünscht sich die Frau ein Lied. Mit den anderen singt sie »Spread your wings and fly away«. Da hat jemand beim Aufstieg Flügel bekommen. Sie fühlt sich vogelfrei.

Eine Saalhauserin geht mit anderen den Berg hinauf. Wandern und Singen heißt das Motto. Der Rinsleyfelsen als geografischer und musikalischer Höhepunkt. Dort, wo der Pfad holprig wird, mahnt sie die anderen zur

Vorsicht. Doch dann ist sie es selbst, die hinfällt. Knochen schlägt auf Stein. Eine schwere Prellung ist die Folge. Ist das ein Unglück? Als sie die Verletzung behandeln lässt, wird nebenbei eine schwere Krankheit entdeckt. Sie hatte schon lang Symptome gespürt, aber eine Untersuchung verweigert. Nun scheint es ihr, als hätten die Steine sie im wahrsten Sinne angestoßen, endlich zum Arzt zu gehen. Die Krankheit wurde rechtzeitig erkannt, die Frau wieder gesund.

Es sind solche Geschichten, die davon künden, dass der Rinsleyfelsen für die Menschen in der Umgebung eine besondere Bedeutung hat. Dass er für sie ein Seelenort ist. Als ich selbst oben auf dem Felsenkopf ankomme, fallen mir frische Kreidezeichnungen auf. Eine Sonne, Blütenkreise, und die Mitteilung an nachfolgende Kletterer, dass der A. die O. liebt. Ein guter Platz für hochfliegende Gefühle. Die Gipfelkuppe erhebt sich aus dem grünen Meer wie eine kleine Insel. Ich kann weit in beide Richtungen des Lennetals blicken. Die Geräusche der Bundesstraße, die dem Flusslauf folgt, werden vom Wald verschluckt. Nachdem ich im letzten Dämmerlicht des Abends noch ein paar Notizen gemacht habe, werde ich ruhiger. Nichts tun, nur schauen. Ich sitze auf einem Felsen, der sich wie aus der Brandung des hektischen Alltagslebens erhebt. Ein abgelegener Platz für himmelsnahe Meditation. Ein Zufluchtsort für Romantiker. Oder einfach ein guter Rastplatz, um mitgebrachte Stullen zu verzehren. Sie schmecken nach dem schweißtreibenden Aufstieg einfach göttlich.

Saalhausen
51.128.343 | 8.162.032

Steinbruch an der Peperburg
Musik der Natur

Wo ist die Akustik besser
als in der Elbphilharmonie zu Hamburg,
deren Bau 866 Millionen Euro
gekostet hat?
In einem Steinbruch bei Grevenbrück!
Unglaublich? Dann geh dorthin,
setz dich hin und horch mal zu,
wie es klingt, wenn die Natur
sich selbst orchestriert.

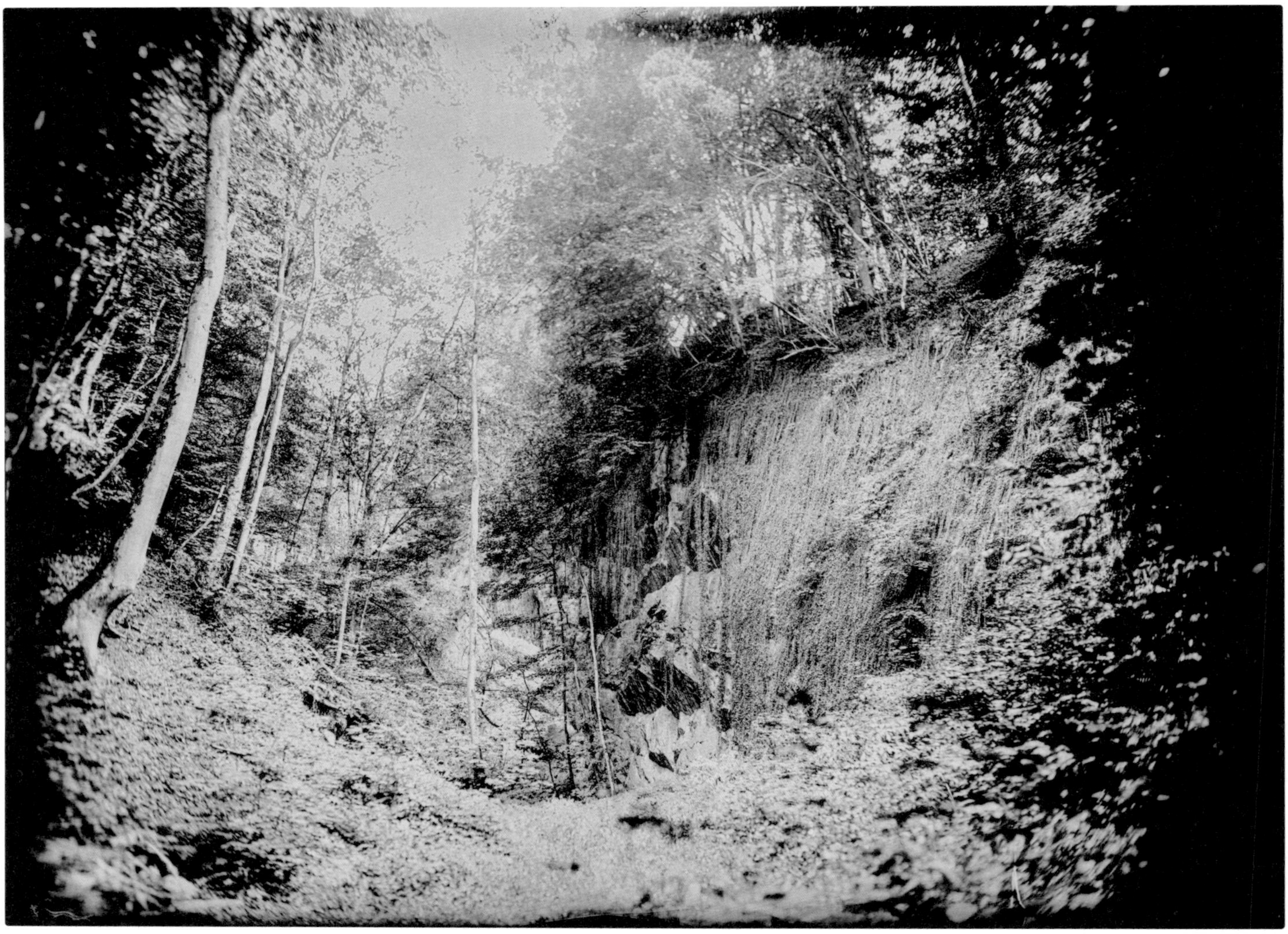

Bevor ich loswandere, frage ich mich: Ein Steinbruch als Seelenort – wer hat sich das bloß ausgedacht? In einer Mischung aus Skepsis und Neugier breche ich auf. Von der Ruine der Peperburg, die trutzig oberhalb von Grevenbrück thront, gelange ich nach wenigen Minuten in einen Wald, wie ich ihn noch nie gesehen habe. Die Fichten wachsen nicht lotrecht nach oben, sondern gabeln sich. Alle auf exakt der gleichen Höhe. Aus einem Stamm werden zwei. Die Bäume wirken wie Stimmgabeln mit Wurzeln. Ein Stimmgabelwald. Damit ist der Grundton für diese Wanderung gesetzt. Meine Aufmerksamkeit richtet sich aufs Hören, besser gesagt aufs Lauschen. Meine Schritte setze ich behutsamer voreinander. Möglichst wenig Geräusche! Lauschen im Lärm, das geht nicht. Nun im Laubwald, kann ich mit gespitzten Ohren im Rauschen der Blätter Wellen wahrnehmen. Eine Geräuschkulisse wie am Strand. Es sind Windwogen, die das Laub in unterschiedlichen Oktaven leise summen lassen.

  Der Forstweg verengt sich zu einem Pfad. Bärlauch rollt einen dunkelgrünen, würzig duftenden Teppich aus. Den Einlass hätte ich fast verpasst, so schmal ist er. Doch nach wenigen Schritten öffnet sich ein Talkessel mit beeindruckender Felsenkulisse. Rotbraun türmen sich die Steine zu einer Wand mit Vorsprüngen und Nischen, mit Höhlen und Terrassen. In langen Fäden hängt Efeu an den steilen Wänden herunter wie Feen-Haar. Oder ist es ein grün-perlender Wasserfall, wie in der Bewegung eingefroren, um noch mehr Eindruck zu schinden? Buchen stehen als Statisten bereit. Ein Freiluft-Auditorium. An diesem Abend wird das »Konzert für zwei schüchterne Motorsägen, Hummelchor und Amselsolo« aufgeführt. Es tanzen: zwei Zitronenfalter. Perfektes Zusammenspiel. Weit und breit kein Dirigent zu sehen. Und doch scheint es mir so, als gebe es einen Taktgeber gibt, der das Klangspiel orchestriert.

Auch bei einer Geschichte, die im Steinbruch spielt, geht es ums Zuhören. Der kleinen Penelope, Tochter der Herrschaft auf der Peperburg, wurde eingeschärft: »Gern darfst du von den Pflanzen des Waldes essen. Aber nicht alle sind genießbar. Insbesondere verwechsle nicht Bärlauch und Aronstab.« Genau das muss passiert sein, so die Erzählung, denn die Prinzessin starb unter furchtbaren Krämpfen. Sie wurde an Ort und Stelle begraben. Und ihr langes Haar wallt bis heute von den Felsen herab. Die Moral von der Geschicht', in verschärfter Version: Wer nicht hören will, muss sterben.

Dieser Ort lehrt nicht Gehorsam. Er lehrt Zuhören. Diese Haltung, sich dem anderen zuzuwenden, mit offenem Ohr und offenem Herzen, wird in unserer Gesellschaft selten sichtbar. In Talkshows, in politischen Debatten, aber auch am Stammtisch und im Treppenhaus, so scheint es mir, geht es mehr darum, seine eigenen Meinungen und Wertungen loszuwerden, am besten lautstärker als die anderen, während die Bereitschaft, mit offenem Herzen zuzuhören, zu schwinden scheint. Mal das Andere gelten und erstmal sacken lassen, nicht gleich mit einem großen Aber einhaken. Das Geheimnis gelingender Dialoge scheint zu sein, vorbehaltlos zuhören. Da kommen mir meine Vorbehalte bezüglich des Steinbruchs als Seelenort wieder in den Sinn, mit denen ich losgelaufen bin: Kann ich sie mitnehmen und mich dennoch auf den Steinbruch einlassen?

Zerstörung und Feinheit strahlt dieser Ort gleichermaßen aus. Hier wurden Felsbrocken mit brachialer Gewalt aus der Wand gebrochen. Seit der Lärm der Sprengungen, das metallische Hacken und Hämmern, das Gewieher der Pferde vor den Transport-Loren verstummt sind, herrschen hier die leisen Töne. Ich setze mich oben an den Rand und blicke in den Steinkessel unter mir. Ein Gefühl von Geborgenheit stellt sich ein.

Guter Platz, nach innen zu lauschen. Oft sind meine Gedanken so schnell und so laut, dass sie alles andere übertönen. Dann höre ich nicht auf die Impulse, die von ganz innen kommen, die Botschaften des Herzens, auch wenn das abgegriffen klingt. Meditation hilft, aus der Kakophonie der inneren Stimmen diejenige heraus zu hören, die frisch klingt und mit diesem Moment verbunden ist.

 Am Ende der Wanderung ist die Skepsis still geworden. Es gibt nicht mehr die Frage, warum dies ein Seelenort ist: Hier leitet die Natur höchstpersönlich die Musikmeditation an. Sie lädt ein zum Dialog. Mit ihr, mit sich. Hier gibt es wenig zu sagen. Dafür viel zu hören.

Lennestadt-Grevenbrück
51.143260 | 8.011195

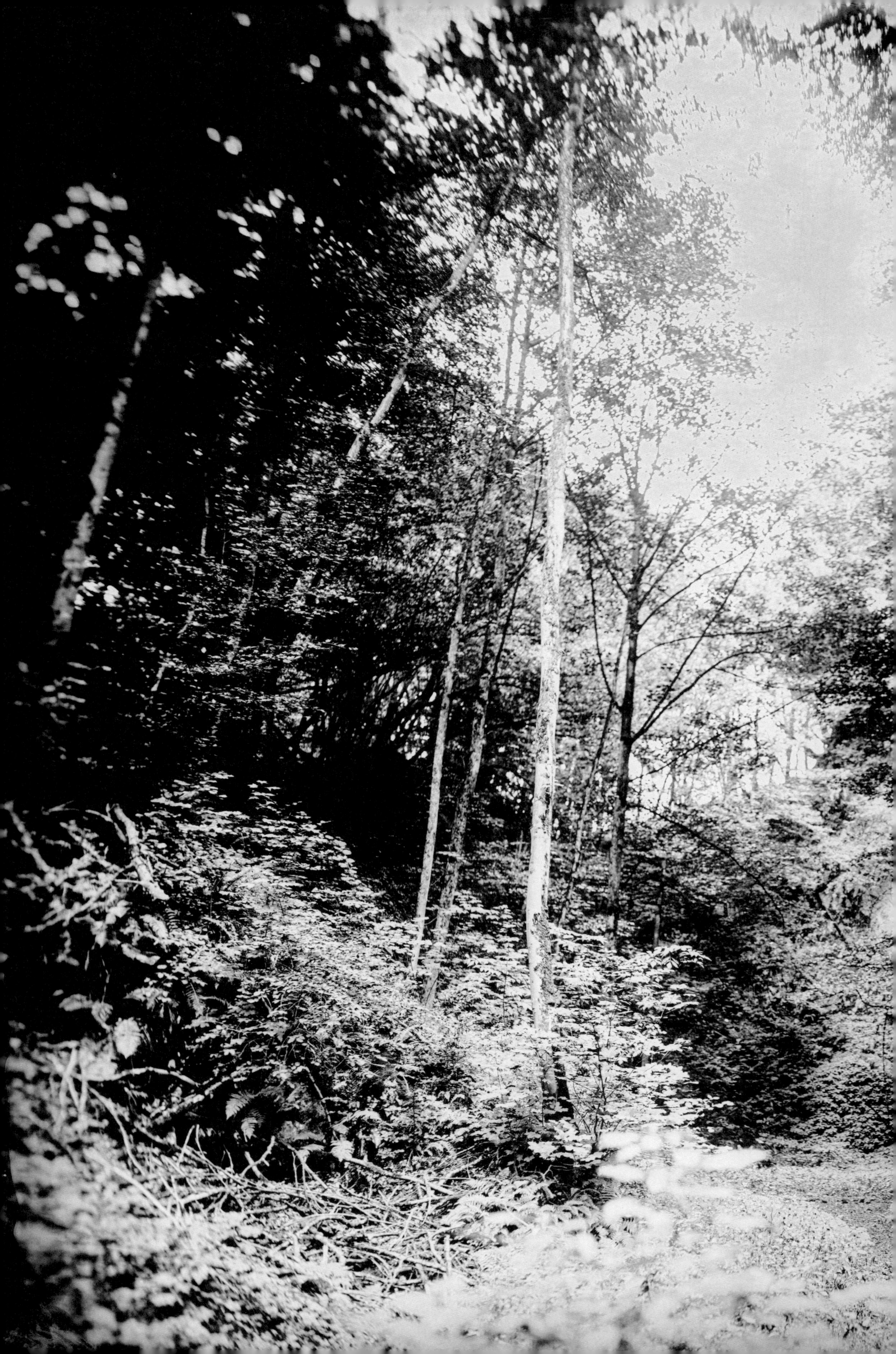

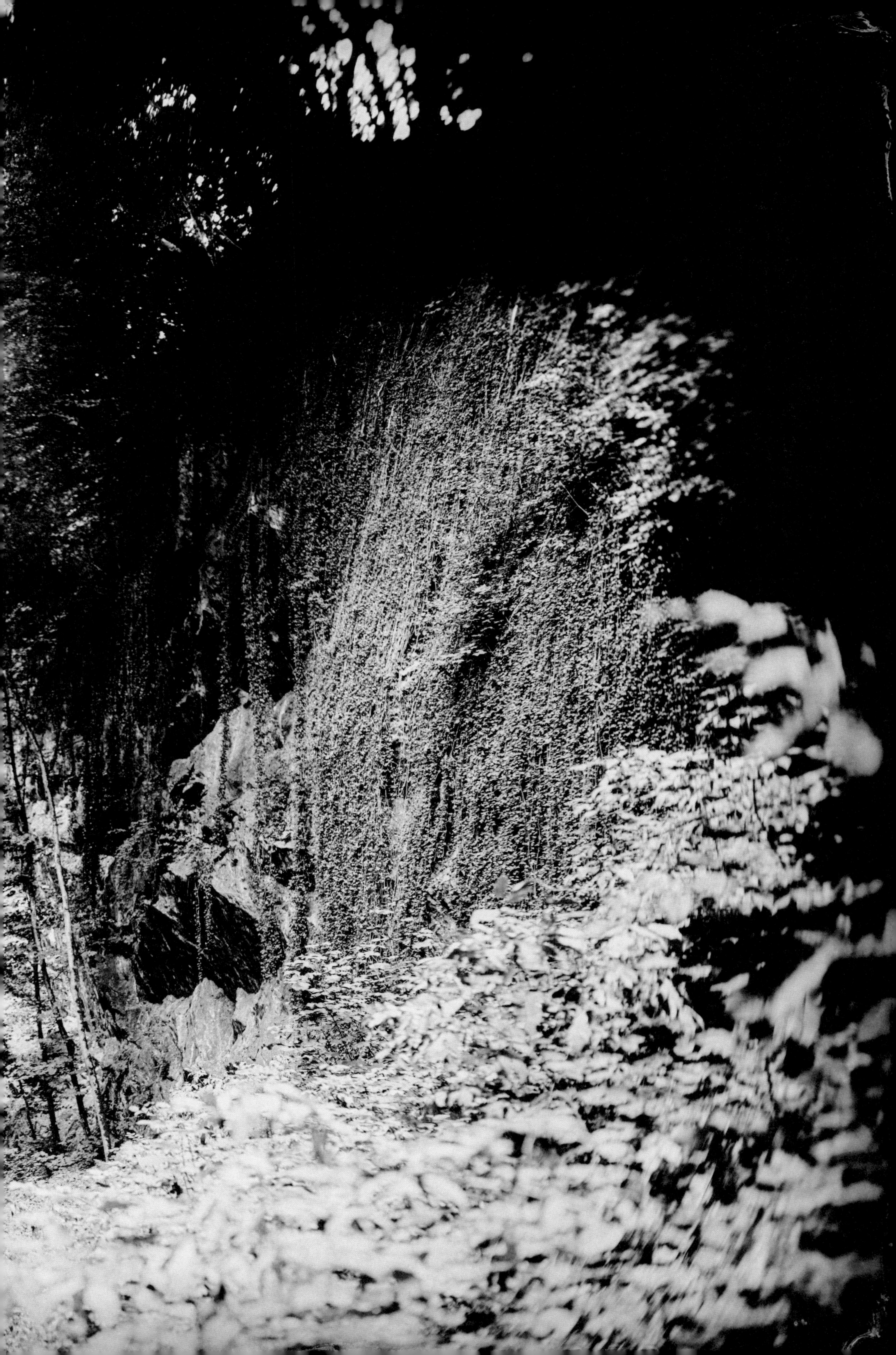

Der Goldene Pfad
Brüche

Ein Wechselbad auf hohem Niveau.
Nicht nur geografisch,
weil Hochheide. Sondern auch
in seiner Inspirationskraft.
Sie entwächst dem Aufeinandertreffen
von Natur und Kultivierung,
von Kunst und Achtsamkeitslehre.
Am stärksten ist die Wirkung
für den, der den Pfad
mit mehr Fragen
als Antworten verlässt.

Ich betrete eine Skulpturen-Ausstellung. Ein dicker grüner Teppich erstreckt sich vor mir, geteilt von einem Pfad, der von Exponat zu Exponat führt, eines ungewöhnlicher als das andere. Hier eine stolze Pyramide. Dort ein Vogel Strauß. Eine Hofdame mit hochtoupiertem Haar gesellt sich zu einem tanzenden Skelett. Doch diese Skulpturen hat kein Künstler aus dem Holz geschält, sie sind so gewachsen. Zerzauste Kiefern, vom Wind gebeugte Wacholder, allesamt Solitärbäume, dem Wanderer präsentiert auf einem im Sommer grün, im Spätherbst lila ausgelegten Teppich von Heidekraut. Sie gehören zu einer Galerie der Natur auf hohem Niveau: Auf 800 Meter über dem Meer liegt die Hochheide bei Niedersfeld. Von den europäischen Bergheiden, ein seltener Landschaftstyp, ist sie mit einer Fläche von 74 Hektar eine der größten.

Bis zum Mittelalter waren Bergkuppen wie diese von dichten Mischwäldern überzogen. Für die Köhlerei, die Herstellung von Holzkohle, wurden große Waldflächen gerodet. Den hohen Bäumen folgten Zwergsträucher, vor allem Heidekraut. In unserer Zeit begannen die Bäume, ihr ursprüngliches Areal zurück zu erobern. Doch die Menschen beschlossen, dass sie Heide schöner finden und nannten das Naturschutz. Die letzten mächtigen Stämme wurden gefällt, damit sie keinen Nachwuchs ausstreuen können. Anfliegende Keimlinge werden seitdem entfernt, einmal im Jahr zieht eine kleine Herde von Heidschnucken übers Plateau und hält den Bewuchs niedrig.

Ist das Natur? Ist das Kultur? Ist das göttliche Kunst? Jedenfalls liefert das so gepflegte Hochplateau die ideale Kulisse für den 2015 eingeweihten Goldenen Pfad. Sein Gestalter, der Psychologe Reinhard Schober, schickt die Wanderer durch »Atmosphäre-Bäder«. An zehn Stationen werde ich eingeladen, mit allen Sinnen die Umgebung wahrzunehmen. Dem Konzert der Natur

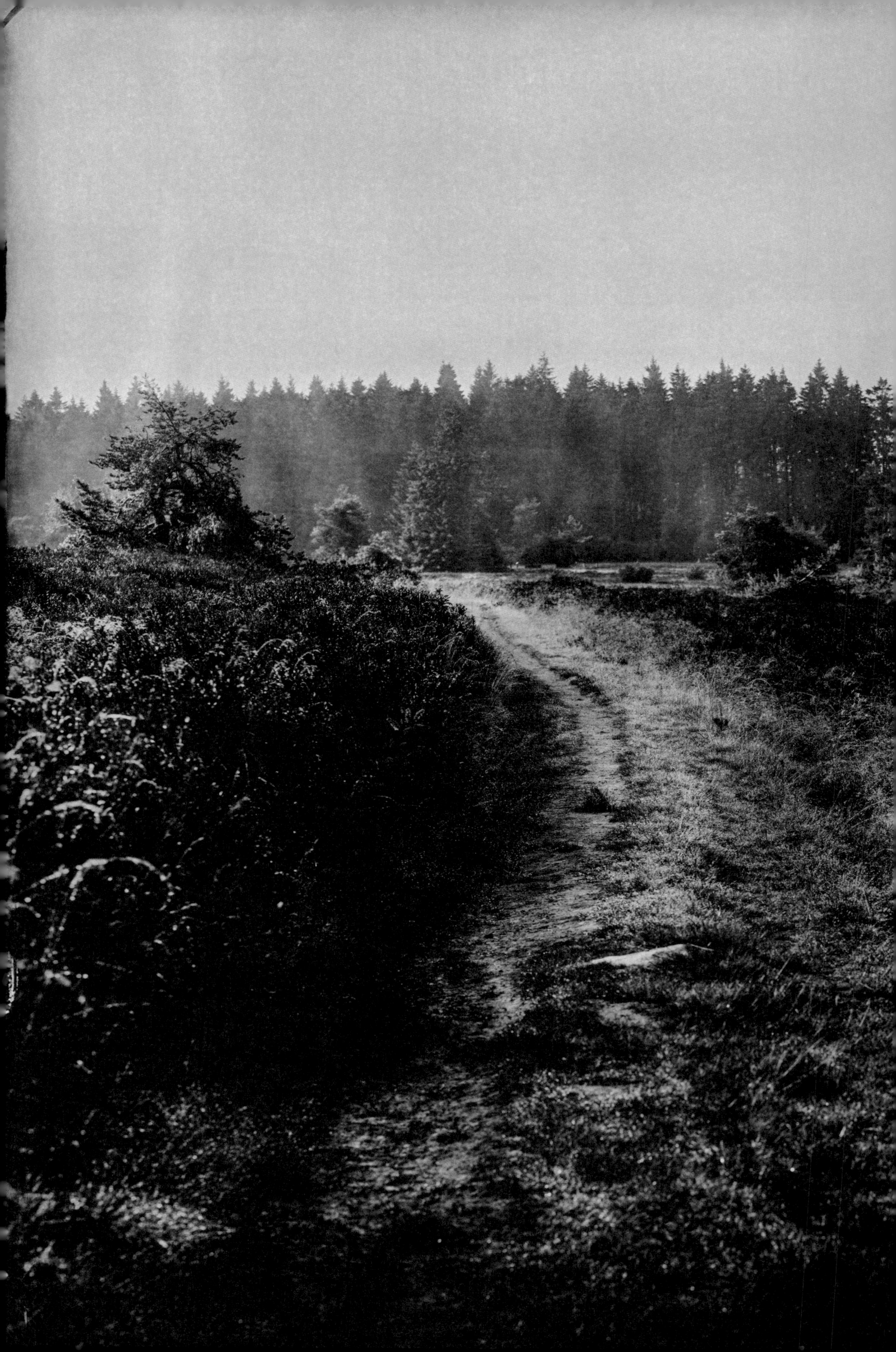

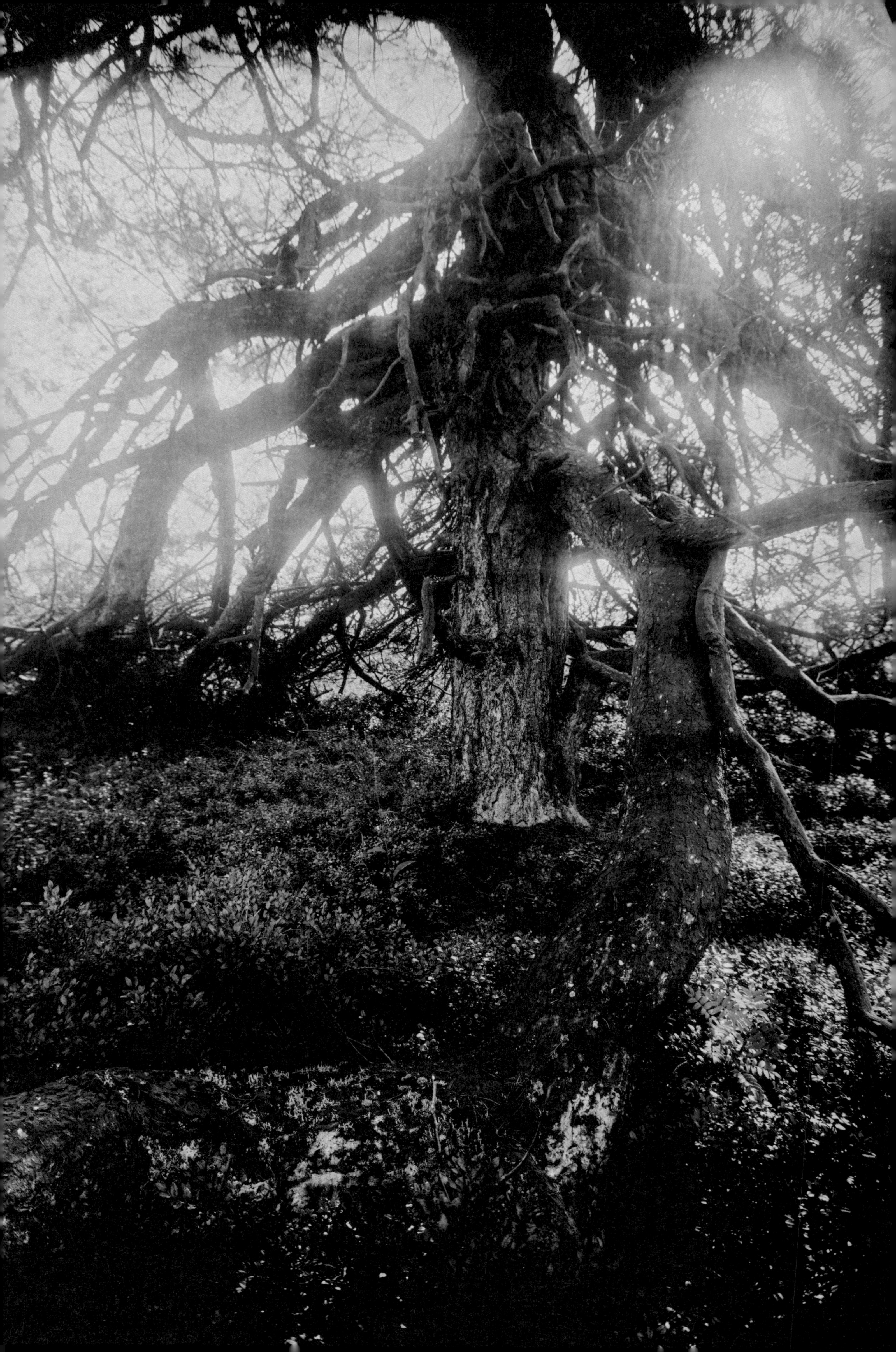

lauschen an einer Notenschlüssel-Skulptur. Auf dem »Landschaftsbalkon« die Augen auf unendlich zu fokussieren. An einer Tafel über einen Satz von Franz Kafka nachsinnen: »Es gibt ein Ziel, aber keinen Weg. Was wir Weg nennen, ist Zögern.« Wenn ich immer wieder innehalte, mich auf die Übungen einlasse, wird das Gehen zur Lehrstunde in Sachen »die Seele flanieren lassen«.

Fünf Kilometer lang führt mich der Pfad in weiten Bögen über den Heideteppich. Seine höchste Erhebung ist auch mein persönlicher Höhepunkt, der 837 Meter hohe Clemensberg. Auf dem Gipfel, wie es sich gehört, mit Kreuz und Gipfelbuch. Ich stehe auf einem Vulkan, einem erloschenen, der in seinem Inneren aus hartem Diabas-Gestein besteht. Von hier oben zeigt sich eine Landschaft, die bäuerlich-lieblich und gleichzeitig auch voller Brüche ist. Wiesen, Äcker, Waldstücke und Hecken umrahmen kleine Dörfer und Weiler. Doch gleich unterhalb des Clemensberges gräbt sich ein Diabas-Steinbruch in die Erde, ich blicke auf glatte, tiefe Schnitte und blankliegenden Fels. Eine weit aufklaffende Wunde in der grünen Haut.

Keine Ahnung, ob den Pfaderfindern die Wirkung dieses Gipfelblicks bewusst war. In mir, sitzend auf den schrundigen Steinen zu Füßen des Kreuzes und begleitet vom dezenten Säuseln der unweit stehenden Windharfe, bringt er viele Gedanken in Gang: über Brüche und Widersprüche, nicht nur in der Landschaft, sondern auch in meinem eigenen Leben. Über Wunden, die noch offen, und welche, die schon geheilt sind. Und über die wunderbare Fähigkeit des Menschen, Gegensätze in sich zu vereinen und daraus etwas gänzlich Neues zu kreieren. Etwas kommt in mir zusammen, nach den Wechselbädern des Goldenen Pfads. Es fühlt sich rund und freudig an.

Winterberg-Niedersfeld
51.255445 | 8.559937

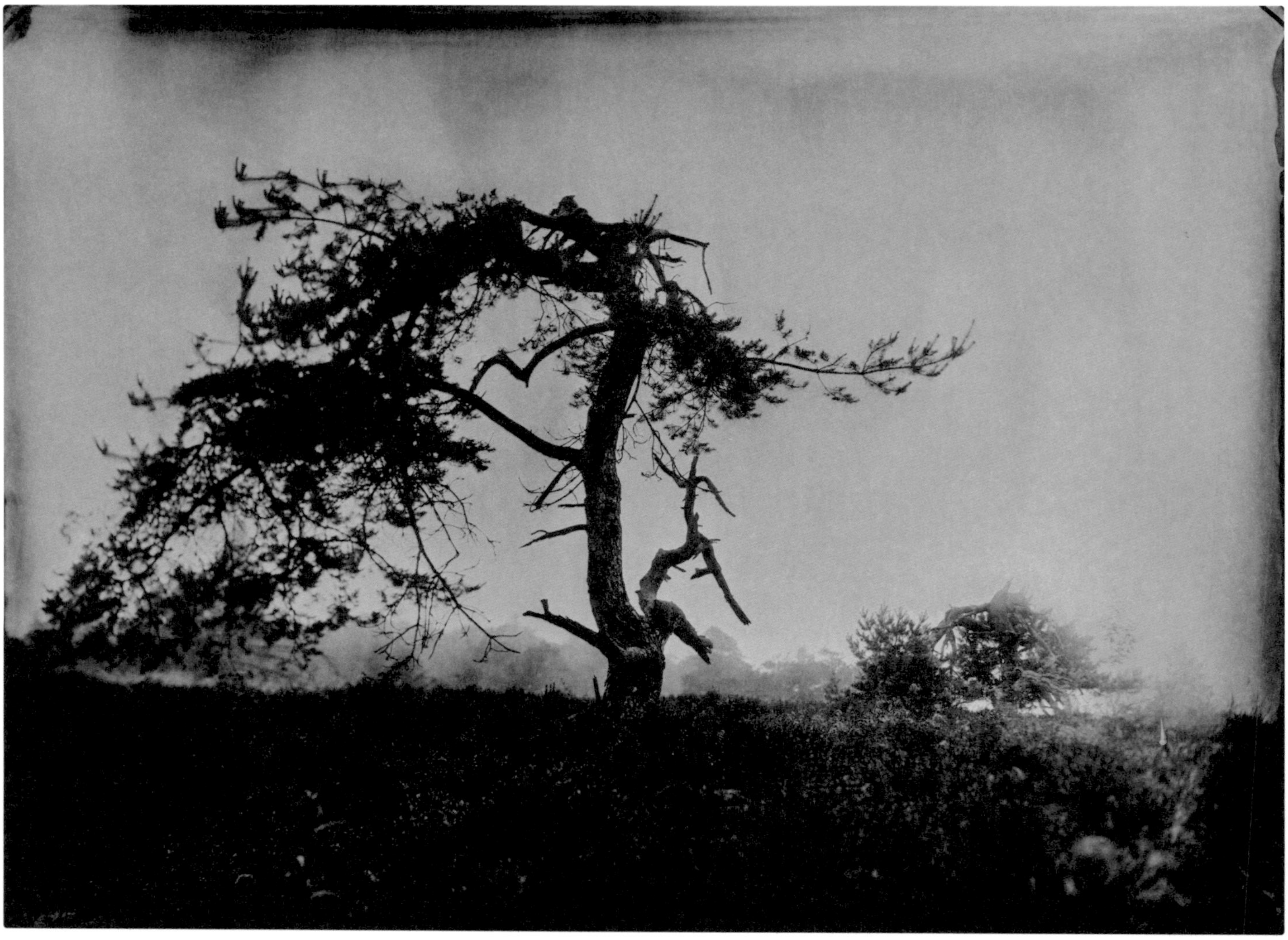

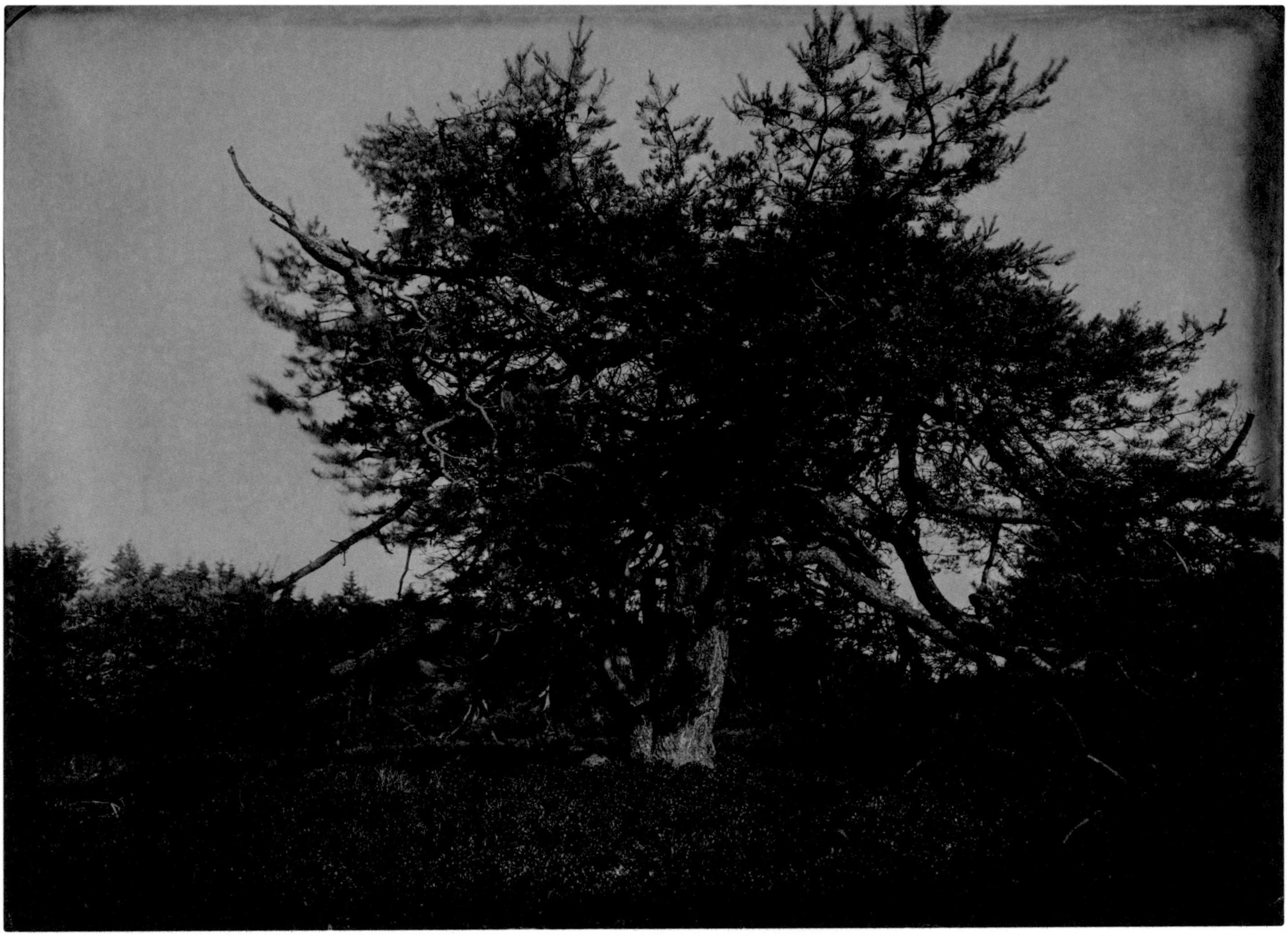

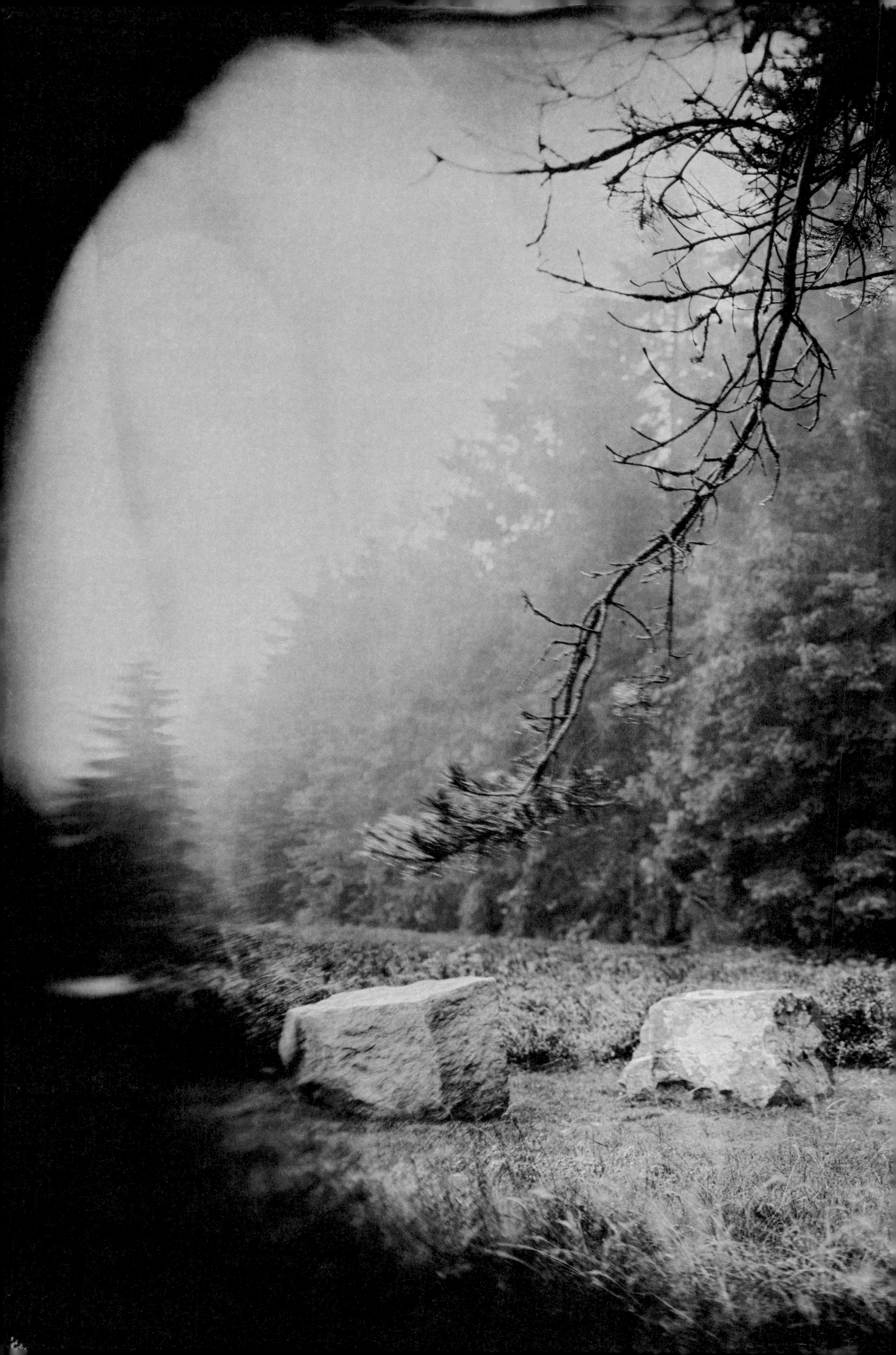

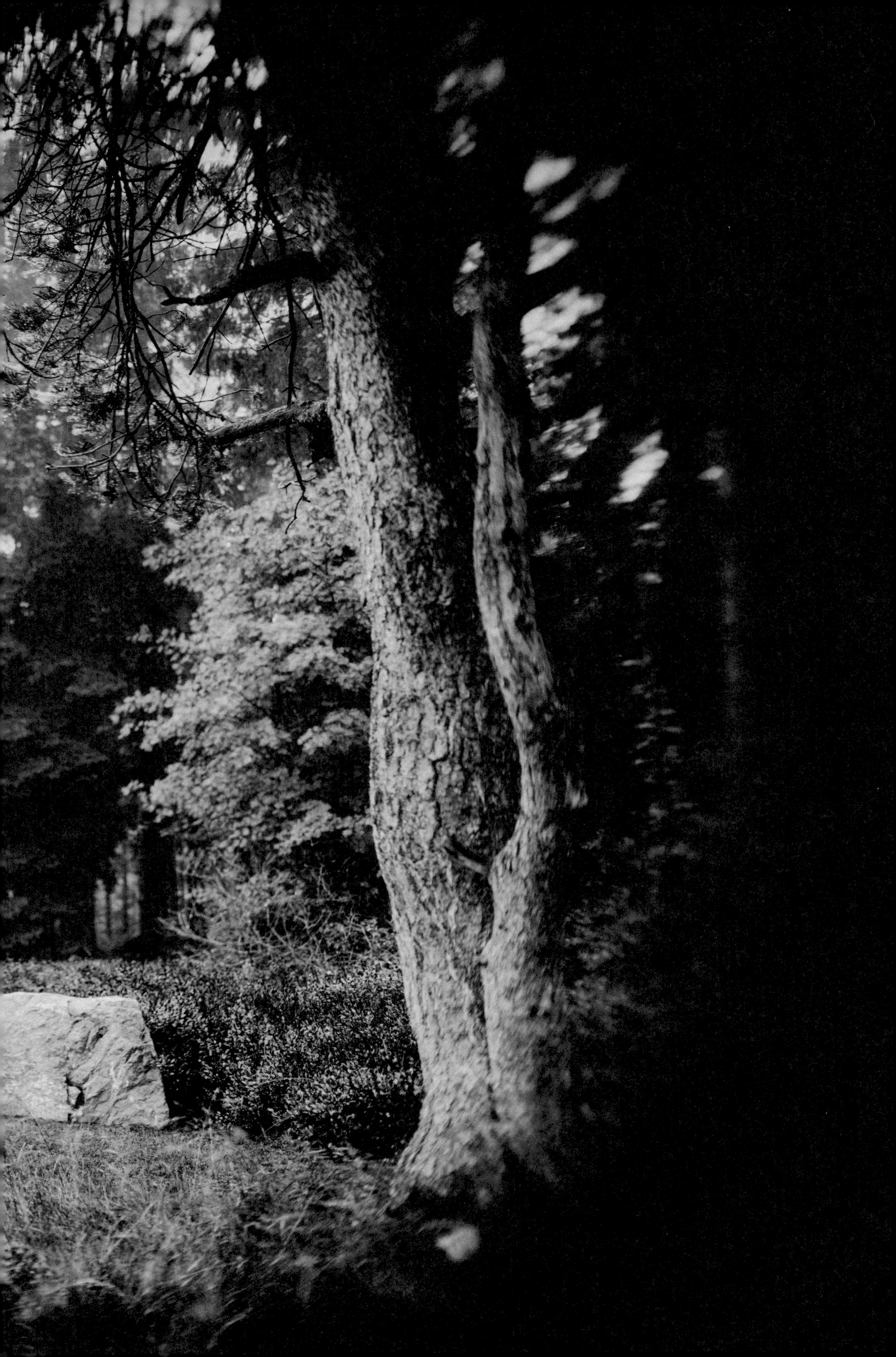

Kirche und Kirchhof
St. Peter und Paul
Lebendiger Tod

Eine Kirche von offensichtlicher Schönheit
und voller verborgener Geheimnisse.
Eine ungewöhnliche Nachbarschaft
von Lebenden und Toten.
Ein Friedhof, auf dem alle gleich sind.
Und ein Lebensbaum als Lebensretter.
All das erlebe ich
auf ein paar hundert Quadratmetern
im Dörfchen Wormbach.

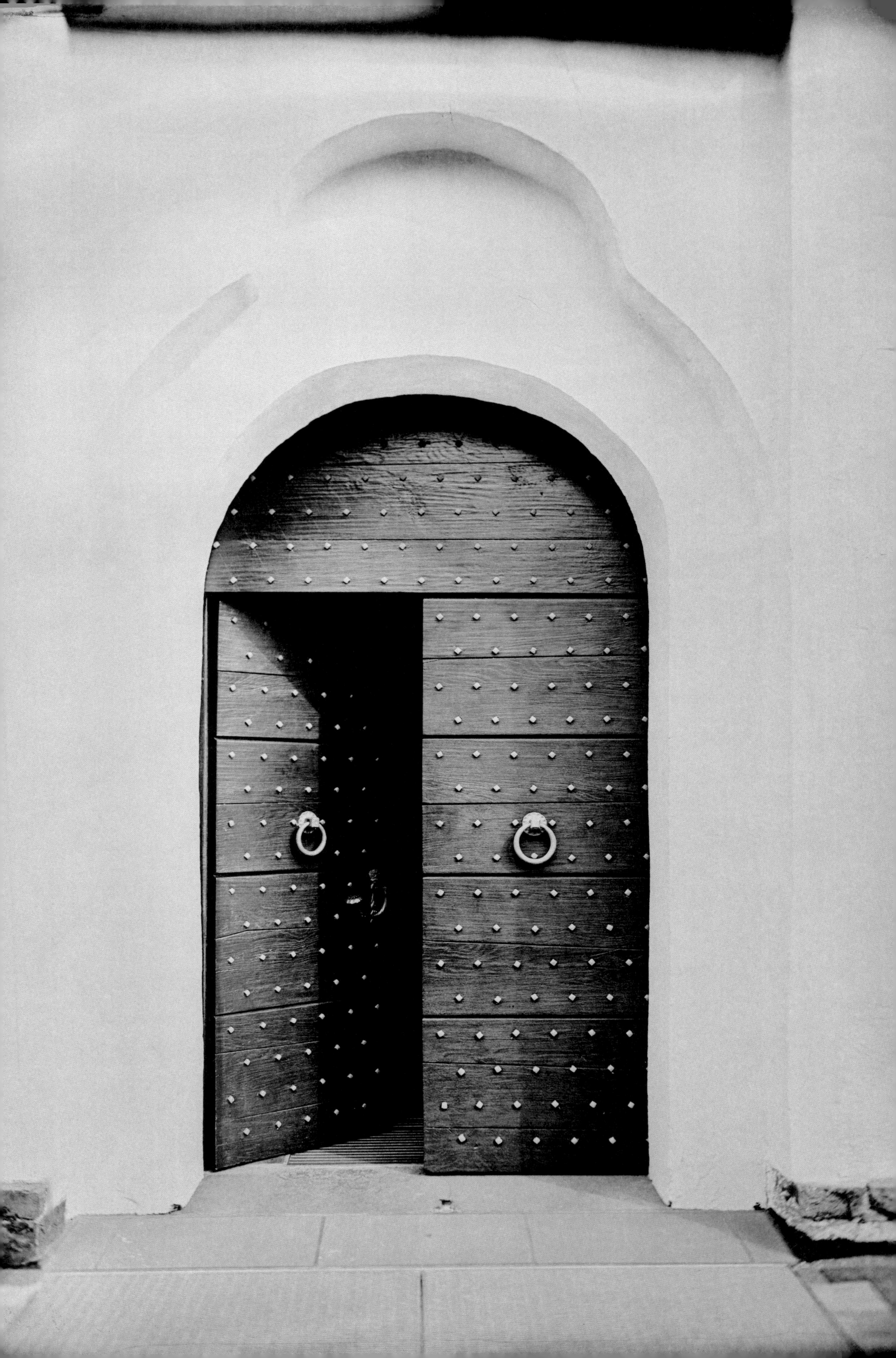

Wer ins Gotteshaus will, muss über den Friedhof.
Und der ist quicklebendig. Seine Umfassungsmauer mit ihren Spalten und Nischen ist ein Biotop für Moos und Mauerbrecher, Tüpfelfarn und Steinkraut. 300 Jahre alte Linden stehen wie andächtig im Kreis. Ein Feuersalamander kriecht in Zeitlupe zu seinem Platz an der Sonne, die erste wärmende Strahlen schickt. Sie verlängert die Holzkreuze, die in fein abgezirkelten Reihen stehen, um lange Schatten. Jetzt, bei Sonnenaufgang, wird besonders augenfällig, dass alle Gräber nach Osten ausgerichtet sind. Sie liegen nicht auf einem Gottesacker außerhalb des Dorfes, sondern direkt neben der Kirche. Die Toten und die Lebenden sind Nachbarn. Die Toten und die Lebenden sind Nachbarn. Vom benachbarten Kinderspielplatz dringt fröhlicher Lärm herüber. Bäcker Rittmeier hat die Brötchen fertig, ein Duft, mit dem man Tote erwecken könnte. Schlichte Eleganz auf den Gräbern: Einst beendete der Pfarrer von Wormbach den Schönheitswettbewerb, welcher Bauer den dicksten Grabstein habe. Seitdem stehen einfache Holzkreuze und jeder, ob arm oder reich, hat sich einzureihen. Vor dem Tod sind alle gleich.

Zwischen den Gräbern erhebt sich ein Lebensbaum, wie ein Symbol für friedliches Miteinander von Leben und Tod. Am Ostersonntag 1945, einem der letzten Kriegstage, als die Kirche vollbesetzt war, betätigte sich der Baum als Lebensretter. Ein Flugzeug der Alliierten warf eine 500 Kilogramm schwere Bombe ab. Sie traf den Baum, sein Geäst federte die Sprengladung ab. Sie landete in der weichen Erde zwischen zwei Gräbern, ohne zu explodieren. Auch der Lebensbaum überlebte. Die Kriegsverletzung macht er heute mit gleich drei Spitzen wett.

Johannes Tigges ist als Junge jeden Tag über den Friedhof gegangen, der auf dem Weg zur Schule lag. Ende der Fünfziger Jahre erregten hohe Gerüste in der

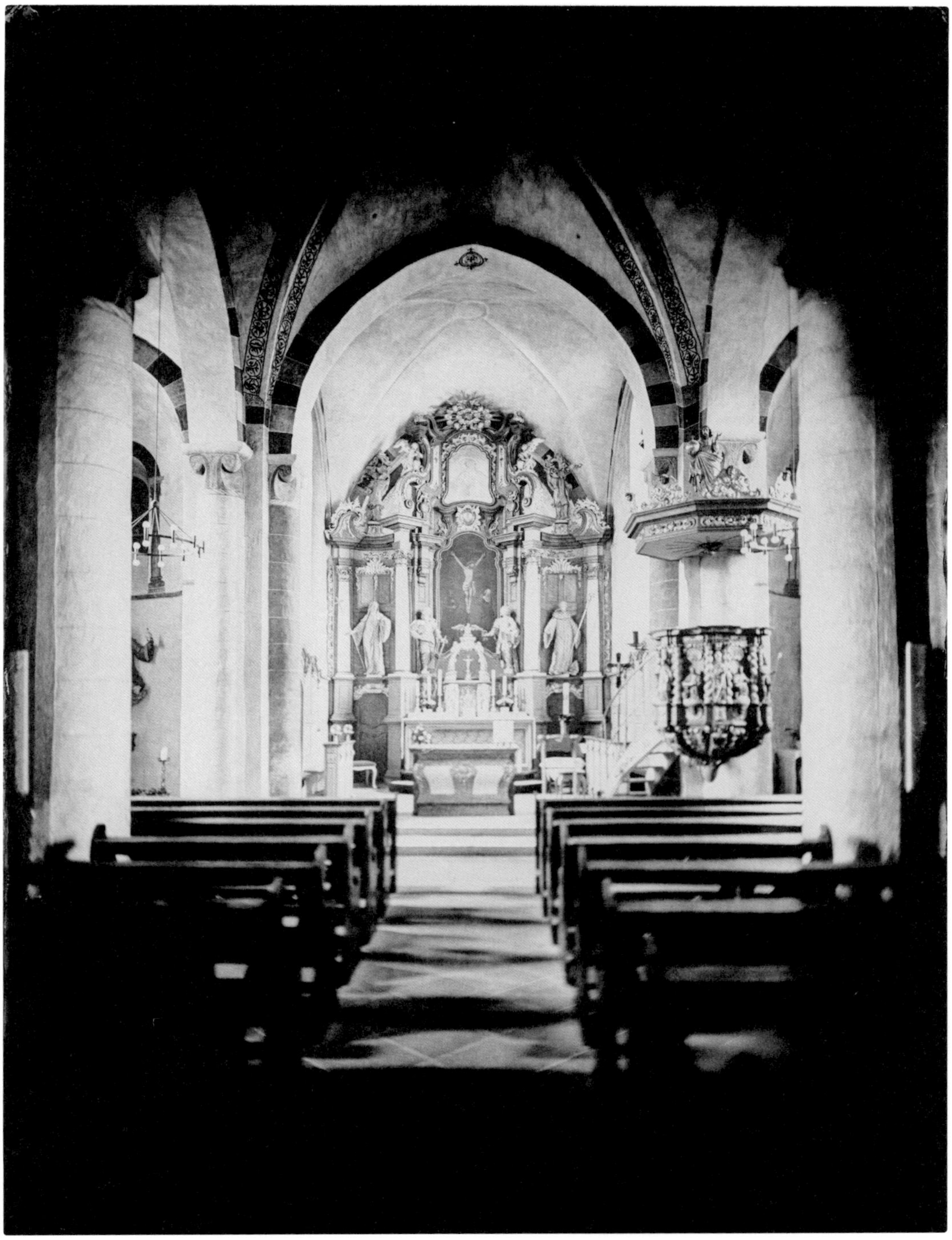

Kirche seine Neugier. Maler und Künstler hantierten unter dem Kreuzgewölbe. Eines Tages winkten sie ihm, er durfte hochklettern. Er wurde Zeuge, wie mit feinem Spachteln Farbe abgetragen wurden. Darunter kam das Symbol der Waage zum Vorschein. Ein magischer Akt. »Damals hat mich diese Kirche gepackt«, erinnert sich Tigges. Seit mehr als 20 Jahren führt er Menschen durch die Kirche St. Peter und Paul, erzählt von wahren Begebenheiten und großen Geheimnissen.

  Erwiesen sei, dass die jetzige Kirche um 1250 gebaut wurde. Spätromanischer Baustil, erdfarbene Ausmalungen. Es habe aber viel ältere Vorgänger am gleichen Platz gegeben. Und schon führt die Spur auf unsicheres Terrain: Stand in Wormbach die Urkirche des Sauerlandes? Ein Holzbau, errichtet durch den Missionar Bonifatius im achten Jahrhundert? War hier schon zu keltischen Zeiten ein Kraftort? Kann sein. »Damals war das Motto der Missionare: Baut die Kirchen auf die Kultstätten der Germanen.« Schlauer Schachzug, heidnische Plätze christlich umzudeuten und deren Kraft weiter zu nutzen.

  Seit dem Erlebnis auf dem Malergerüst faszinieren Johannes Tigges die damals unterm Kreuzgewölbe entdeckten zwölf Tierkreisymbole. Er vermutet einen Einfluss der Benediktiner aus dem nahen Kloster Grafschaft. Zu deren Wissensschatz gehörten astronomische Kenntnisse. Vielleicht haben sie sogar selbst den Pinsel geführt. Die Sternenbilder scheinen eine Botschaft zu verkünden. Sie sind auf eine Weise angeordnet, die vermuten lassen, es handle sich um eine Art Kalender. Mithilfe des Sonnenstandes und des Lichteinfalls durch die Fenster habe man das Datum des wichtigsten christlichen Festes, Ostern als beweglichen Feiertag, ablesen können.

Seit alters liegt die Kirche am Kreuzpunkt wichtiger Routen. Auf den so genannten Totenwegen wurden Leichname teilweise über viele Kilometer transportiert, um sie in Wormbacher Erde zu begraben. Auf der Heidenstraße, die von Köln bis Kassel führte, drangen die christlichen Bekehrer ins Germanengebiet vor. Heute ziert eine gelbe Muschel auf blauem Grund weite Strecken dieser Route, Symbol für den Jakobsweg.

Was ist dran an all den Spekulationen und Rätseln? »Für mich ist erwiesen, dass Wormbach schon in vorchristlicher Zeit ein ganz wichtiger Platz war,« sagt Johannes Tigges. Kultstätte, Kreuzungspunkt, Kulturgut, heute als »Seelenort« identifiziert. Tigges berichtet von einem spirituellen Erlebnis, das er in der Kirche hatte. »Mit vier anderen habe ich mich spätabends in eine der Bänke gesetzt. Bis auf das Ewige Licht war es stockdunkel. Wir hatten verabredet, eine halbe Stunde lang nicht das kleinste Geräusch von uns zu geben.« Er staunt noch heute, was dann geschah. Allmählich schälten sich die Konturen der Pfeiler und Gewölbe aus der Schwärze, »die Kirche wurde hell im Dunkeln.«

Beim *Spirituellen Sommer* kamen in der Kirche neben Christen auch Buddhisten, Juden, Hindus und Muslime zusammen. Sie sprachen über die Bedeutung des Lichts in der jeweiligen Religion. »Das waren wundervoll einträchtige Momente. Ich empfand das als sehr intensiv.« Ich erlebe Johannes Tigges als einen dieser toleranten, einladenden Erzähler, die Seelenorte zum Leuchten bringen können. Es braucht Hintergrundwissen, um einen solchen Ort zu verstehen. Aber es darf auch ruhig etwas offen bleiben. Unbeantwortete Fragen. Ein paar Geheimisse. Ungelöste Rätsel. Das gibt der Fantasie Raum zum Spielen

Schmallenberg-Wormbach
51.204.554 | 8.256.909

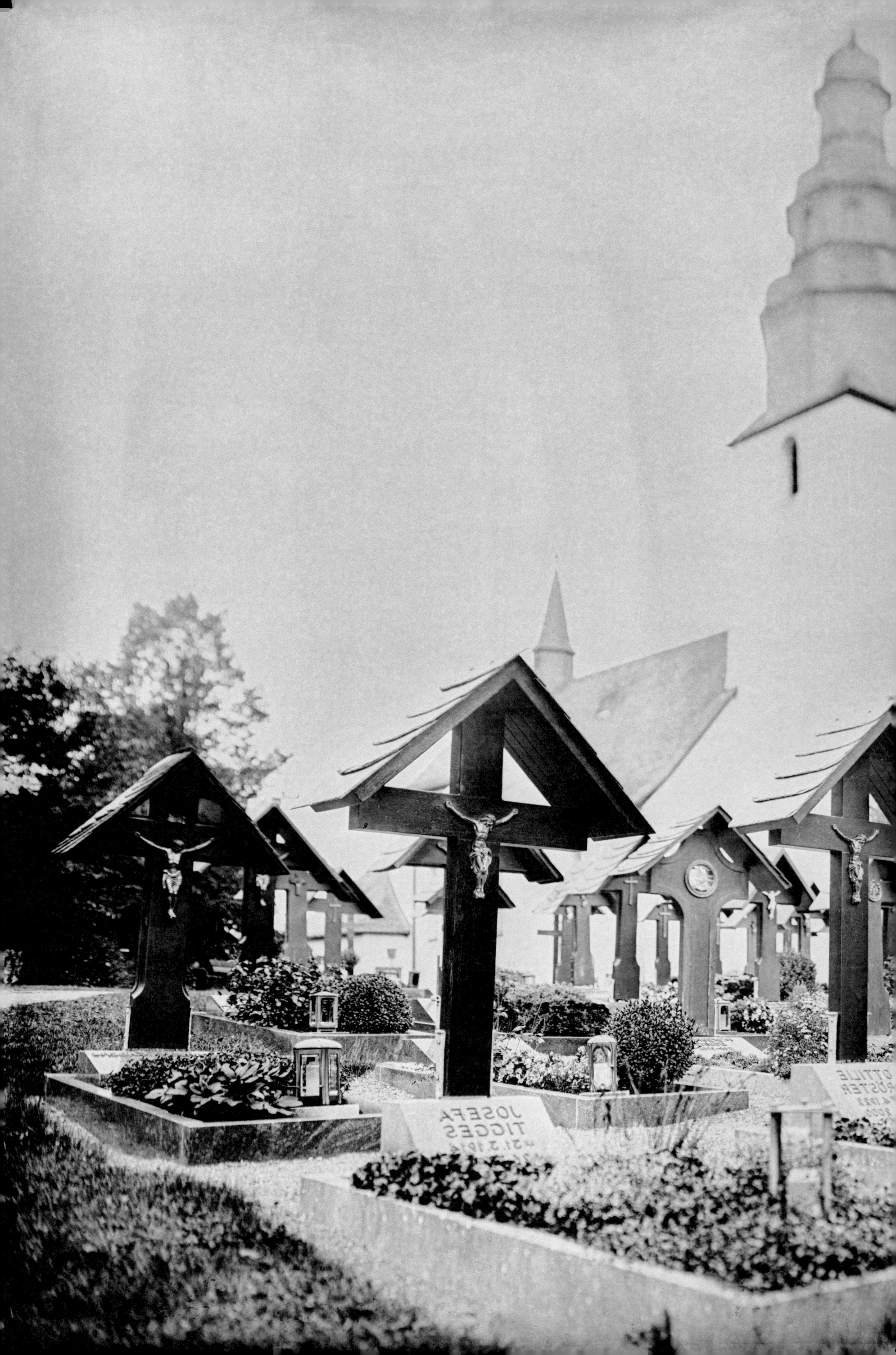
JOSEFA
TIGGES

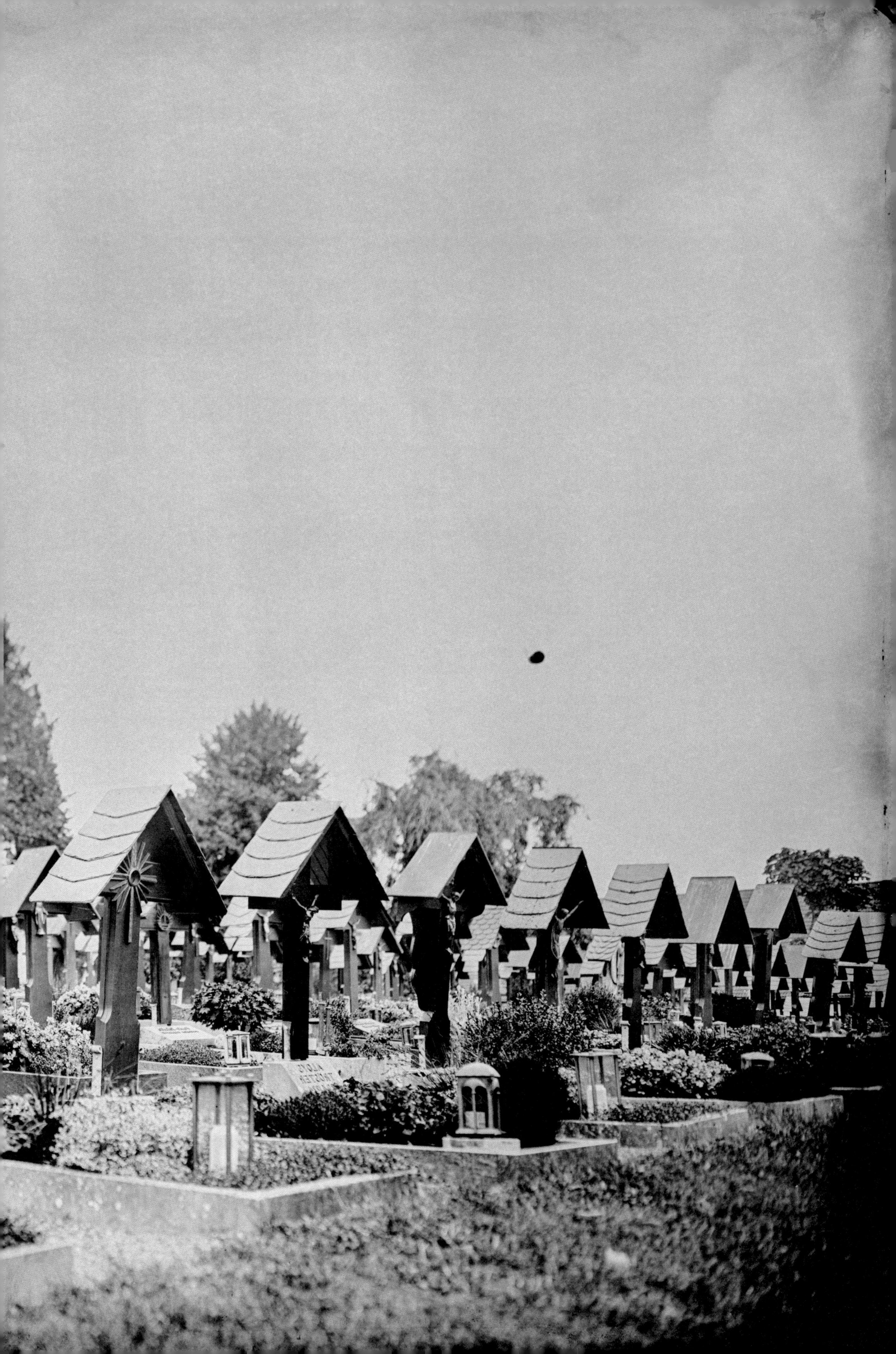

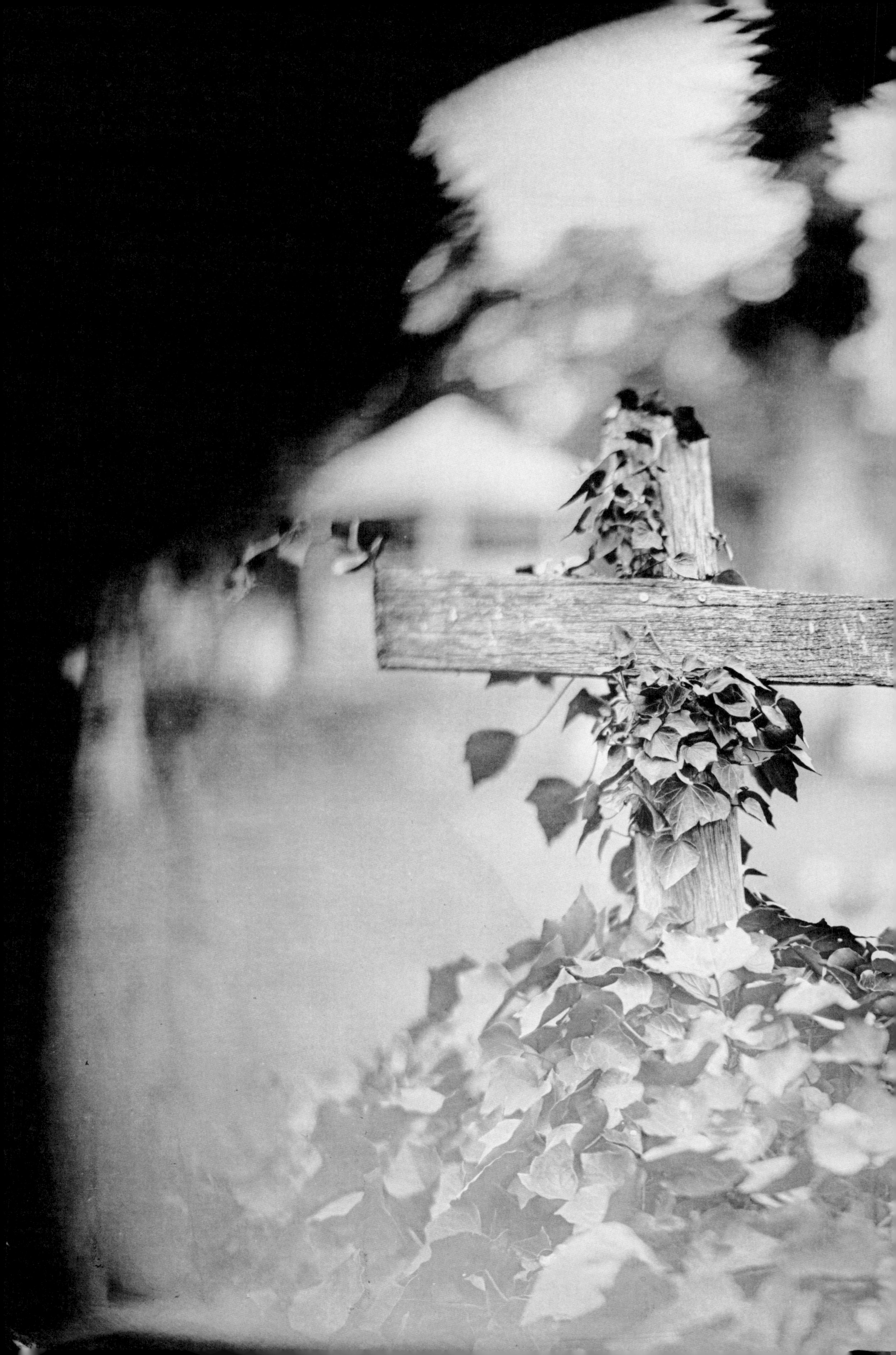

Kirche St. Maria Magdalena
Heilung

Diese Kirche rehabilitiert
Maria Magdalena.
Sie wurde seit Jahrhunderten
von männlich dominierter Bibelauslegung
diskriminiert. Als Sünderin,
wenn nicht gar als vom Teufel
besessene Hure. In Wirklichkeit war sie
eine Apostelin, die Jesus
über das Grab hinaus die Treue hielt.
In Elkeringhausen
ist ein farbenfroher Raum
für das heilsam Weibliche
einer Kirchenmutter entstanden.

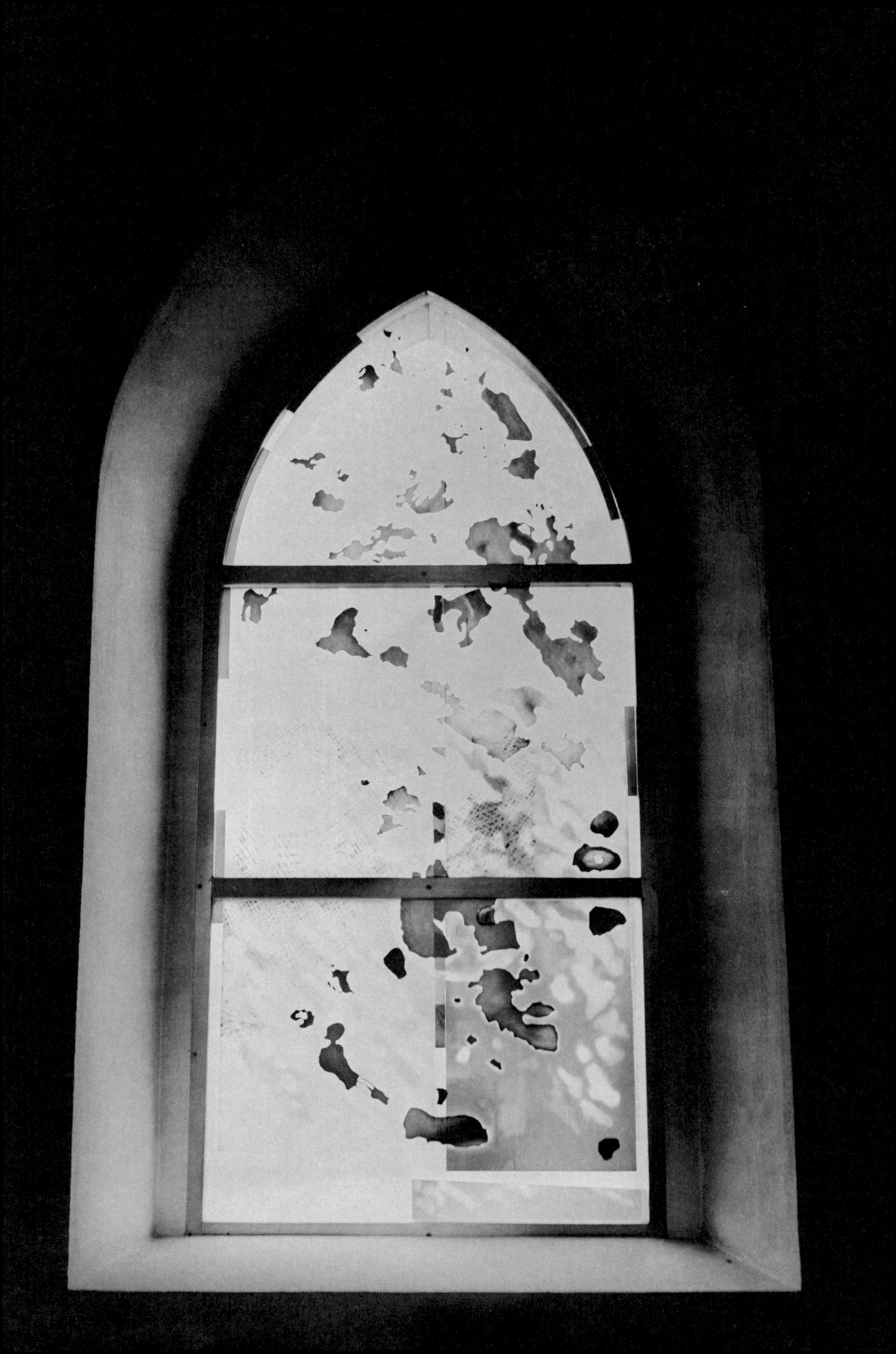

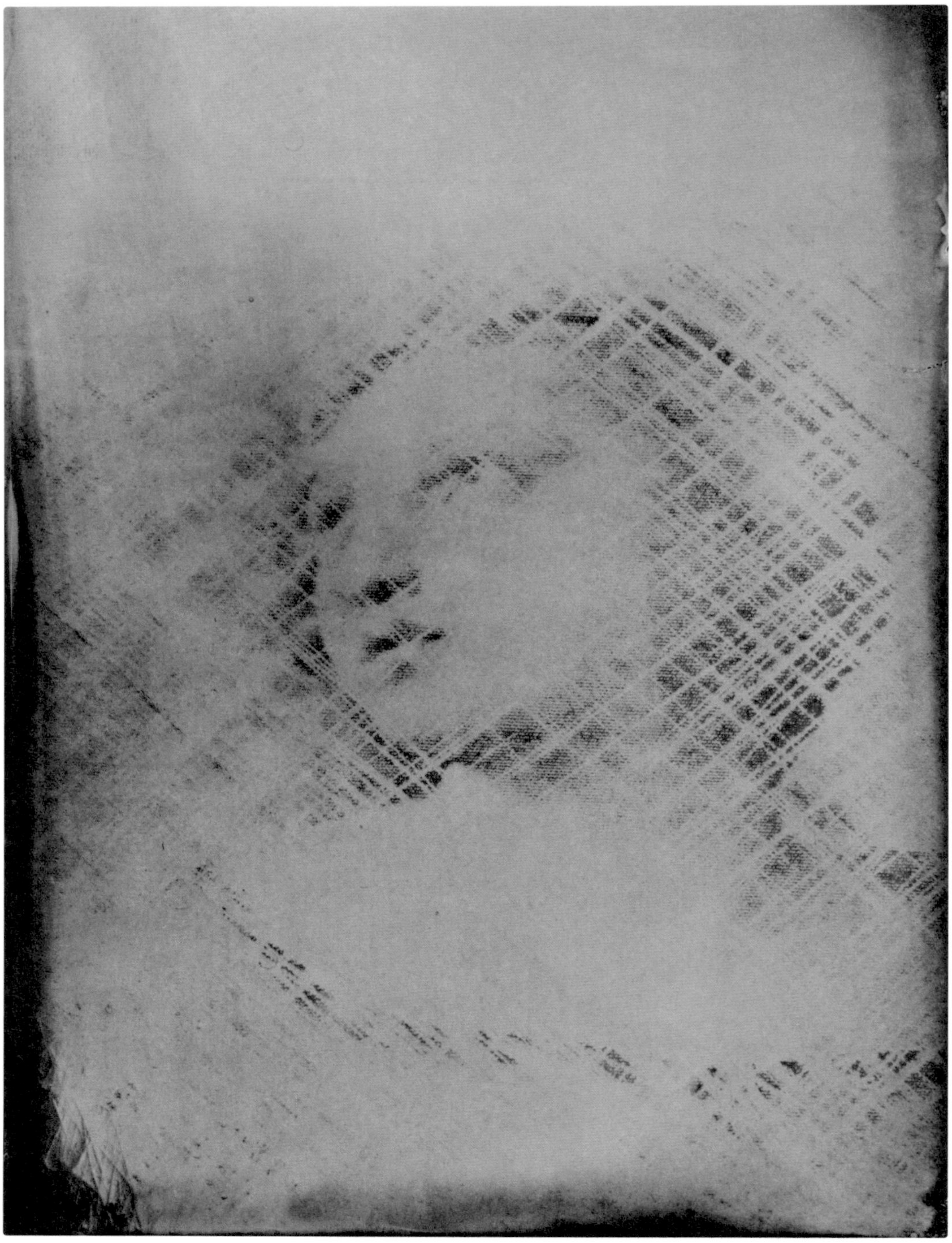

Ich stehe vor einer Dorfkirche, wie es viele im Sauerland gibt. Weiße Wände, graues Dach, der rechteckige Turm überragt nur wenig die benachbarten Wohnhäuser. Doch als ich durch die graugestrichene Eingangstür trete, erlebe ich mein blaues Wunder. Und dann ein rotes. Mich überwältigt ein Spiel von roten und blauen Tönen, ungewohnte Farbenfreude, eine überraschende Helligkeit. Die Wände in ihrem Terrakotta-Rotbraun, das nach oben, zum Himmel hin, immer lichter wird, strahlen Wärme und Schutz aus. Spitzbogige Fenster setzen mit ihrem wasserblauen Glas als Grundfarbe kühlere Akzente dagegen, ohne kalt zu wirken.

In den Fensterbildern sehe ich zunächst nichts anderes als abstrakte Flecken, goldgelb, zartweiß, blutrot, schwimmend im Blau. Erst als ich ganz nah heran gehe und mit verschiedenen Blickwinkeln spiele, entdecke ich erste Konturen. Noch näher: ein Gesicht. Ganz nah: das Antlitz einer schönen Frau mit Kopfschleier. Fast versteckt, wie in einem Suchbild. Hans Joachim Bexkens, der Diakon von St. Maria Magdalena, erklärt mir die Idee hinter dieser mehr andeutenden als zeigenden Form: »Wir werden im Alltag von Bildern überflutet. Laut, aufdringlich, überflutend. Wir wollten Darstellungen, an die sich Menschen herantasten. Wer die Geduld aufbringt und genau hinschaut, freut sich an der Feinheit der Porträts.«

Bei der Meditation vor den Fenstern kommt mir der Gedanke: Es gibt eine Wirklichkeit hinter dem Plakativen. Liebe auf den zweiten Blick. Eine Wucht in der Zartheit.

Als in den Nuller Jahren die Neugestaltung der 1863 errichteten Kirche anstand, durfte die ganze Gemeinde von Elkeringhausen über die Gestaltung entscheiden. Sie votierte für die Entwürfe der Bonner Künstlerin Anja Quaschinski. Ausschlaggebend sei gewesen, »dass sie das Weibliche der Kirche hervorgehoben hat«. Für Bexkens ist das auch ein Ausdruck der Wertschätzung »für die vielen Frauen, die überall im Dienste Gottes dienen«. Alles Weibliche wurde in der katholischen Kirche über Jahrhunderte abgewertet, gleichgesetzt mit Versuchung, mit Sünde. Dazu gehörte auch die Diskreditierung Maria Magdalenas, eine Freundin und Jüngerin Jesu, als vom Teufel besessene Hure. Mittlerweile weiß die Bibelforschung, welche Textstellen missverstanden oder bewusst missdeutet worden sind, um aus einer Heiligen eine Unperson zu machen.

Diese Kirche huldigt einer Frau, die Jesus folgte und ihm treu war, im größten Leiden am Kreuz, als die männlichen Jünger ihn verlassen hatten, und über den Tod hinaus, als die Jünger an der Auferstehung zweifelten. Ein farbenfrohes Denkmal für eine, die die Kraft hat zu bleiben, wenn's schwierig wird.

Drei Fenster links, drei rechts: Für Bexkens markieren sie Stationen von spirituellen Prozessen, die er aus seiner anderen Arbeit als Seelsorger für Polizisten und Feuerwehrleute kennt. Denen steht er nach Einsätzen bei, die besonders belastend waren, etwa Unfälle mit Schwerverletzten und Toten. »Wenn man sich Zeit nimmt und auf die Bildnisse einlässt, kann man einen ganzen Lebenslauf mit seinen Höhen und Tiefen nachvollziehen.« Ist es nur derjenige Maria Magdalenas? Oder auch der eigene, im Spiegel der blauen Bilder?

Beginnend auf der linken Seite erzählen die Fenster von schwerer Krankheit, in der Bibel ausgedrückt als »von Dämonen besessen«; von der Begegnung mit Jesus, die auf der Stelle einen ganzen Lebensweg umleitet; von Heilung und einer ausströmenden Dankbarkeit; von Phasen der Dunkelheit und Depression; und schließlich, nach Abschied und Tod, von Hoffnung und Helligkeit. In Filmen würde man das ein Happy End nennen. Aber was wären wir ohne diese Aussicht darauf, dass alles gut ist oder gut wird?

Wenn der Diakon Bexkens Menschen seelsorgerisch begleitet, die einen lieben Menschen verloren haben, oder Polizisten, die beim Einsatz traumatisiert wurde, dann tut er eine lange Zeit... gar nichts. Er hört nur zu. Später dann, wenn die Wunden langsam verheilen, nimmt er Menschen mit in seine Kirche. Geht mit ihnen von Fenster zu Fenster, von Etappe zu Etappe des Weges. Der führt auf der linken Seite durch das Leiden, »das nun mal dazu gehört«, und dann, vor den Fenstern auf der rechten Seite, »stelle ich die Menschen wieder auf«. So wird die Kirche zum Therapieraum, wo Gemüter geheilt werden, nicht mit Versprechen auf ein Irgendwann. Sondern ganz praktisch, hier und jetzt.

Gab es auch mal Kritik an der Farbenflut? »In der Übergangszeit, als die Wände schon rot, aber die Fenster noch nicht blau waren, sondern aus Klarglas bestanden, beschwerte sich eine Frau bei mir: ›Ich fühle mich wie im Fegefeuer. Nee, da gehe ich nicht mehr rein.‹ Wenig später hatten wir einen Benediktiner-Mönch zu Gast. Er wusste von der Geschichte. Am Ende seiner Predigt sagte er: Also, wenn das Fegefeuer so wunderschön ist wie diese Kirche, weiß ich gar nicht, ob ich da überhaupt wieder raus will.«

Die Dame ist danach wieder zum Gottesdienst erschienen.

Winterberg-Elkeringhausen
51.204300 | 8.574155

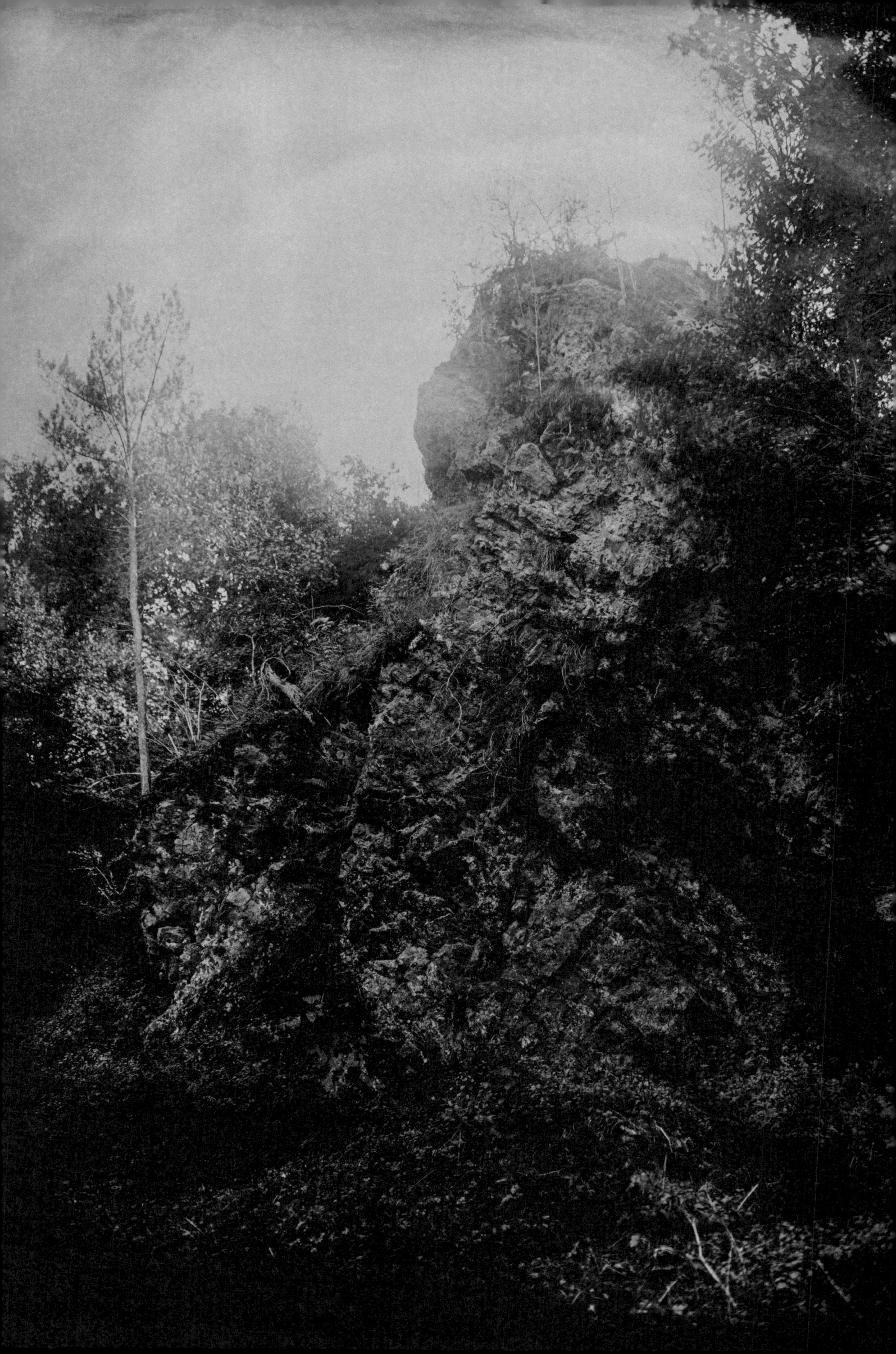

Adorfer Klippen
Das innere Kind

Es gibt diesen jüngsten Teil unserer Seele,
der lacht und spielt,
der neugiert
und sich verrückte Dinge
ausdenkt.
Nicht immer
habe ich Zugang dazu.
Aber wenn,
wird es spannend
und lebendig.

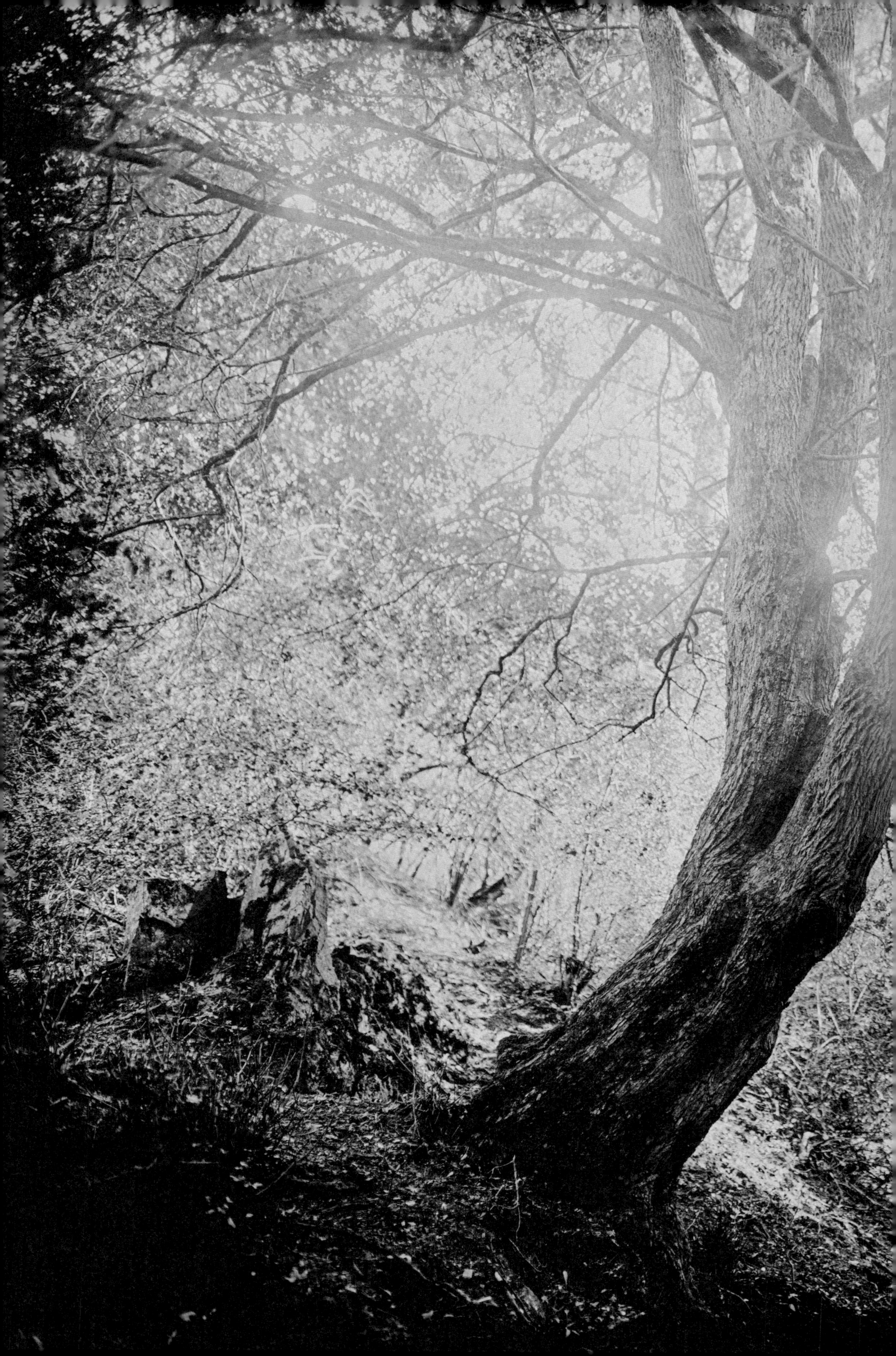

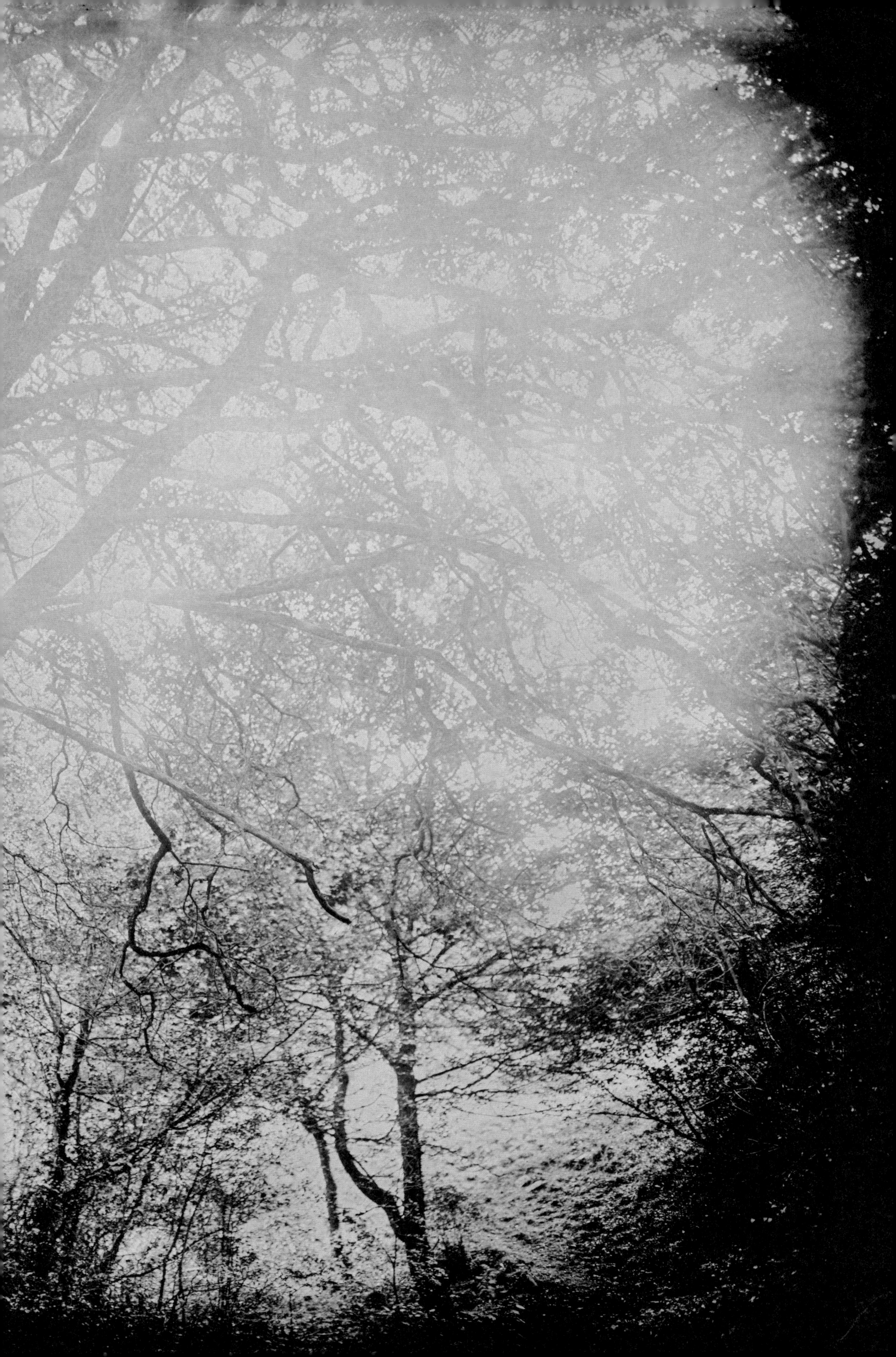

Barfuß habe ich mich angeschlichen. Kein Laut.
Bloß nicht auf ein Ästchen treten, das knacken und
mich verraten könnte. Es dämmert bereits. Hinter
einem kleinen Hügel lege ich mich auf die Lauer.
Gras und Moos, eine weiche Pirsch. Ich habe die beiden
Eingänge der Dachsburg fest im Blick. Wird sich der
heimliche Gräber mit dem schwarz-weißen Fell heute
Abend zeigen? In der Nähe ist ein Maisfeld, da locken
knackige Kolben, die er gerne abnagt. Mal schauen.
Je länger ich liege und laure, desto mehr verschwimmt
die Szenerie der »Roten Klippen«, ein Naturdenkmal
bei Adorf. Kindheitsbilder schieben sich darüber.
Die gewaltigen Felsblöcke aus Eisenstein, 350 Millionen
Jahre alt, werden zu den Wänden eines Canyons.
Die Grablöcher, übrig geblieben von mittelalterlichem
Bergbau, verwandeln sich in Verstecke der Indianer
vor der anrückenden Kavallerie. Der dichte Ring wilder
Rosen, der die roten Steine grün einrahmt, gewährt
meinem Stamm Schutz vor Eindringlingen.

 Ich bin Brauner Bär und soll der Nachfolger
meines Vaters Großer Adler werden. Eines Tages ein
weiser Häuptling, hoffentlich. Vater gibt all sein Wissen
an mich weiter. Über die Erde, die uns ernährt, über die
Pflanzen, die in unserer Heimat bei den Roten Klippen
wachsen, über unsere Nachbarn, die Tiere. Der Dachs,
hat er mir erklärt, als wir an der Dachsburg lauern,
ist kein reiner Pflanzenfresser. Am liebsten verspeist er
Regenwürmer. Für eine kleine Weile verlassen wir
den Pirschposten und spazieren durch den von Felsen
und Dornbüschen umstandenen Talkessel. An diesem
Ort fühlt sich unser Stamm seit Generationen beschützt
und geborgen. Vor den Tipis brennen kleine Lagerfeuer.
Viel Flamme, wenig Rauch, um nicht von weitem
gesehen zu werden. So haben wir es gelernt.

Vor uns liegt ein faustgroßer roter Stein. Puh, ist der schwer! Das liegt daran, sagt Vater, dass er zu mehr als der Hälfte aus Eisen besteht. Am Abhang, wo Sonne, Regen und Frost seit Jahrtausenden die Felsen bearbeiten wie ein Schnitzmesser, suchen wir Fossilien im Geröll. Genau hinschauen! Tatsächlich finde ich tierische Spuren, uralt, versteinert. Kopffüßer und Korallen, Dreilapp-Krebse und Seelilien.

Vor Urzeiten, erklärt Vater, war hier ein Meer. Kann ich mir gar nicht vorstellen. Doch, so war es. Im Meer gab es gewaltige feuerspeiende Ungeheuer, die Steine zum Schmelzen brachten und sie flüssig gen Himmel spuckten. Das waren die Vulkane. Sie sind der Grund, warum unser Land reich mit Eisen gesegnet ist. Es liegt in Schichten bis an der Erdoberfläche. Das ist fast nirgendwo sonst so. Unsere Urahnen mussten nicht mal Schächte graben, um ranzukommen. Sie mussten nur mal kräftig in den Boden stechen, und schon stießen sie auf die roten Eisensteine.

Ein paar Meter weiter entdecken wir einen Schmetterling, der wundersam blass-blau gefärbt ist. Das ist ein ziemlich trickreicher Typ, lockt mich mein Vater. Da bin ich gespannt: Warum? – Er legt seine Eier direkt vor Ameisenhaufen ab. Und die Ameisen tragen sie in ihr Nest. Da wachsen dann die Eier zu Larven; die können den Geruch der Ameisen perfekt nachahmen, sodass sie von ihnen gefüttert und gepflegt werden. – So wie der Kuckuck sein Ei in Nester von anderen Vögeln legt? – Genau! – Während wir weitergehen, zeigt Großer Adler auf Pflanzen und erzählt mir die Geschichten dazu. Diese lilafarbene heißt Moschusmalve, die sieht nicht nur gut aus, die kann man auch essen. Da, Wilder Thymian, auch ein schmackhaftes Kraut. Das mit den gelben Blütenblättern dort heißt Jakobskreuzkraut, wenn die Rinder viel davon essen, sterben sie an kaputter Leber, so wie Menschen, die zu viel Feuerwasser trinken.

Eine andere heißt Rundblättrige Glockenblume, dabei hat sie gar keine runden Blätter – auf den ersten Blick. Als ich genauer schaue, sind sie oben schmal und laufen spitz zu, aber unten am Boden sind sie rund.

Das Schauen jedoch wird immer schwieriger. Es ist fast schon dunkel. Die Feuer vor den Tipis sind erloschen. Die Szenerie des Indianerlandes verblasst. Ich reibe mir die Augen. Immer noch liege ich im weichen Gras gegenüber der Dachsburg. Nichts rührt sich an den beiden fußballgroßen Löchern. Irgendwo in den Gängen dahinter, einige Meter tief im Boden vergraben, hält sich der Burgherr versteckt. Als ich kaum mehr etwas erkennen kann, räume ich den Beobachtungsplatz. Ich bin kein bisschen enttäuscht. Ich habe keinen Dachs gesehen, aber entdeckt, dass es immer noch einen kleinen Jungen in mir gibt, mit lebhafter Fantasie, stets bereit, zu pirschen und zu spielen und zu entdecken. Die Roten Klippen sind ein guter Ort, um den inneren Kindern Auslauf zu gewähren.

Adorf
51.374230 | 8.812449

Osterkopf
Unendlichkeit

Nordisch-karge Anmutungen
auf einer Bergkuppe,
die eng verbunden ist
mit dem Schicksal
von Glaubensflüchtlingen.
Amische und Mennoniten kamen,
blieben und zogen erst weiter,
als kleingeistige Fürsten
ihnen vorschreiben wollten,
wie Gottes Unendlichkeit
zu verehren sei.

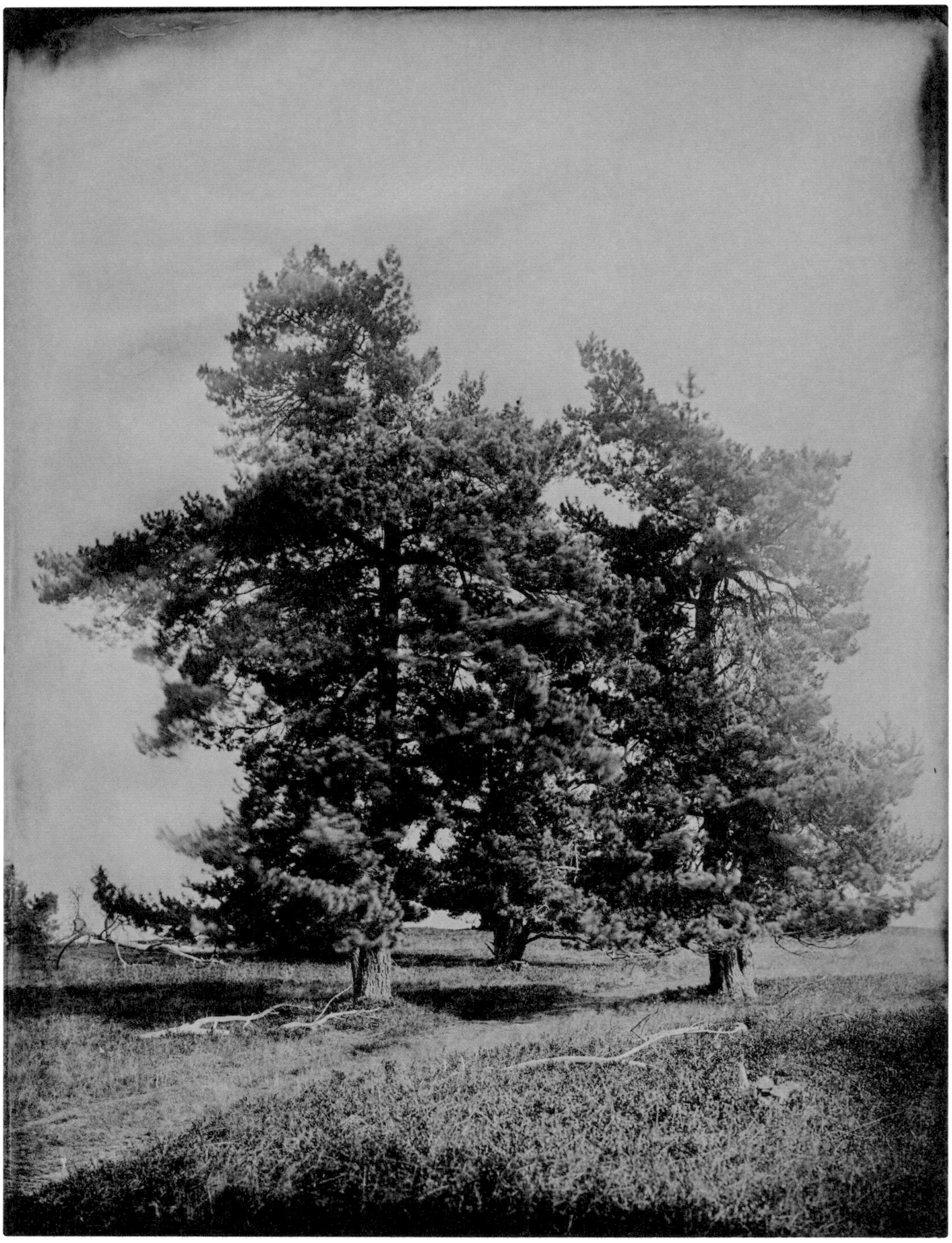

Der Berg ist von Fichtenschonungen verschont geblieben. Man hatte den Wert der einzigartigen Hochheidelandschaft noch rechtzeitig erkannt und seine 708 Meter hohe Kuppe als Naturschutzgebiet ausgewiesen. Dieser Weitsicht verdanke ich, dass ich an diesem Nachmittag über einen Feldweg hinaufwandern kann, aus der Talenge hinaus in eine himmelsnahe Weite. Hell und offen wölbt sich der Osterkopf heute über der Upland-Gemeinde Usseln.

Eine rot-weiße Schranke markiert den Beginn des Schutzgebiets. Nachdem ich sie passiert habe, verändert sich das Gefühl beim Gehen. Mir kommt es vor, als liefe ich über einen tiefen, weich federnden Teppich. Moos und Gras polstern den Weg, gesäumt von Heidekraut, das die gesamte Bergkuppe bekleidet. Die grüne Spur führt auf zwei Kiefern zu, die auffallen, weil sie rechts und links wie Wächter stehen und weil sie gerade und hoch gewachsen sind, was hier oben selten ist. Ein ständig und kräftig heranbrausender Westwind zaust die Bäume und Büsche, die sich als Singles in der Heide verstreut haben. Er hält sie niedrig, beugt und biegt und bricht sie. Unter seiner Fuchtel drehen und winden sich die Äste, entstehen Skulpturen, die an abstrakte Kunst erinnern, an urige Typen, manchmal an Fabelwesen. Der Wind als Baumbildner.

Eine Folge des permanenten Wehens ist, dass die durchschnittliche Jahrestemperatur nur sechs Grad Celsius beträgt, ein Wert wie in der skandinavischen Tundra. Der Eindruck nordischer Exotik entsteht auch durch den kargen Bewuchs, die krüppeligen Kiefern und das Vorkommen des Alpenbärlapp, der in Gebieten wächst, die lange schneebedeckt sind – auf dem Osterkopf sind es 100 Tage im Jahr.

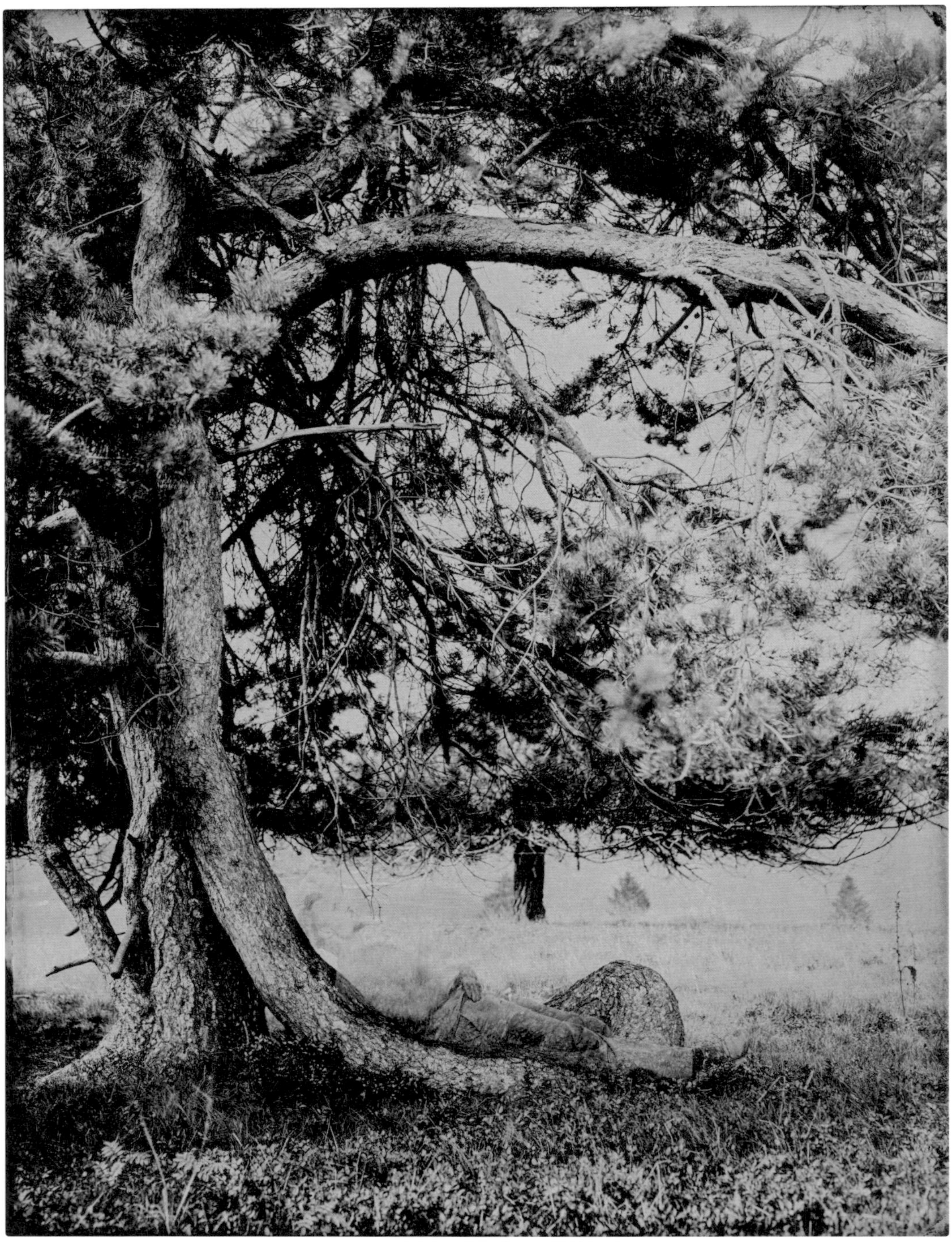

Einen Gipfel gibt es eigentlich nicht auf dieser Hochebene, aber einen Punkt, der von einer Wetterfahne statt Gipfelkreuz markiert wird. Sie zeigt den Waldecker Stern, einst das Wahrzeichen der gleichnamigen Grafschaft. Ich kann viel von deren Gebiet überblicken, das heute zu Hessen gehört. Aber die unverstellte 360-Grad-Sicht geht weit darüber hinaus. Mir kommt es vor, als stünde ich am Rande eines Meeres, erhöht wie auf einem Deich, und überschaue eine endlose Wellenlandschaft, die sich blau-in-blau am Horizont verliert. Ich mag diese Weite, weil der Kopf freier und die Gedanken fließender werden. Gleichzeitig denke ich: In dieser Unendlichkeit des Schauens könnte ich mich auch verlieren, mich auflösen, wegfliegen.
Mir wird bewusst, dass ich in meinem Leben beides brauche, Flügel *und* Wurzeln.

    Da passt es wunderbar, dass ich von meinem Aussichtspunkt einen anderen Seelenort auf der anderen Talseite sehen kann, den Steinbruch Hengböhl. Es ist, als kommunizierten die beiden Orte miteinander. Hier das Offene, dort das Abgeschlossene; hier die Weite, dort die Geborgenheit; hier das Luftige, dort das Erdige. Ihre Qualitäten ergänzen sich.

    Historiker haben herausgefunden, dass einst bis oben aufs Gipfelplateau Ackerbau betrieben wurde. Seit dem 17. Jahrhundert auch von Amischen und Mennoniten, zwei an urchristlichen Gebräuchen orientierte Glaubensgemeinschaften. Sie waren während der Zeit der Reformation erst aus der Schweiz ins Elsass und von dort ab 1650 ins Waldecker Land geflohen. Sie wurden verfolgt, weil sie die Erwachsenentaufe und Gewaltfreiheit praktizierten. Vor allem aber stellten sie die Autorität der Heiligen Schrift höher als alle kirchlichen und weltlichen Obrigkeiten. Diese Anarchisten Gottes wurden gehasst und umgebracht von machtbesessenen Fürsten, jedoch geschätzt

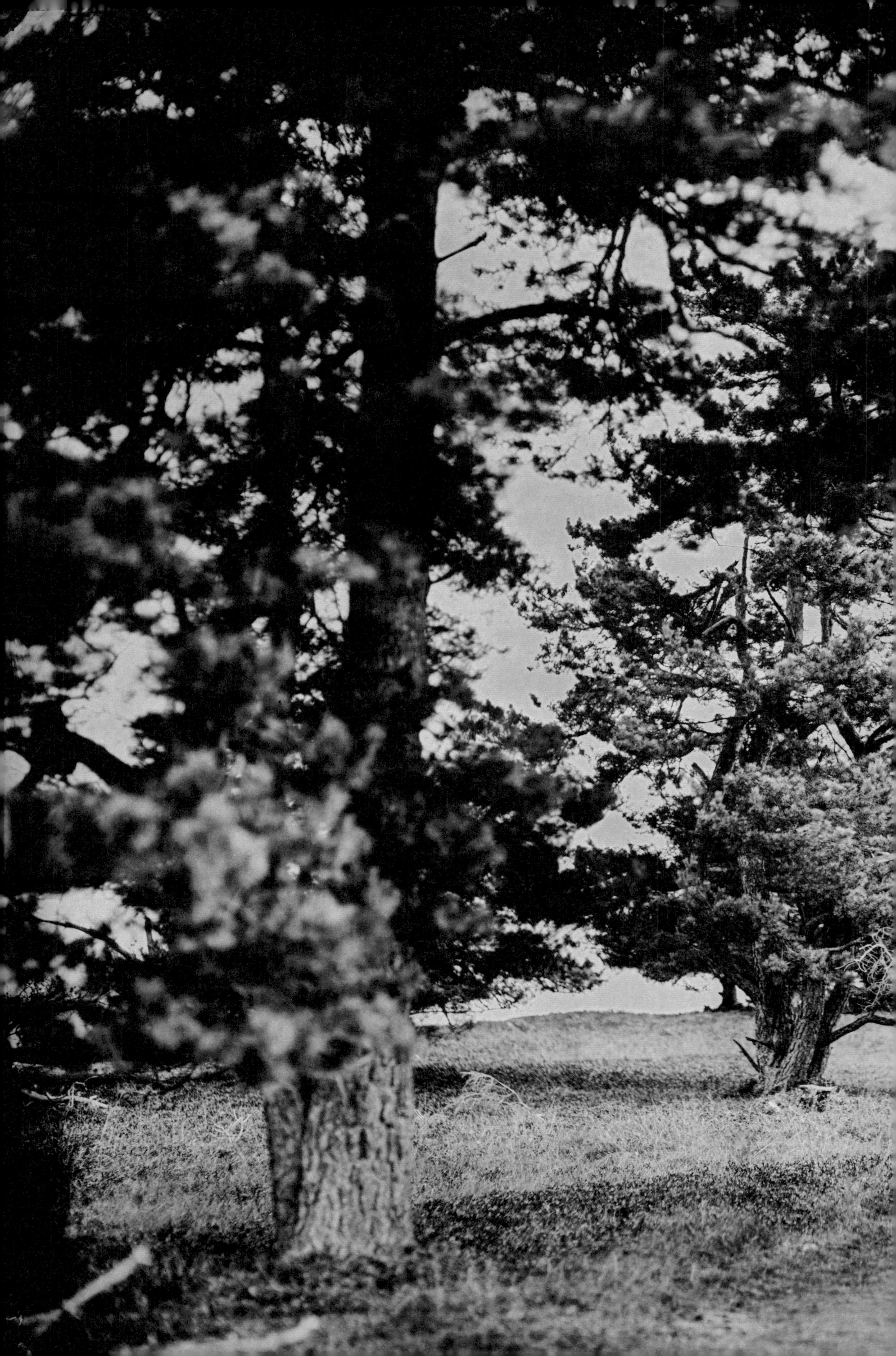

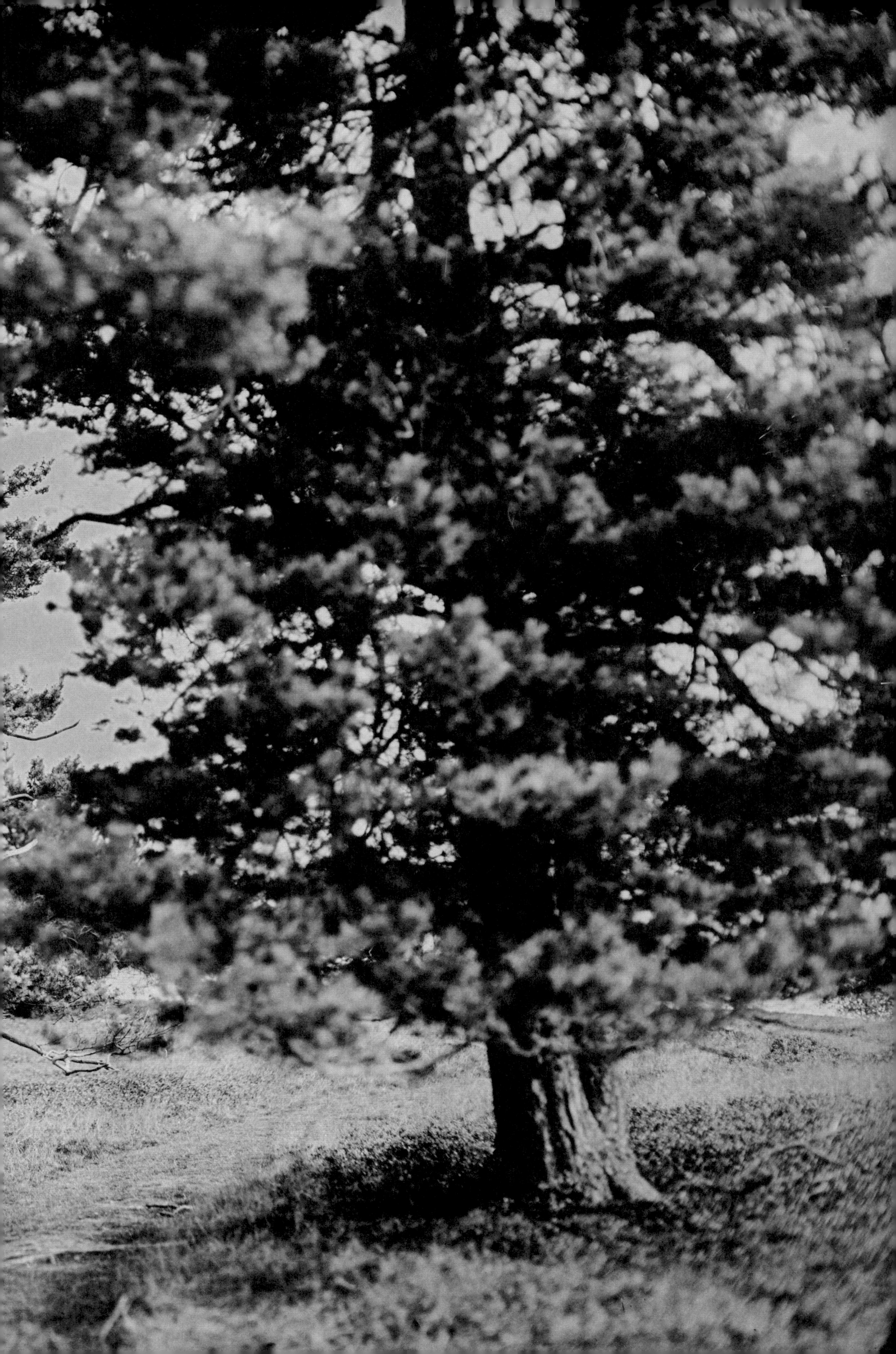

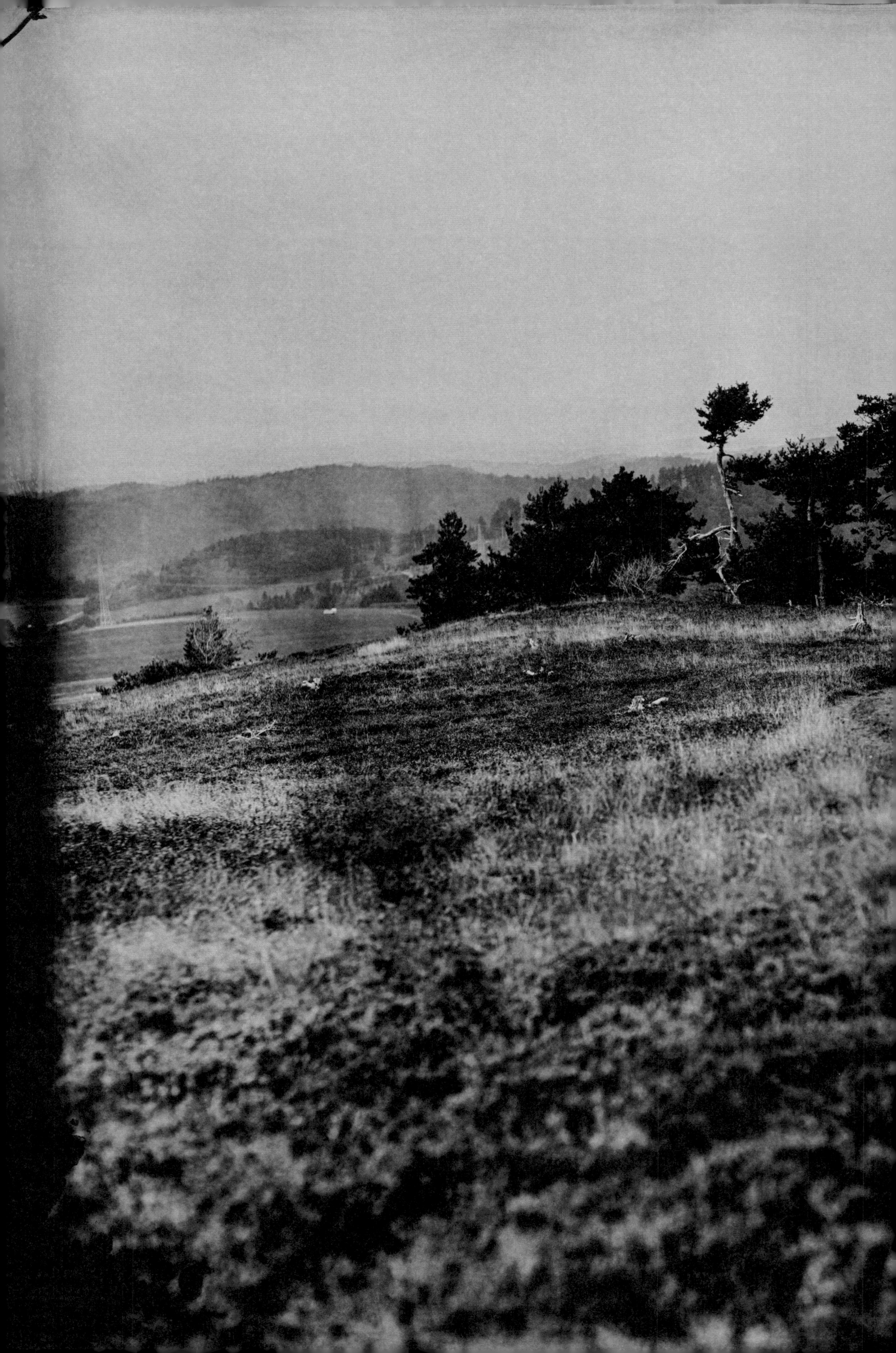

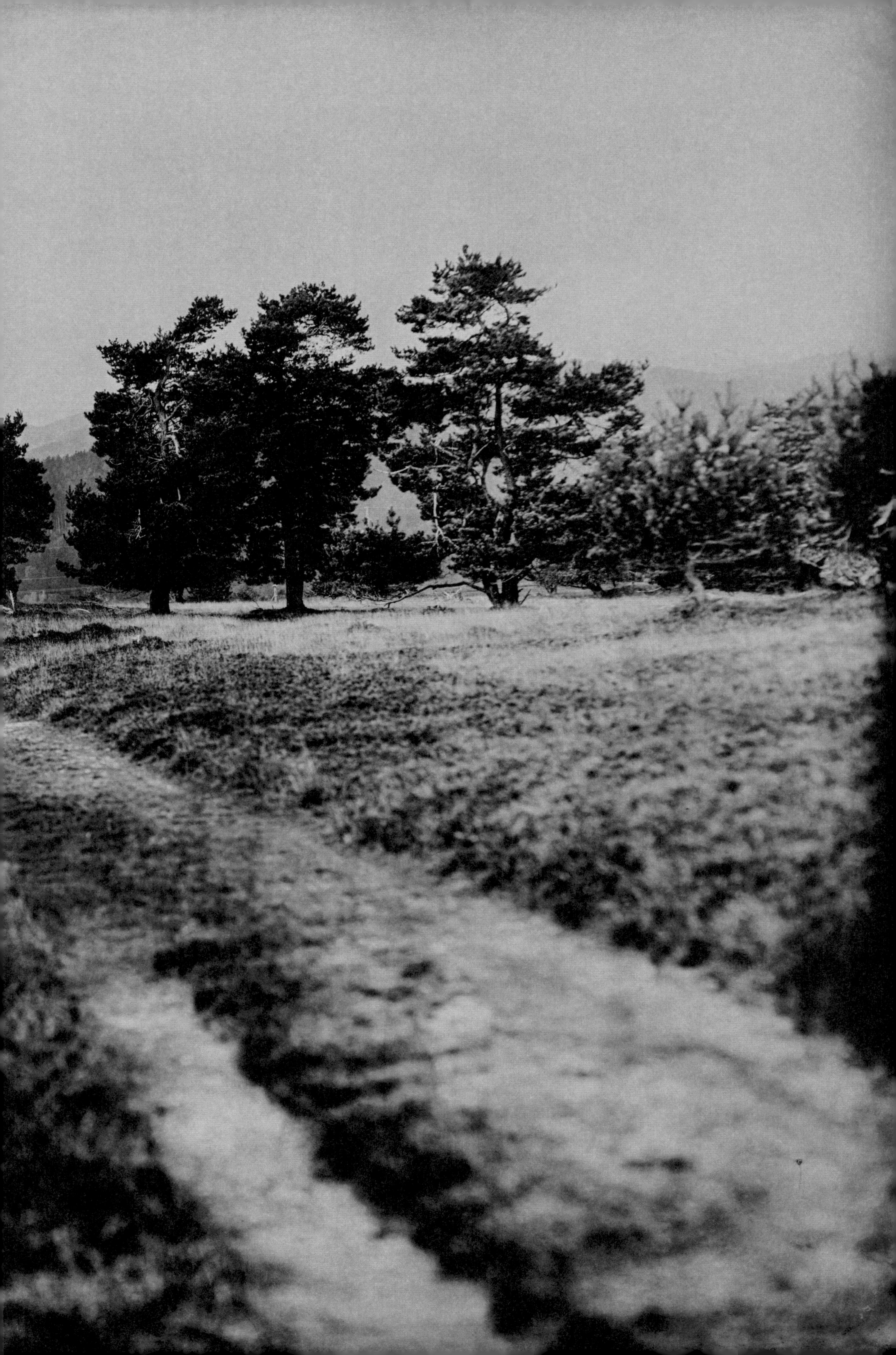

und umworben von den wenigen toleranten Landesherren, die außerdem um deren Fleiß und bäuerliche Fähigkeiten wussten. Es heißt, dass sie sich auch um den Osterkopf herum ansiedelten und das Upland zum Erblühen brachten.

Als die Waldecksche Herrschaft wieder dogmatischer und es für die Amischen eng wurde, zogen sie erneut weiter. Viele wanderten nach Amerika aus, suchten und fanden dort die Weite, die sie brauchten, um ihren Glauben zu pflegen. Manche blieben aber auch. Ihre Spuren sind bis heute in Usselner Familien- und Hausnamen erhalten.

Willingen-Usseln
51.289.252 | 8.672.492

Philippstollen im Eisenberg
Angst und Vertrauen

Der Berg ist so viel größer.
Lässt du dich auf ihn ein,
fordert er dich heraus.
Dann hast du zwei Möglichkeiten:
ausweichen oder vertrauen.
Wie so oft im Leben.
Also eine gute Übung,
sich dem Größeren zu überlassen.
Und einfach weiterzugehen
in dem Stollen,
der tief ins Innere führt.

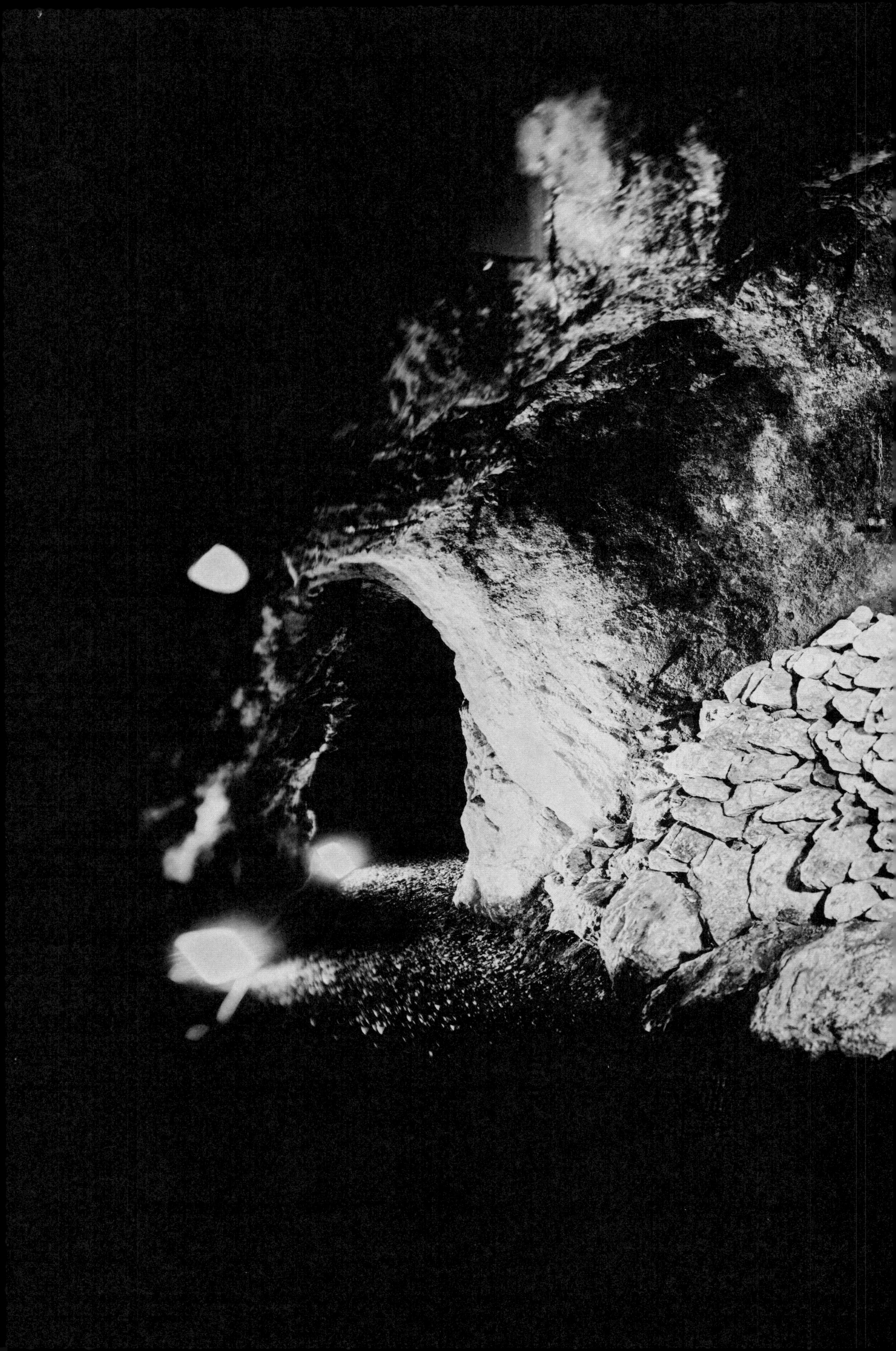

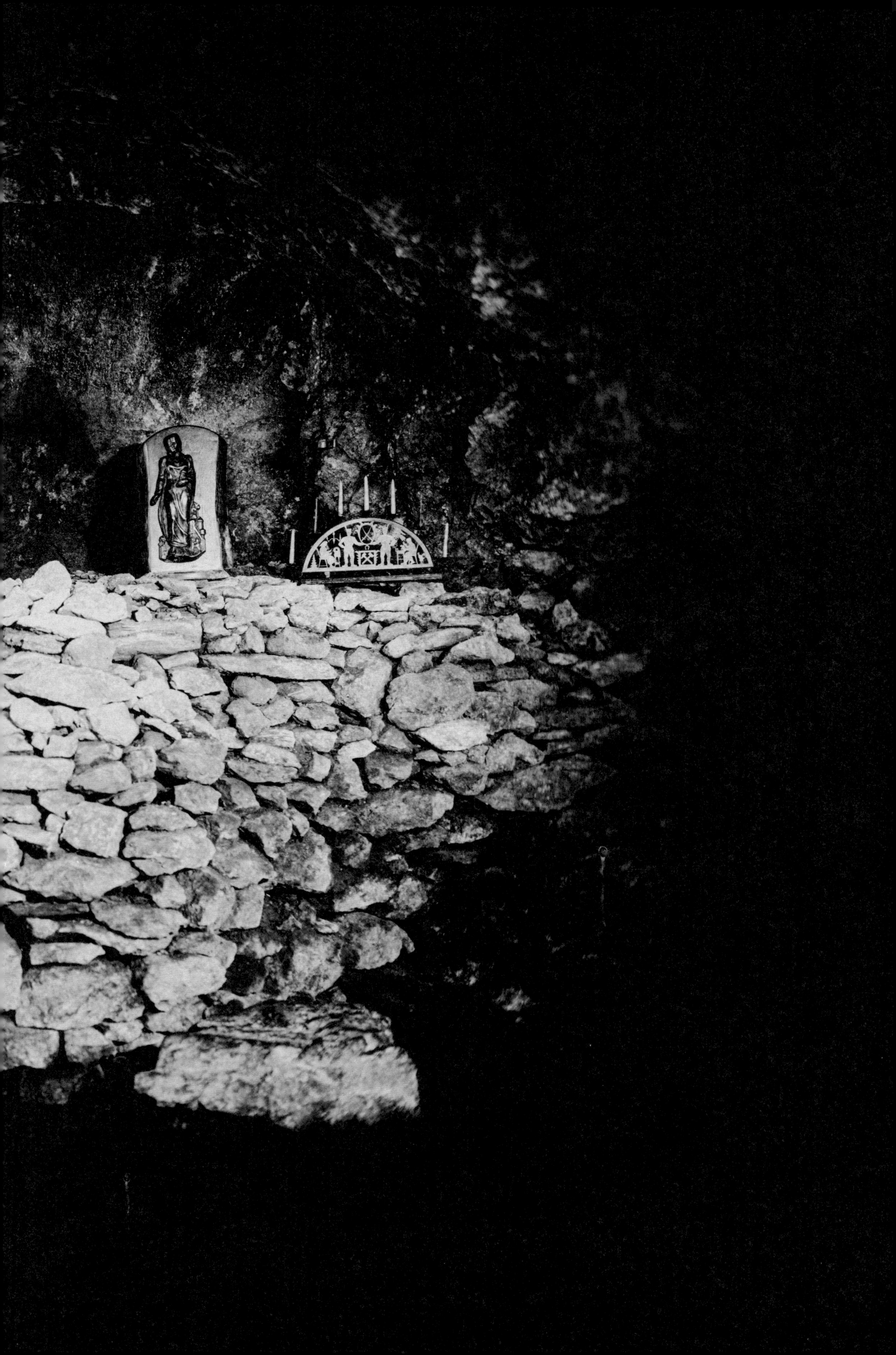

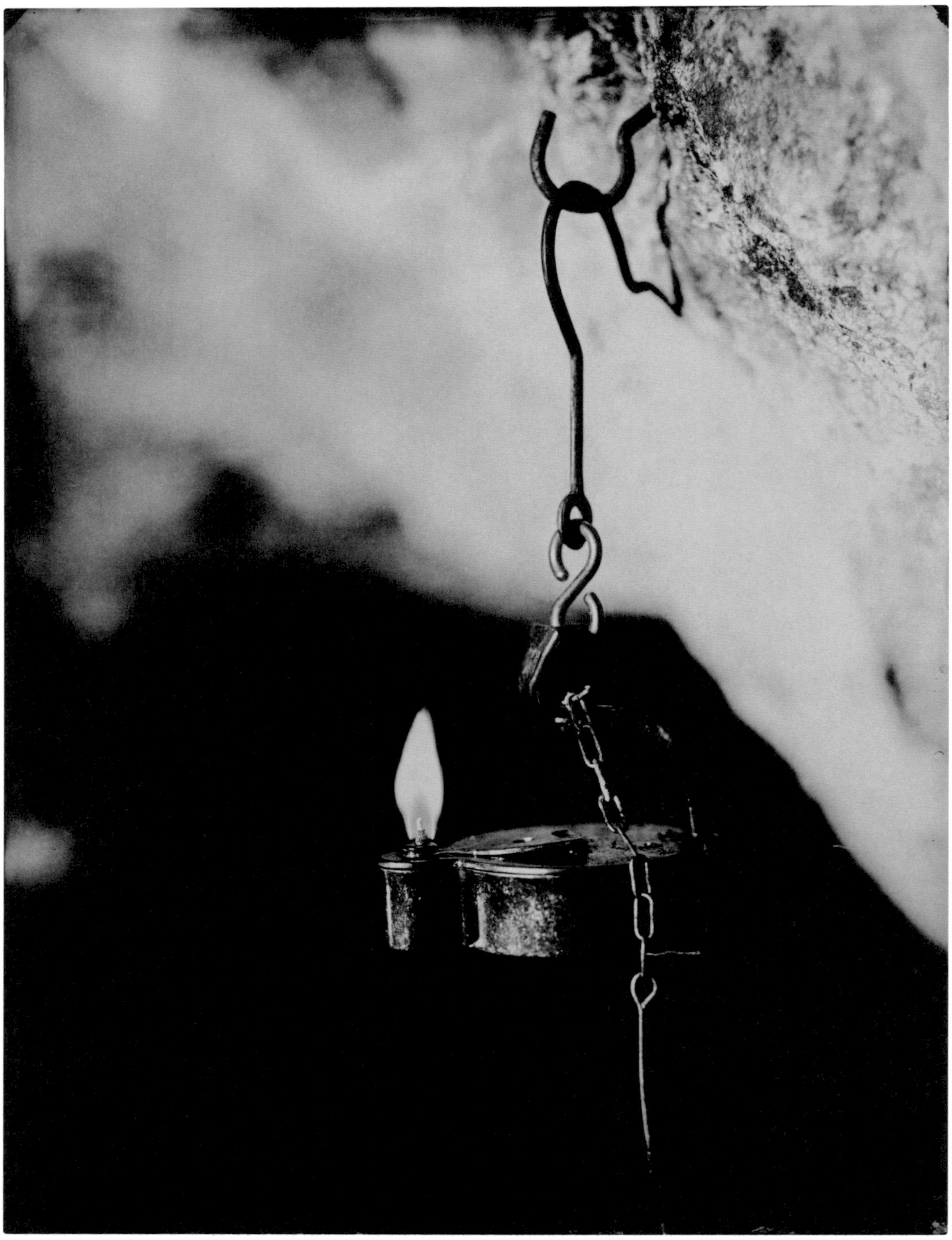

Hinter diesem Eisentor bestimmt höhere Gewalt über Leben und Überleben. Ein Ort der Gefahr, das ist spürbar, als ich durch das Tor trete, das Siegfried Stahlmecke aufgeschlossen hat. Der Berg will uns nicht. Noch bevor wir sein Reich betreten, bläst er zum eiskalten Widerstand. Während sich draußen der April mit milden 24 Grad einschmeichelt, fegen uns aus dem dunklen Gang Winde mit gefühlten Nullgraden entgegen. Meine Ohren, die unter dem roten Helm hervorlugen, frieren wie im Winter. Der Kies unter den Schuhen knirscht. Der Stollen ist niedrig, wir laufen gebückt, mit eingezogenen Köpfen.

  Schweigend dringen wir immer tiefer in den Stollen ein. Auf den ersten Metern ist buchstäblich fühlbar, wie hart sich die Bergleute vor 250 Jahren in die Tiefe gekämpft haben. Mit Hammer und Schlägel, das lesen meine Finger von der schroffen Oberfläche ab, haben sie sich vorgearbeitet. Manchmal haben sie nur fünf bis sieben Zentimeter am Tag geschafft. Und dennoch haben sie ein Gangsystem geschaffen, das den Philippstollen mit dem Maxstollen verband, der heutzutage nur noch für Fledermäuse zugänglich ist. Die Lichtkegel der Taschenlampen enthüllen, wie farbig der Fels links, rechts, über uns ist. Satt rostrot, vom Eisenerz. Gelblich, wenn der Anteil von Schwefel hoch ist. Beige, wenn ausgeschwemmter Sand über Jahrmillionen eingebacken wurde. Ausgehärtete Salze weißeln die Wände. Das überall herabrieselnde Wasser lässt sie glänzen wie Zuckerguss auf einem Kuchen.

  Der Alltag der Bergleute, die ab 1749 den Philippstollen gruben, war wahrlich kein Zuckerschlecken. Sie kamen aus den umliegenden Dörfern. Morgens versorgten sie daheim Hühner und Schweine. Dann machten sie sich auf einen kilometerlangen Weg zum Eisenberg, 606 Meter hoch, bei Olsberg. Unter Tage schufteten sie zehn, zwölf Stunden, dann wieder Heim-

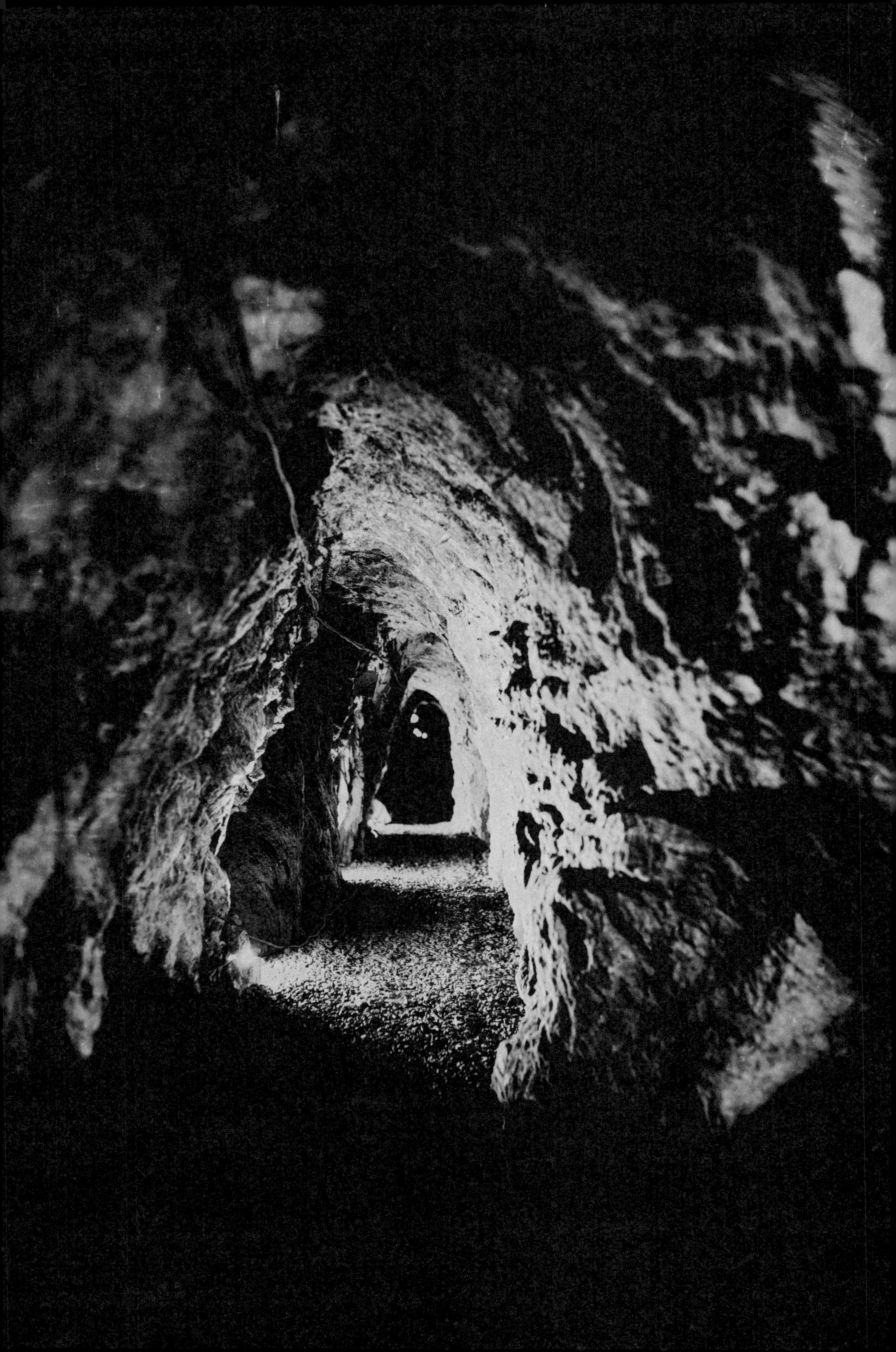

weg und nochmal um die Tiere kümmern. Kein Wunder, dass sie damals oft schon mit 40 starben. Je weiter ich unserem Stollenführer in die Dunkelheit folge, desto mehr kann ich spüren, wie feindlich diese Umgebung für die Arbeiter war. Menschen hatten hier eigentlich nichts zu suchen. Zu kalt, zu nass, zu windig, zu gefährlich. Aber sie wollten etwas vom Berg, sie wollten seine Schätze, in diesem Fall Eisenerz, in anderen Fällen auch Gold, das an vielen Stellen im Sauerland gefunden worden ist. Dafür trotzten sie Müdigkeit und Krankheiten, dafür malochten sie täglich in Todesnähe.

Nach 600 Metern kann ich mich plötzlich strecken, den Kopf heben. Und sehe, dass wir in einer Grotte stehen. Wir zünden Kerzen an, die irgendwo bereit liegen. In ihrem Schein glänzen die Wände in allen Schattierungen von Rot, über uns wölbt sich der Fels in einer Höhe von mehr als vier Metern. Als alle Kerzen angezündet sind, entfaltet sich die ganze Szenerie. An einem kleinen Felsvorsprung unter der Decke hat sich eine Fledermaus festgekrallt, kopfüber hängend. Irgendwo im Hintergrund gurgelt Grubenwasser. An der Seite der Grotte liegen flache Steine mannshoch aufgetürmt, eine Art Altar. Darauf steht ein schwarzer Lichtbogen, wie man sie vom Erzgebirge kennt. Rechts daneben ein Bildstock der Heiligen Barbara, eine Figur aus dunklem Metall, umrahmt von hellem Holz. Sie ist die Schutzpatronin der Bergmänner. Ihr wurde dieser Platz gewidmet, als der Philippstollen zum Besucherbergwerk wurde.

Ihre Verehrung hat Tradition. Bevor die Männer morgens in den Stollen gingen, grüßten sie die Schutzheilige und baten um ihren Beistand. Abends, wenn sie das Tageslicht wieder erblickten, grüßten sie erneut und dankten für den Schutz. Schließlich erlebten sie immer wieder, dass Kumpel von herabstürzenden Felsbrocken verletzt wurden. Oder sogar verschüttet, unrettbar.

Was blieb ihnen anderes übrig als Gottergebenheit? Selbst ich als Besucher, der relativ bequem und sicher bis zur Barbara-Grotte gelangt bin, kann ihre Verlorenheit in den kalten Gängen nachvollziehen, ihr unermessliches Bedürfnis nach Schutz und Trost.

Die Grotte erinnert mich, den leidenschaftlichen Bergwanderer, an die Szenerie im Hochgebirge. Die aufgetürmten Steinhaufen, die am Berg den Weg weisen. Der schroffe Fels. Die gurgelnden Bächlein. Die Stille oberhalb von 2000 Metern. Schließlich das Gipfelkreuz, in diesem Fall eine Barbara-Statue, um für überstandene Strapazen zu danken. Auf einmal erscheint mir die Grotte wie ein umgedrehter Gipfel, tief im Berg vergraben.

Ich bin froh, dass es auch Seelenorte gibt, an denen es nicht nur lieblich und harmonisch zugeht. Die Seele will nicht nur in Watte gepackt werden. Sie spricht auch mit Gefühlen wie Angst und Unsicherheit zu uns, sie weiß um die Verletzlichkeit unseres Wesens. Hier, im Bauch des Berges, der dunkel und still ist, bekomme ich leicht Zugang dazu.

So kommt es, dass nicht nur geologisch Interessierte den Stollen besuchen. Es hat in der Barbara-Grotte auch schon ein Posaunenchor gespielt, ein andermal wurden dort Gedichte vor kleinem Publikum zitiert. Seit draußen das Steigerhäuschen neben dem Stolleneingang für Trauungen zur Verfügung stehe, sagt Stahlmecke, wären hier unten auch Hochzeiten denkbar. Die Formel von »den guten wie den schlechten Zeiten«, da bin ich mir sicher, bekäme, unter Tage ausgesprochen, besonderes Gewicht.

Olsberg
51.364225 | 8.518036

Unterkirche Hallenberg
Weibliche Urkraft

Manchmal reichen ein paar Schritte,
um von Straßenlärm
und Supermarkthektik in heilige
und heilsame Stille zu gelangen.
In Hallenberg,
am unteren Ortsausgang,
ist das möglich.
Die Tür zur Kirche Mariä Himmelfahrt
ist offen.

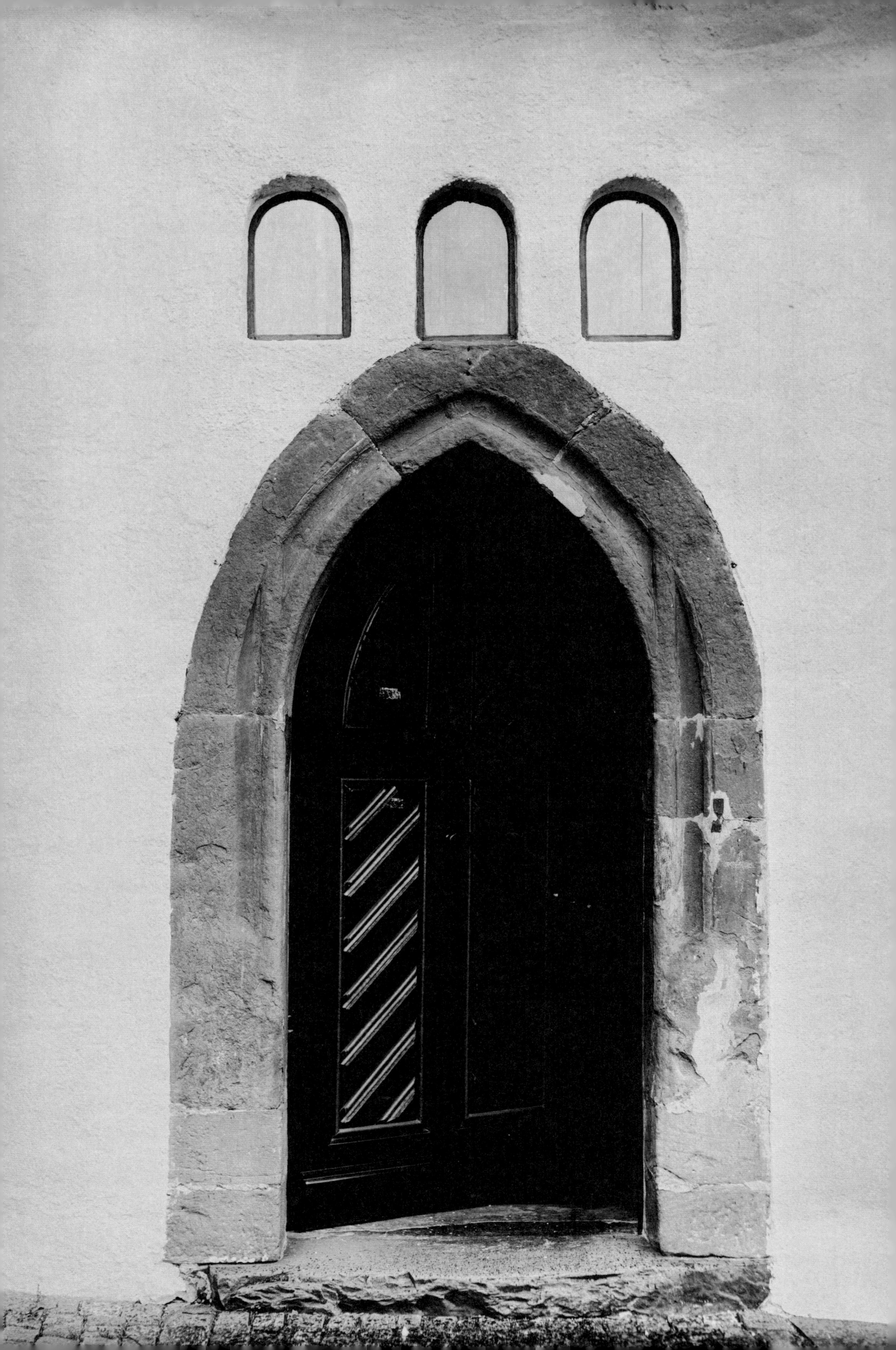

Hallenberg, nur rund 4500 Einwohner, aber mit Stadtrecht, geschmiegt an die östlichen Ausläufer des Rothaargebirges. Im Laufe ihrer wechselhaften Geschichte immer wieder Zankapfel zwischen Fürsten und Bischöfen, heute noch Grenzstadt zu Hessen. Ich suche einen Geburtsort: den der Stadt selbst. Ich finde ihn überraschenderweise nicht in der prächtigen Pfarrkirche aus dem 13. Jahrhundert, die das Zentrum von Hallenberg dominiert. Sondern unten, am südöstlichen Ausgang der Stadt, direkt neben der vielbefahrenen Bundesstraße.

Dort steht die viel kleinere Kirche Mariä Himmelfahrt. Die Hallenberger nennen sie »die Unterkirche«. Als ich eintrete und die niedrige Holztür hinter mir schließe, verstummt auf einen Schlag der Autolärm. Auch die Sonne scheint draußen bleiben zu sollen. Angenehme Kühle und dämmeriges Licht umfangen mich. Die Fenster sind winzig. Langsam gewöhnen sich die Augen. An den Wänden und im Deckengewölbe werden erdfarbene Fresken sichtbar; zum Teil restauriert, zum Teil lassen sie rätselhafte Lücken, die die Imagination zu füllen vermag. Der Raum wirkt heimelig, vermittelt ein Gefühl von Geborgenheit. Nicht wie andere Sakralbauten, die die Gläubigen Ehrfurcht lehren sollen, sie aber auch einschüchtern: Hier bist du, sterbliches Menschlein, nichtswürdig und klein! Unter der niedrigen Decke und zwischen den massiven Rundbögen fühle ich mich beschützt. Die Kirche hat etwas Mütterliches.

Ihr ältester Teil wurde vor mehr als 1000 Jahren gebaut. Barocker Prunk fehlt völlig. Mein Blick wird magisch von der Marienstatue hinter dem Altar angezogen. Sie trägt einen purpurnen Umhang und ein diamantenbesetztes Kreuz. Schutz und Fülle. Sie ist zierlich, nur 63 Zentimeter hoch, und beherrscht dennoch den ganzen Raum. »Unsere liebe Frau von

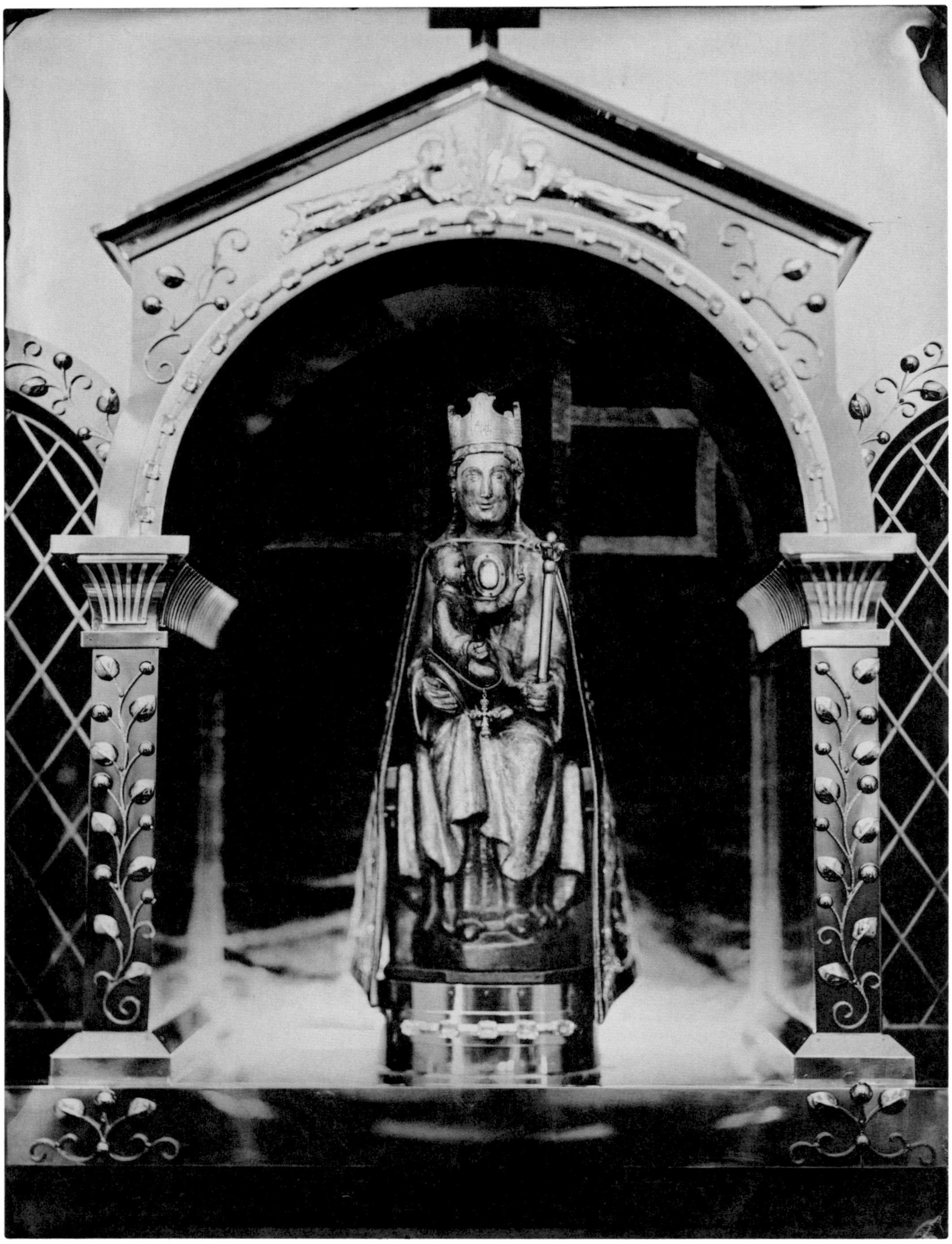

Merklinghausen« hat eine andere Ausstrahlung, als ich von Madonnen gewohnt bin. Die meisten blicken neutral oder ernst. Diese lächelt. Das göttliche Kind auf ihrem Arm wirkt ebenfalls still vergnügt. Seit hunderten von Jahren wird die Statue angebetet, hunderte von Wallfahrern lockt ihr Lächeln alljährlich im August an. Sie bitten um Trost, Schutz und Vergebung. Heilungen sind überliefert, wenn auch nicht bewiesen. Im Leben der Stadt hat die Kirche ihren festen Platz, bei Stadtführungen ist sie eine der Attraktionen. Meine ortskundige Führerin Edeltraud Müller sagt, die Hallenberger seien besonders gebefreudig, wenn zu Spenden für die Unterkirche aufgerufen werde.

Auf einer der kurzen Holzbänke sitzend, denke ich darüber nach, was eigentlich Kraft ist. Für mich als Kind war die Angelegenheit noch eindeutig: Körperliche Stärke, das ist wahre Kraft. Ich wollte auch stark werden, Muskeln haben, aus den Raufereien mit anderen Jungs im Schulbus als Sieger hervorgehen. Männlich sein, stark sein – ein und dieselbe Sache. Später dämmerte mir, dass es Kräfte gibt, die nicht so augenfällig sind. Die Kraft der wahren Autorität, der Beharrlichkeit, der Wahrheit. Nicht zu vergessen: die der Liebe. Sanftheit, wie von der Madonna vor mir ausgestrahlt, kann Berge von Unglauben versetzen, steinschwere Lasten von den Schultern nehmen, eiserne Gewissheiten auflösen.

Bei einer Begehung, als es darum ging, die spirituellen Qualitäten der Kirche zu erspüren, hatten die Teilnehmenden, so wollte es die Methode, ihren Gedanken freien Lauf gelassen. Einige hatten zur Kirche auch Assoziationen von weiblicher Kraft und Gebären, von Uterus und Schoß. Ich frage Frau Müller, ob sie eine solche Assoziation nicht befremde – eine Kirche als Gebärmutter? Sie schmunzelt, überlegt eine Weile. Dann sagt sie: »Wo die Kirche steht, gab es einst das Dorf Merklinghausen. Das ist wüst gefallen, sprich aufgegeben worden. Von ihm blieb nur die Kirche, und sie wurde zum Ursprung von Hallenberg. Also stimmt es ja: Das hier ist ein Geburtsort.«

Hallenberg
51.108746 | 8.624826

Open Mind Places
Perspektivwechsel

Neun architektonische Kleinodien
in einem winzigen Dorf
machen den Kopf auf.
Sie laden ein, sich hinzusetzen,
ruhig zu werden
und die Dinge mal ganz anders
zu betrachten.
Ihr Gestalter ist ein Prophet,
der ausnahmsweise im eigenen Lande gilt.
Halb Referinghausen half mit,
seine Entwürfe zu verwirklichen.
Nun dienen sie als Lauschposten
und Leuchttürme,
Picknickplätze und Wegmarken.
Das kann jeder sehen,
wie er will.

Das kleine Dorf wächst über sich selbst hinaus. An einem Maitag, mitten im Corona-Lockdown, fing es an. Mit drei Himmelstropfen. Doch die fielen nicht von oben nach unten, aus den Wolken auf Referinghausen. Sie wuchsen vielmehr auf einer Hügelkuppe, umrankt von Mohn und Kornblumen, und strebten nach oben, hinauf ins Blaue.

Aus dem Dorf die Höhe erklimmend, in der Ferne glüht noch das Morgenrot, nehme ich zunächst nichts Himmlisches wahr. Ich sehe rostende Baustahlmatten, die aufrecht gestellt und mit Draht zusammen »gerödelt« wurden. Beim Näherkommen entdecke ich im rostroten Rund einen Holzsessel, der zum Reinfläzen einlädt. Das Geheimnis der Form enthüllt sich mir erst, als ich eintrete und mich niederlasse. Halb im Sitzen, halb im Liegen richtet sich der Blick von selbst gen Himmel. Und jetzt sehe ich ihn: einen himmelblauen Tropfen, gezeichnet durch die Rundung der eisernen Matten. Es ist die Einfachheit der Form und das Staunen über seine perspektivischen Geheimnisse, die mich tief berühren.

Der Formenzauberer heißt Christoph Hesse Er ist ein Kind dieses Dorfes. Auch er, Jahrgang 1977, ist über das Dorf hinausgewachsen, hat als Architekt an vielen Orten in Deutschland und Europa entworfen und ausgestellt, wurde mit dem *International Architecture Award* ausgezeichnet. Und ist immer Referinghauser geblieben. Die Welt als Horizont, sauerländischen Boden als Wurzelgrund. Auch als geistiger. Schon als kleiner Junge tief naturverbunden, entstand der Wunsch, seine Gestaltungen auf Nachhaltigkeit auszurichten. »Die Himmelstropfen haben wir am Tag der Artenvielfalt gebaut,« erinnert sich Christoph Hesse bei unserem Rundgang. »Auf dem Bauernhof meines Bruders lagen die Baumatten herum, und wir haben überlegt, was wir damit Schönes machen könnten. Nun dienen sie den Ranken, Blumen und Gräser, die wir dort gesät haben, als Klettergerüst.« Ganz nebenbei macht Christoph mit dem Arrangement auf den Wert biologischer Vielfalt aufmerksam. Er ist, ungewöhnlich genug, ein Prophet, der im eigenen Lande gilt.

»Wir« heißt bei Hesse: mit den Menschen im Dorf. Er kennt sie, sie kennen ihn, er ist einer von ihnen, seit seiner Kindheit auf dem Hof in der Ortsmitte. Und so gelingt es ihm, gehört zu werden und die anderen mit seinen Ideen zu begeistern. Gemeinsam und in schweißtreibender Wochenendarbeit haben sie nach dem himmlischen Erstlingswerk noch acht weitere Kleinarchitekturen errichtet, *Open Mind Places* genannt. »Sie laden ein, zur Ruhe zu kommen und den Gedanken freien Lauf zu lassen,« sagt Christoph. »Besinnung muss nicht bedeuten, allein zu sein. Man kann sich an diesen Plätzen mit anderen treffen und Gespräche zu führen, die im Alltag vielleicht nicht möglich wären.«

Plätze als Perspektivwechsler Vom *Pflug,* eine Metallskulptur am Waldrand oberhalb des Dorfes, kann mein Blick noch alle Details der grau-geschieferten Fachwerkhäuser, der Kirche und Bauernhöfe, vom »Gasthof zur Post« erfassen. Gleichzeitig erlaubt die Distanz eine Gesamtschau. Wie eine Pflugschar gräbt sich die rostrote Konstruktion in den Hang und erinnert an die mühsame Bestellung der Felder durch die Bauern. In Sichtweite, von dem Hügel, wo jedes Jahr das Osterfeuer entzündet wird, grüßt der *Sonnenklang* herüber. Auf einem Fundament aus Recyclingbeton schmiegen sich zwei Stahlplatten in elegantem Schwung aneinander wie... ja, wie was: betende Hände? Zwei Kerzenflammen, die sich vereinigen? Ein Zeltdach? Jede Metapher ein weiterer Perspektivwechsel. Dazu lädt eine geschwungene Holzliege ein, die vom metallenen Dach behütet wird: sich niederlassen, die Abendsonne genießen, der dörflichen Klangsinfonie lauschen.

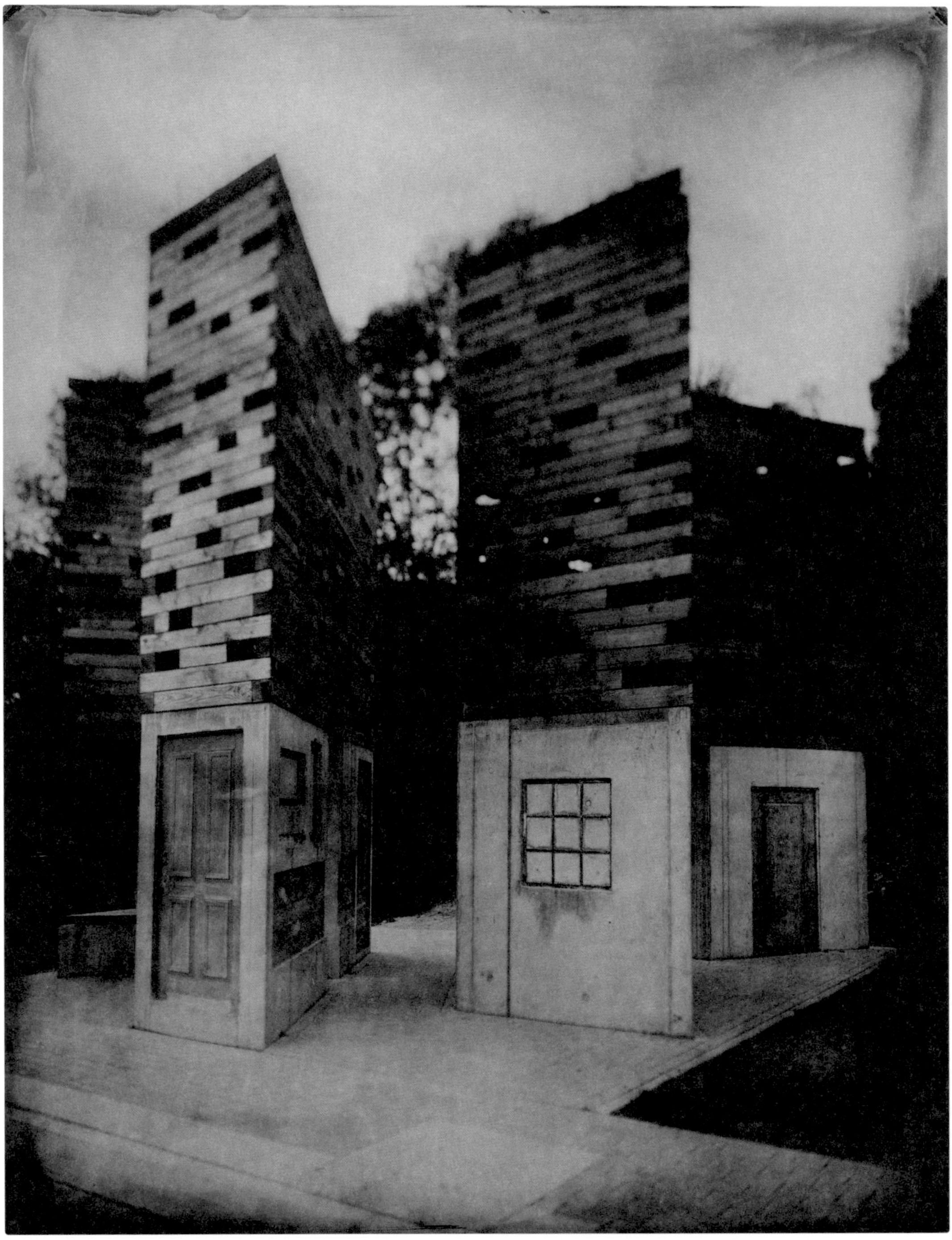

Nach und nach sind neue Orte entstanden *Heidentempel, Ursprung, Waldbrand.* Sie sind durch einen sieben Kilometer langen Rundweg verbunden. »Das Projekt der Sauerland Seelenorte hat uns sehr inspiriert,« erzählt Christoph. Sein Anliegen geht aber darüber hinaus, Orte der Stille und Besinnung zu schaffen. »Geänderte Perspektive ist für mich kein Selbstzweck. Ja, es ist gut, still zu werden, sich zu fokussieren, sich innerlich immer wieder neu zu ordnen. Aber dann folgt ein wichtiger Schritt: Gestärkt rausgehen und ins Tun kommen. Das ist auch für uns als Dorf wichtig, um lebendig zu bleiben.«

Diese Lebendigkeit ist beim Rundgang geradezu greifbar. Obwohl Referinghausen nur 211 Einwohner zählt – und damit deutlich mehr Kühe als Menschen –, sprüht die Gemeinschaft vor Ideen und Initiativen. Reinhard Figgen, der Dorfvorsteher, gesellt sich zu uns. Er sagt: »Wir machen vieles anders als andere Gemeinden.« Dann zählt er auf. Referinghausen will energieautark werden und hat sich selbst ein Fernwärmenetz gebaut, das mit Energie aus Biomasse gespeist wird. Der örtliche Heimatpfleger ist ein Holländer, der als Tourist kam und als Neubürger blieb. Eine Gruppe junger Frauen hat eine »Digitale Heimatstube« ins Netz gestellt und damit einen Landespreis gewonnen; ihr Motto war: »Das Virtuelle soll das Interesse an der Wirklichkeit steigern.« Gewitzt haben die Referinghauser ihr Kuhdorf in Q-Dorf umgedeutet. Q wie Qualität – des Lebens, des Wanderns, des gemeinschaftlichen Tuns. Reinhard Figgen sagt: »Anders als in einer Stadt können wir hier auf dem Dorf etwas gemeinsam schaffen. Miteinander, für uns, für die Besucher.« Selbstwirksamkeit ist ein ungeheuer befriedigendes Gefühl.

Zwei Objekte setzen in der Ortsmitte ein architektonisches Ausrufezeichen, das Passanten augenblicklich neugierig macht. Das eine, *Oberholz,* erreiche ich über einen Pfad, der durch einen Wildwiesen-Park nach oben führt. Über eine metallene Brücke gelange ich in einen hölzernen Kubus, höher als breit, fast ein Turm. Er besteht aus Eichenschwellen, die in Zeiten der Pandemie nicht nach Frankreich verkauft werden konnten. Massiv und stabil wirkt die Struktur, aber auch luftig und leicht, weil regelmäßige Spalten zwischen den Schwellen Licht und Luft Durchgang gewähren. Mir kommt die Assoziation eines Wachturms am Limes, der einstigen römisch-germanischen Demarkationslinie; auch diese Türme waren unten steinern, oben hölzern, errichtet an Stellen, wo die Wächter weit ins Land ausspähen konnten. Der eiserne Übergang als wehrhafte Zugbrücke. So ist das bei minimalistischen Konstruktionen: Jeder Betrachter hat seine eigene Assoziation. Alles eine Frage der Perspektive.

Christoph Hesse selbst ging es darum, einen Gesprächsplatz zu gestalten. Mitten im Ort, dennoch ein wenig abseits und hochgestellt, als Einladung, aus Rollen und Routinen herauszutreten und Gott und die Welt oder vielleicht auch nur den Gasthof Zur Post neu zu betrachten. Im Inneren können sechs bis acht Menschen kommunikativ im Karree sitzen und dem Dorf auf's Dach schauen. In meinem Heimatdorf Oberhundem hatten wir nur ein hässliches Bushäuschen als Treffpunkt der Jugend-Clique. In Referinghausen wird sie von einem international renommierten Architekten behaust. So ist das im Andersdorf.

Vom *Oberholz* aus blicke ich auf das begrünte Dach des größten der kleinen Bauwerke, das *Unterholz.* Zwei hohe, sechseckig-zackig-geformte Kuben, dazwischen ein schmaler Durchgang, auch sie auf einem Fundament aus recyceltem Beton. Es wartet mit einer weiteren visuellen Überraschung auf: In den frischen Guss haben Dorfbewohner Erinnerungsstücke eingedrückt und für kommende Generationen verewigt: Fußballschuhe, Stallfenster und alte Haustüren, deren Abdruck so echt

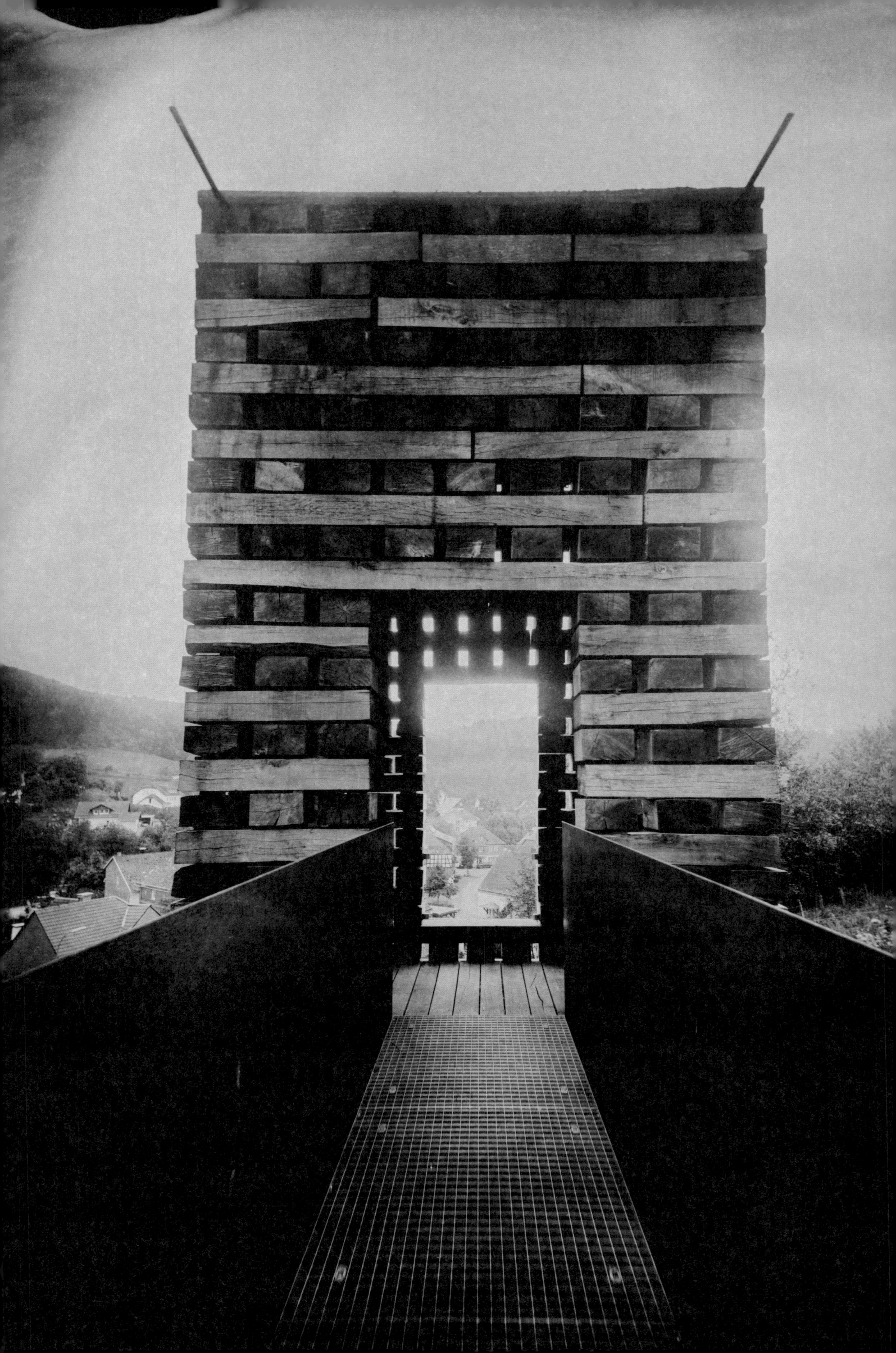

wirkt, als könne man durch sie in eine andere Welt treten. Der Aufbau besteht aus jenem Holz, aus dem auch das Fachwerk der umliegenden Häuser gesägt worden ist. Das Neue erweist dem Alten Referenz.

Nachmittägliches Picknick im *Unterholz*. Anni, Seelenorte-Erzählerin der »Himmelssäulen« in Glindfeld, hat Quarkkuchen gebacken und Kaffee mitgebracht. Reinhard, der Ortsvorsteher, setzt sich dazu, Michael, Cheftouristiker aus Medebach, und Christoph machen ebenfalls Pause. Es erfüllt sich, wofür diese Stätte bestimmt ist: gute Begegnungen und Gespräche zu stimulieren. Die Inspirationen kommen von selbst des Weges. Etwa eine Wandergruppe, die die Türen im Beton neugierig gemacht hat. Oder die Horden von Motorrädern, die alle paar Minuten vorbeischwärmen – wegen des Lärms bei Straßenanrainern verhasst, aber als zahlungskräftige Gäste gern gesehen.

Christoph erzählt, wie er schon als Jugendlicher einen Dreh fand, das Lebendige lebendiger zu machen. »Wir haben Seedbombs, kleine Säckchen mit Pflanzensamen, auf Supermärkte geworfen. Denen wuchs, ohne dass es unten bemerkt wurde, oben auf dem Dach eine Wiese.« Er ist einer, der kreative Samen ausbringt und sich am Aufblühen erfreut.

Abends verändert die Skulptur erneut ihr Gesicht. Sie wird von innen illuminiert. Honigfarbenes Licht dringt durch die Aussparungen im hölzernen Korpus. Wieder wird eine neue Sicht möglich.
Das Dorfherz leuchtet.

Referinghausen
51.248806 | 8.679000

Hollenhaus
Haben und Sein

Bei den Wanderungen
zu den Seelenorten erlebe ich Situationen,
die ich mir gar nicht ausdenken könnte.
Etwa die Licht-und-Wasser-Show
an einem Felsen,
die von freien Kindern
und habgierigen Erwachsenen erzählt
wie ein Grimmsches Märchen.

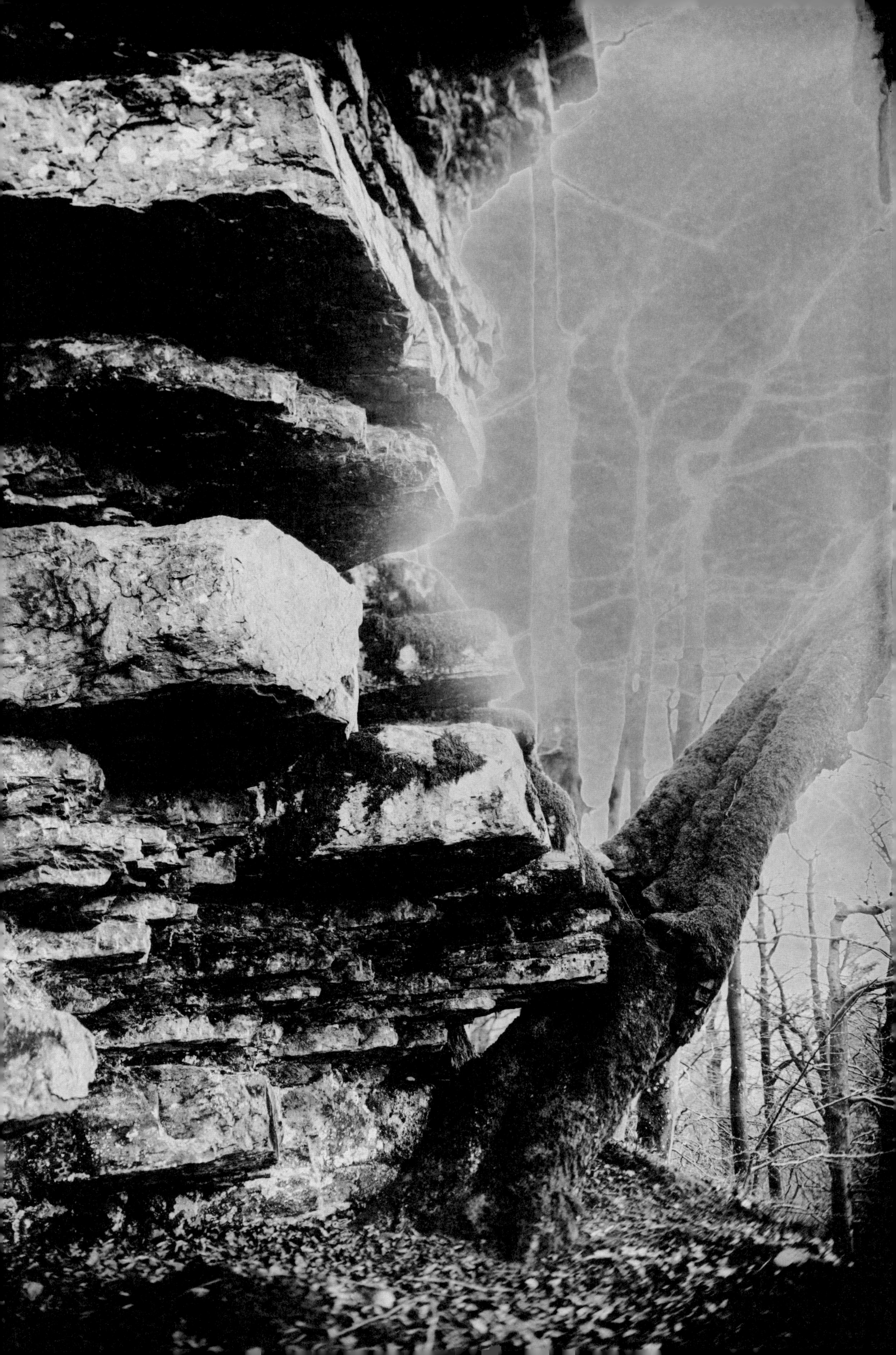

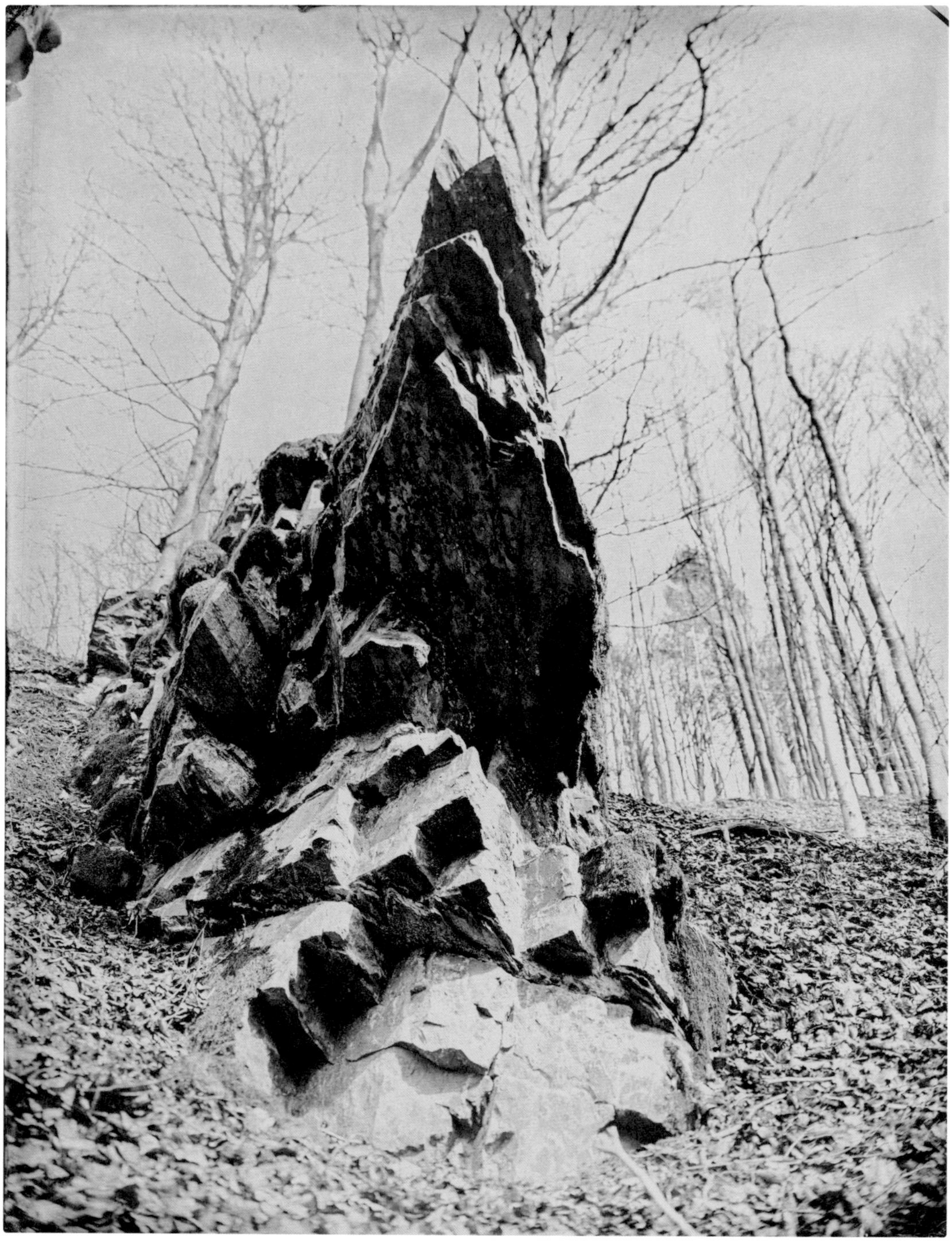

Auf dem Parkplatz, am Ortsrand von Bödefeld, sagt mein Begleiter, der Fotograf Klaus-Peter Kappest: »Das ist gar kein Felsen, zu dem wir jetzt gehen. Das ist ein Hollenhaus.« Weil es draußen wie aus Kübeln regnet, erzählt er im schützenden Auto die Legende von den Hollen. Das seien gute Waldwesen gewesen, die tief eingegraben im Gestein gehaust hätten. Freundlich seien sie zu freundlichen Menschen gewesen, hilfreich in der Not. Besonders liebten sie die Bödefelder Kinder, die gerne in der Nähe des Felsens spielten. Ihr selbstvergessenes Spiel rührte sie, und sie gesellten sich gerne zu ihnen. Abends, wenn die Kleinen zurück ins Dorf mussten, schenkten sie ihnen kleine, wunderschöne, glänzende Steine.
Für die Kinder waren es nichts als Geschenke, die ihr Herz erfreuten. Doch ihre Eltern sahen: Das ist pures Gold! Die Gier der Erwachsenen erwachte. Sie wollten mehr. Beim hohen Felsen im Wald suchten sie das Versteck des Schatzes, um ihn zu rauben. Zur Strafe verstopften die Hollen alle Eingänge und verwandelten so ihr Haus in einen riesigen Felsen. Sie wurden nie wieder gesehen.

Seit Jahrhunderten berührt das felsige Hollenhaus die Menschen in der Umgebung. Die alte Legende, die sie von Generation zu Generation weitererzählen, ist ein Ausdruck dieser Resonanz. Sie verortet weise Einsichten: dass der Wunsch zu haben das unbeschwerte Sein zerstört; dass Gier verhärtet; wie Erwachsene die kindliche Unschuld verlieren.

Wir nähern uns dem Hollenhaus auf einem Forstweg, der sanft ansteigt. Der Regen hat sich in einen prasselnden Hagelschauer gesteigert, als wir auf dem Aussichtspunkt oben auf dem Felsen angekommen sind. Wir sind uns einig: Sobald wie möglich zurück ins Trockene! Doch dann hört der Hagel auf, abrupt wie auf Knopfdruck, die Sonne kämpft sich durch, und wir werden Zeugen eines Schauspiels, das kein Szenograf

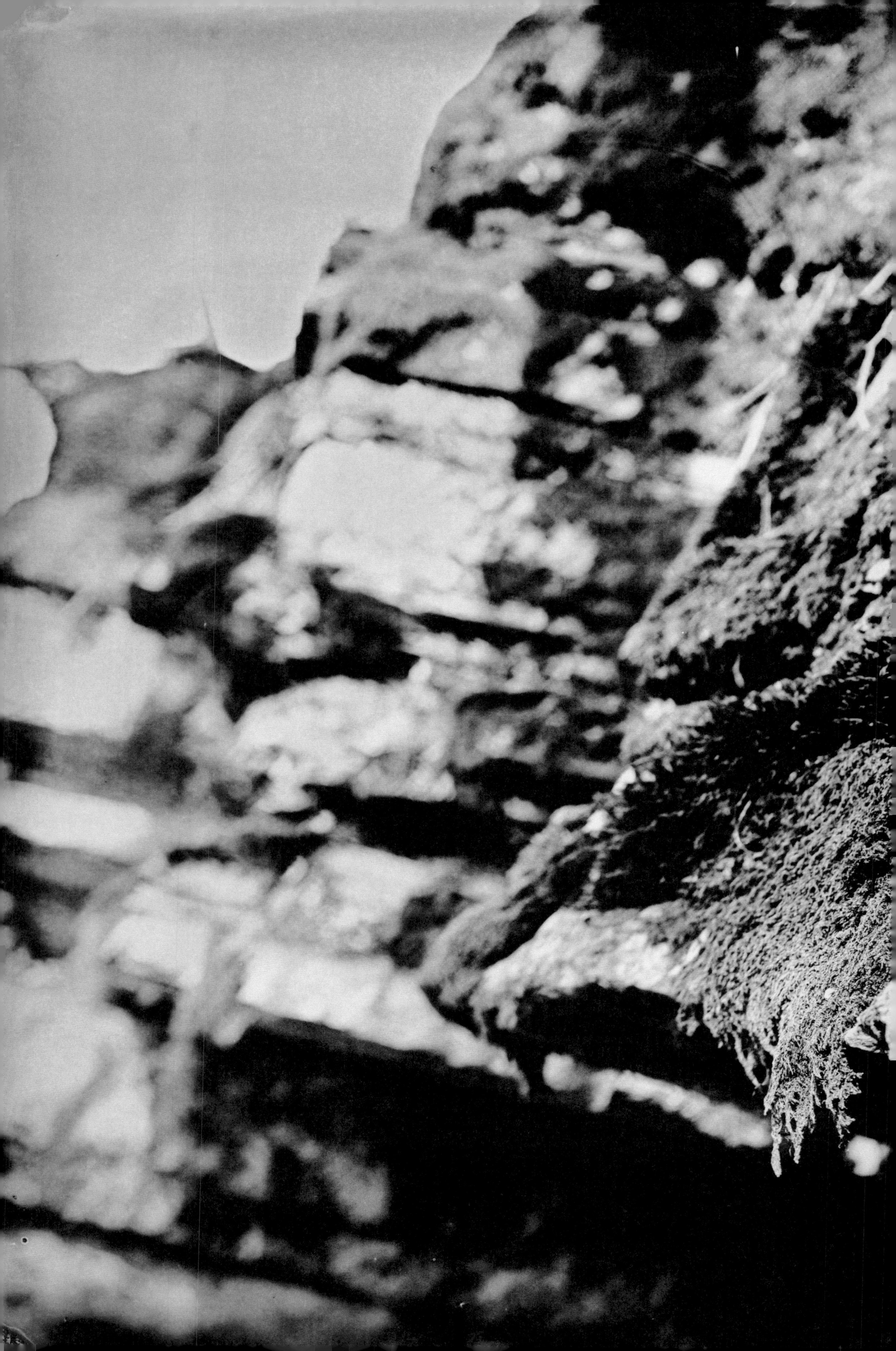

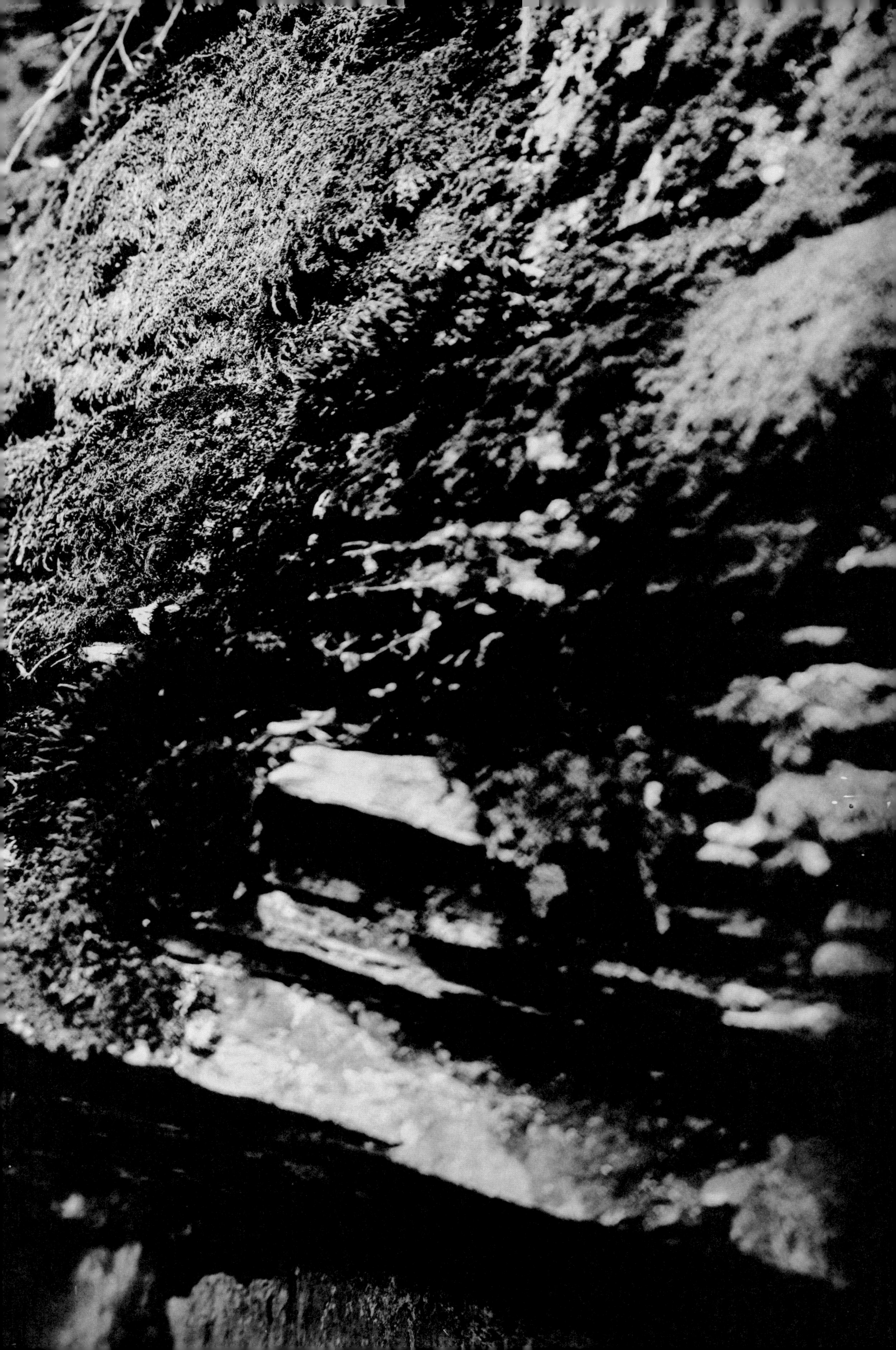

hätte ersinnen können. Der dick mit Moos gepolsterte Waldboden beginnt zu dampfen. Nebel steigt auf. Sonnenstrahlen durchdringen das Kronendach der Buchen, fächern sich auf, als würde ihr Licht durch farbige Kirchenfenster gebrochen. Die gelben Flechten, die sich auf der Unterseite des Felsens ausbreiten, beginnen grell zu leuchten. In dieser Kulisse wirken die kahlen Stämme abgestorbener Bäume wie Säulen und Pfeiler eines mächtigen Doms, die großen Baumpilze daran wie steinerne Skulpturen. Mir fällt der Anfang des Gedichts »Die Kirche der Natur« ein:

Es ist der Wald wie eine Kirche,
drum geh mit Andacht Du hinein,
dort singen Vöglein frohe Lieder,
mit Deinem Gott bist Du allein!
Dort findest Du Dome, weite Hallen,
doch auch Kapellen, groß und klein,
drin laden moosbedeckte Bänke
zur stillen Andacht freundlich ein.

Mein Begleiter empfindet ähnlich. »Wir leben in einer vom Menschen durch und durch gestalteten Landschaft. Äcker und Wiesen, Straßen und Wege, angelegte Forste«, sagt Klaus-Peter. »Aber hier, beim Hollenfelsen, da bricht so ein Brocken urwüchsiger Natur aus dem Boden. Das ist für mich die große Kathedrale des Waldes, wo ich mich der Urkraft der Natur und Gott näher fühle als an anderen Orten.«

Gut, dass wir nicht vor Regen und Hagel geflohen sind. Resonanz lässt sich nicht herstellen. Sie geschieht. Aber Langsamkeit, Muße und die Wahrnehmung mit allen Sinnen geben ihr eine Chance. Und auch die Geschichten, die sich um einen Ort ranken. Die Sage vom Hollenhaus löst Gedanken aus: Wie oft zerstört das Habenwollen das freie Sein, die unschuldige Freude, das selbstvergessene Spiel. Ist es nicht so, dass ich gerade jetzt unbedingt ein Foto von der geheimnisvoll beleuchteten Waldkathedrale machen will (um es später als Trophäe vorzuzeigen) – statt einfach darin zu verweilen, da zu sein, den Moment sich zur Ewigkeit dehnen zu lassen, wie ich es auch schon oft beim Wandern erlebt habe?

Am Beispiel des Hollenfelsens wird deutlich, dass auch die unterschiedliche Zuwege zur Dramaturgie eines Ortes gehören. Vom Aussichtspunkt oben auf den Klippen haben wir zwar eine schöne Sicht ins Tal, spüren jedoch noch recht wenig von der Magie des Ortes. Auch deshalb, weil wir die wahre Dimension des Felsens durch die Perspektive von oben nicht erfassen können. Erst als wir seitlich hinabklettern, bieten sich spektakuläre Blicke auf die steile Wand. Wir sehen Felsskulpturen, in die man eine ganze Menagerie von Fabelwesen hinein fantasieren kann. Von dort aus genießen wir das Farbenspiel von Flechten und Moosen, den Tanz von Nebel und Sonne, erschnuppern Frisches und Modriges. Womöglich erscheinen uns auf diese Weise sagenhaften Hollen – als freundliche Sinneseindrücke.

Schmallenberg-Bödefeld
51.229258 | 8.390949

Lausebuche
Nach innen lauschen

Die Buche ist in Wirklichkeit keine.
Läuse hat sie auch nicht.
Gelauscht wird ins Tal hinab
(von den Bodygards der Adeligen),
auf Blitz und Dona
(von germanischen Heiden)
und auf Gottes Stimme
(von wandernden Missionaren,
die gekommen sind,
um die Heiden zu bekehren).
An einer alten Kreuzung
treffen sich die Wege aller.

Der Weg ist in diesem Fall genauso spannend wie das Ziel. Er beginnt unten im Tal, zwischen den schattigen Büschen entlang des Oene Baches. Zwischen Bäumen, die grün bemoost sind, führt er erst steiler, dann sanfter bergan, als wolle er die Anstrengung für den Geher dosieren. Zwei steingraue Streifen laufen als exakte Parallelen: Hier waren in früheren Zeiten Pferdewagen unterwegs, immer auf den gleichen Spuren. Die Fuhrleute schätzten den stabilen Untergrund aus Grauwacke, während sie sich durch das Auf und Ab der Berge kämpften. Mein Begleiter Michael Ross, der für den Sauerländischen Gebirgsverein Wege markiert, klärt mich auf: Diese Spurbreite, das »Römische Maß«, war einst eine Art Standard im Lastverkehr, er lebt heute als Gleisbreite bei der deutschen Eisenbahn weiter.

Ein Weg? Nein, viele. Wir laufen auf der Heidenstraße – auf dieser Route sind vermutlich Missionare ins Sauerland gekommen, zur Bekehrung der »Ungläubigen«; aber auch auf dem Jakobsweg – erkennbar an den Plaketten mit gelber Muschel auf blauem Grund an den Bäumen; bis nach Köln kann man laufen und weiter bis ins spanische Santiago de Compostela; und auf einem der alten Handelswege, die normalerweise über die Bergkämme geführt wurden, aber in Oberelspe mussten die Gespanne runter ins Tal, und die Bewohner verdienten sich mit Anspanndiensten einst was dazu.

Und dann handelt es sich auch noch um einen Kreuzweg. Er führt an den bekannten zwölf Stationen entlang, und wie im Bergland üblich geht es nach oben. Wollte man den Gläubigen mit den Mühen des Anstiegs zumindest eine Ahnung vom Leiden des Heilands geben? Auf die Bergeshöhe gehen als Sinnbild für das innere Wachsen? Ein Aufstieg gen Himmel?

Es gibt einen handfesten Grund, warum diese Route meinem Begleiter besonders gut gefällt. Er erklärt es mir, als wir aus dem dämmrigen Wald hinaustreten

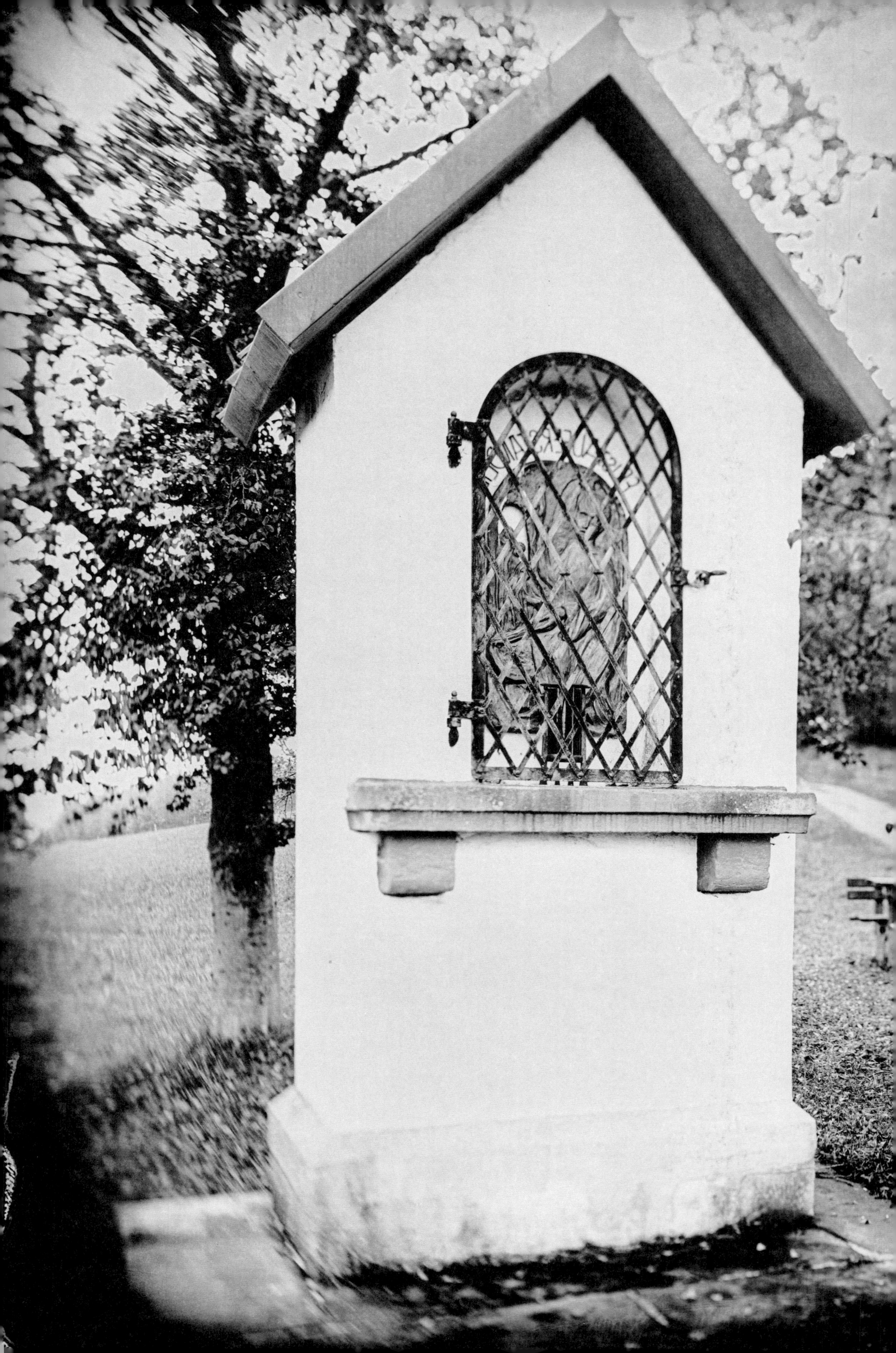

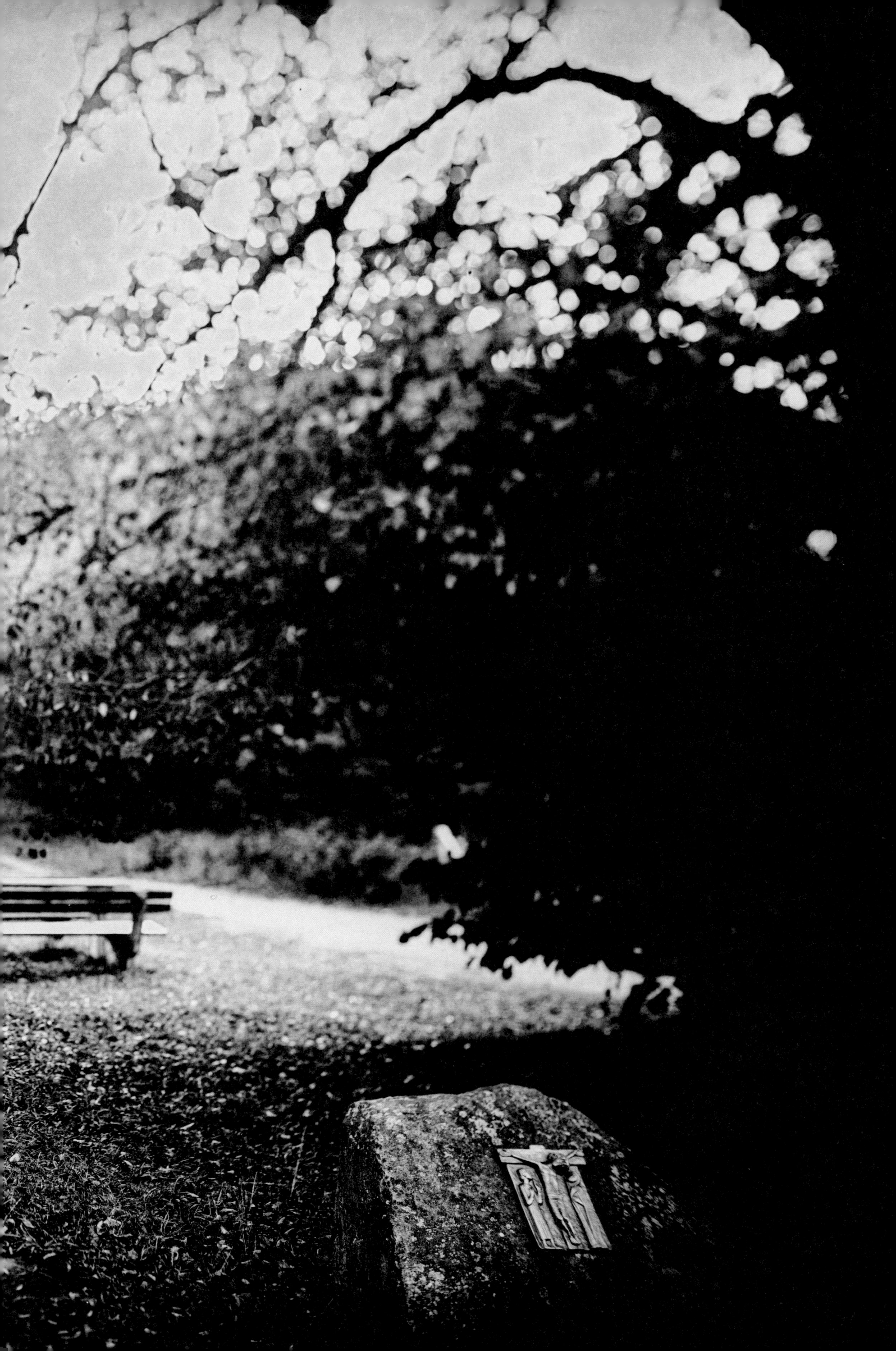

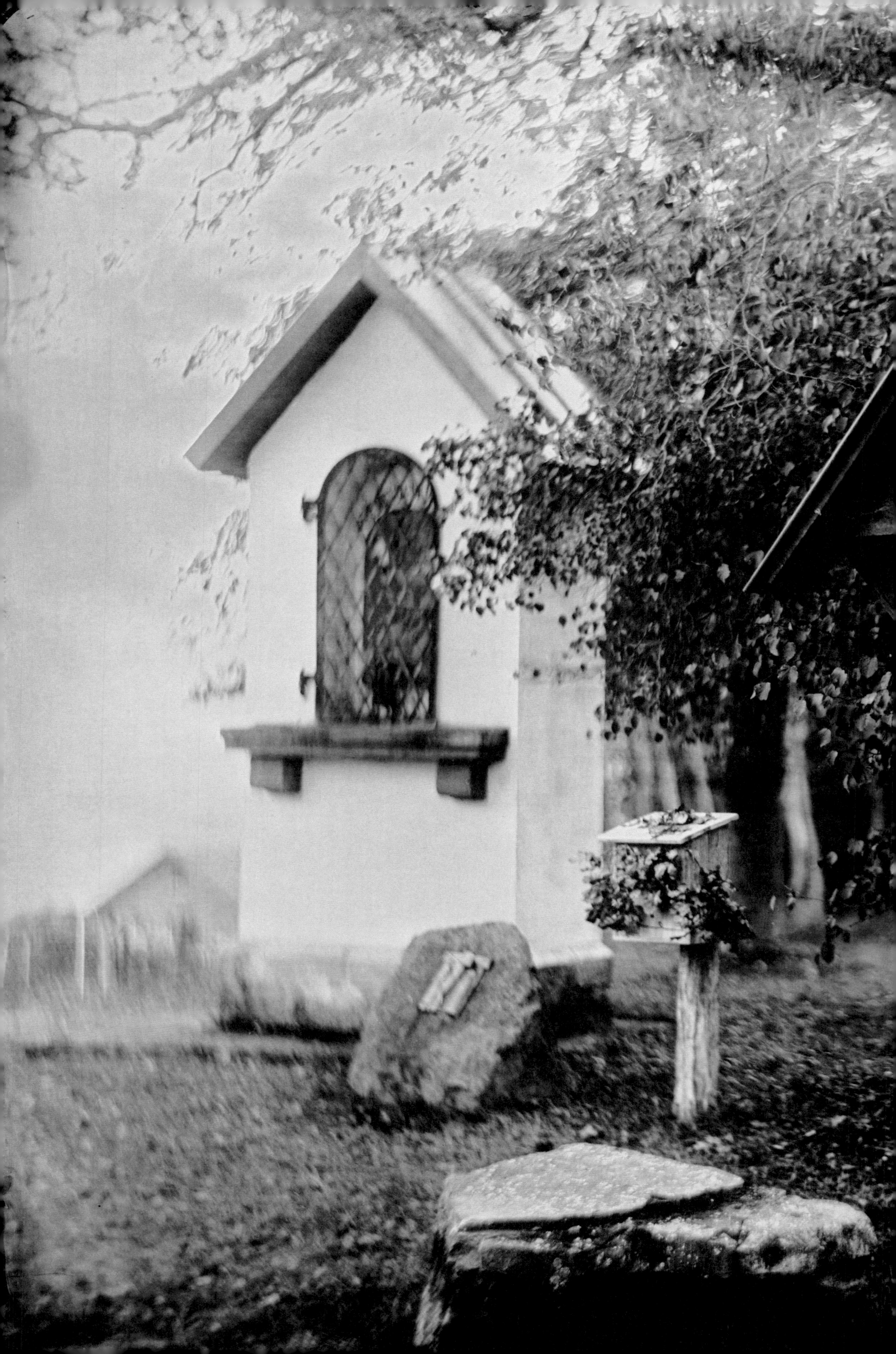

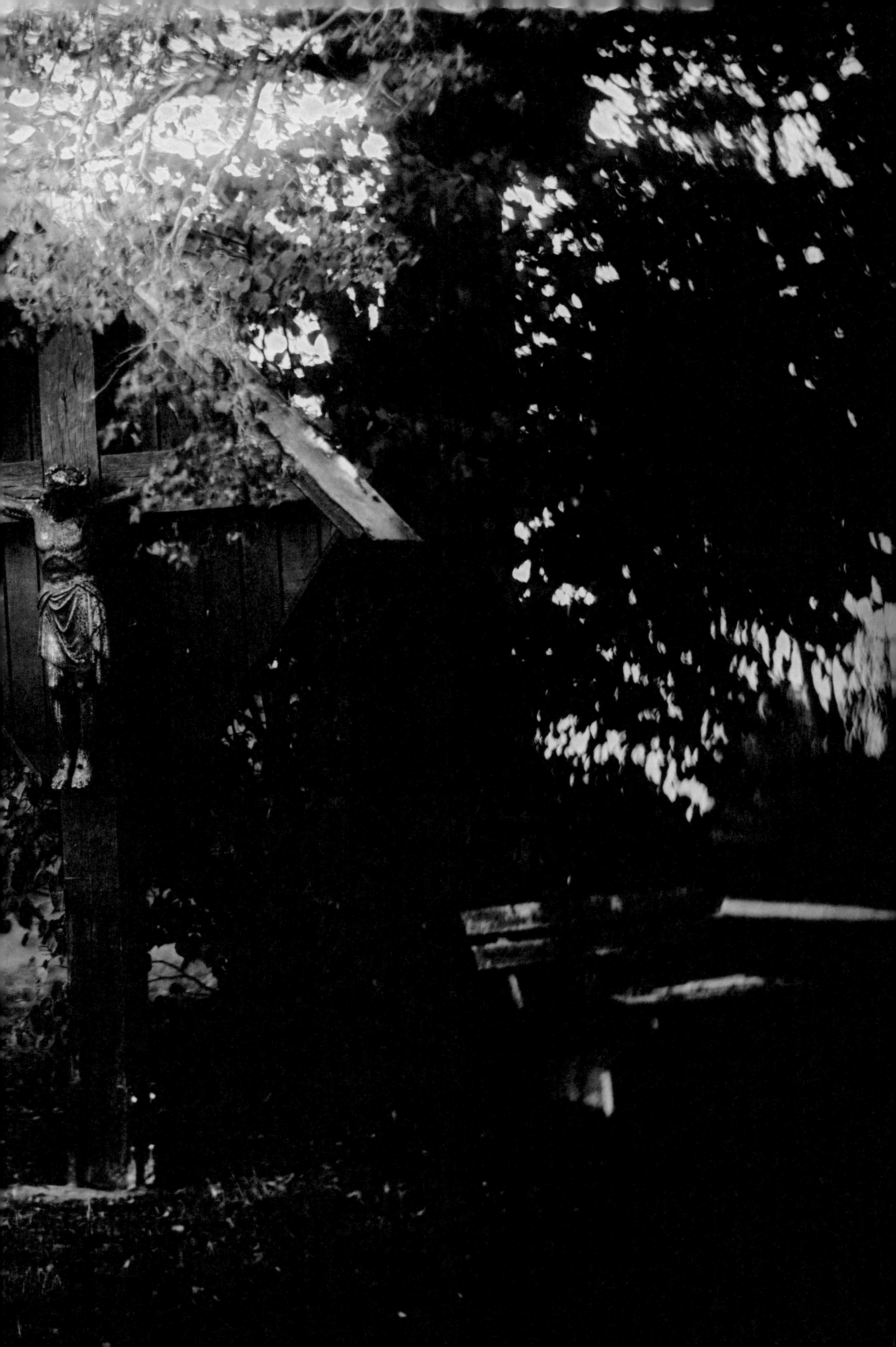

und abrupt im strahlenden Sonnenlicht und unter blank-blauem Himmel gehen. »Dieser Weg ist einfach klug angelegt, das begeistert mich. Er führt über die Südseite des Bergs. Im Frühjahr taute der Schnee hier am schnellsten, die Fuhrwerke konnten ihn nach dem Winter bald wieder befahren.« Am steilen Hang, links von uns abfallend, grasen Schafe, die jetzt, in diesem besonders heißen Juli, kaum ein grünes Pflänzchen finden. Im Weitergehen lese ich die Sinnsprüche auf den steinernen Bildstöcken des Kreuzwegs: »Brich mit der Gewohnheit!« – »Nimm dein Kreuz und folge mir.« – »Deine Seele ist Gottes Ebenbild.« Geistige Wegzehrung.

Auf dem Sattel angekommen, gelangen wir zum natürlichen Höhepunkt der Wanderung. Unser Ziel ist die Lausebuche. Zu meiner Überraschung ist die Buche eine Linde, und Läuse hat sie auch nicht. Ross erklärt mir: »Das ist nur ein Ortsname. Da steckt ›luisen‹ drin, plattdeutsch für lauschen. Vermutlich gab es in kriegerischer Vorzeit hier einen Spähposten. Man konnte von diesem Punkt aus anrückende Feinde schon von Weitem entdecken.« Unten in Elspe soll es einen Königshof gegeben haben, die adeligen Herren hatten besondere Sicherheitsbedürfnisse, hier oben also postierte sich ihre Security.

Wir setzen uns friedlich auf einen großen Stein am Fuße des braunen Holzkreuzes, im Schatten des Baumes. Die Stille dieses Ortes lädt zum Lauschen ein. Horchen in die beiden weiten Täler zu beiden Seiten des Sattels. Lauschen auch nach innen, wo sich alles entspannt. Die Ruhe hier oben strahlt auf unser Gespräch aus, es wird langsamer, tiefer. Mein Begleiter erzählt von der »franziskanischen Wanderung«, die er einmal im Jahr mit anderen Männern unternimmt. Losgehen ohne festen Plan. Essen, was ihnen Menschen bereit sind zu spenden. Übernachten, wo jemand Herberge anbietet. »Es geht darum, mal einfach loszulassen«, sagt er.

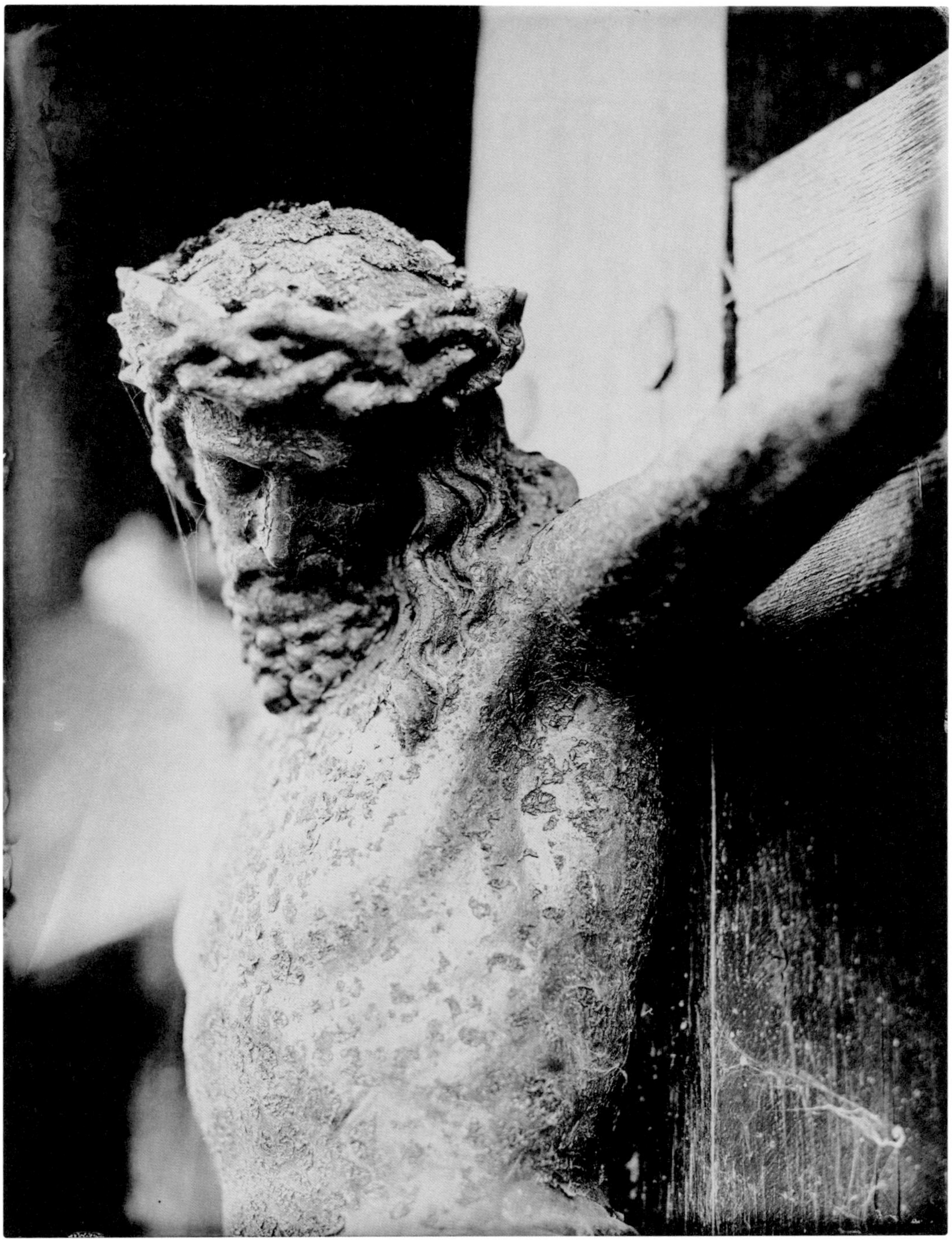

Einfach? Mir wird klar, wie schwer es mir manchmal fällt, planlos zu sein. Abzuwarten und auf das Innere zu hören, was der nächste Impuls, der nächste Schritt ist, den ich gehen sollte. Das wäre die innere Lausebuche, ein Horchposten für die Seele. Hier oben fällt mir dieses Lauschen leicht. Geräusche aus den Tälern dringen nur gedämpft bis zum Sitzplatz auf dem Stein. Schafe bewegen sich langsam. Schwacher Wind kräuselt Lindenblätter. Leben in Zeitlupe.

»Er ist auferstanden.« Das steht auf dem letzten Bildstock. Durchs Leiden zur Hoffnung. Kommt mir bekannt vor: Wenn ich Schmerz zulasse, hindurchgehe statt zu versuchen, mich davon abzulenken, wird es hell und leicht. Da ist einer vorangegangen und zeigt, wo's langgeht. So wird das Kreuz, unter dem wir rasten, zum Wegweiser.

Lennestadt-Oberelspe
51.158370 | 8.075260

Eiche im Ohl
Gastfreundschaft

Ein Baum als Anker im Meer der Wiesen.
Wer in seinem Schatten Platz nimmt
und einfach nur lauscht,
dem erzählt er von Flüchtlingen,
Heils- und Goldsuchern, Schäfern und
Bauern, die vorher hier waren.
Wer die Baumsprache
noch nicht beherrscht,
dem übersetzt die freundliche Dame
aus der nahe gelegenen
Geo-Info-Stube.

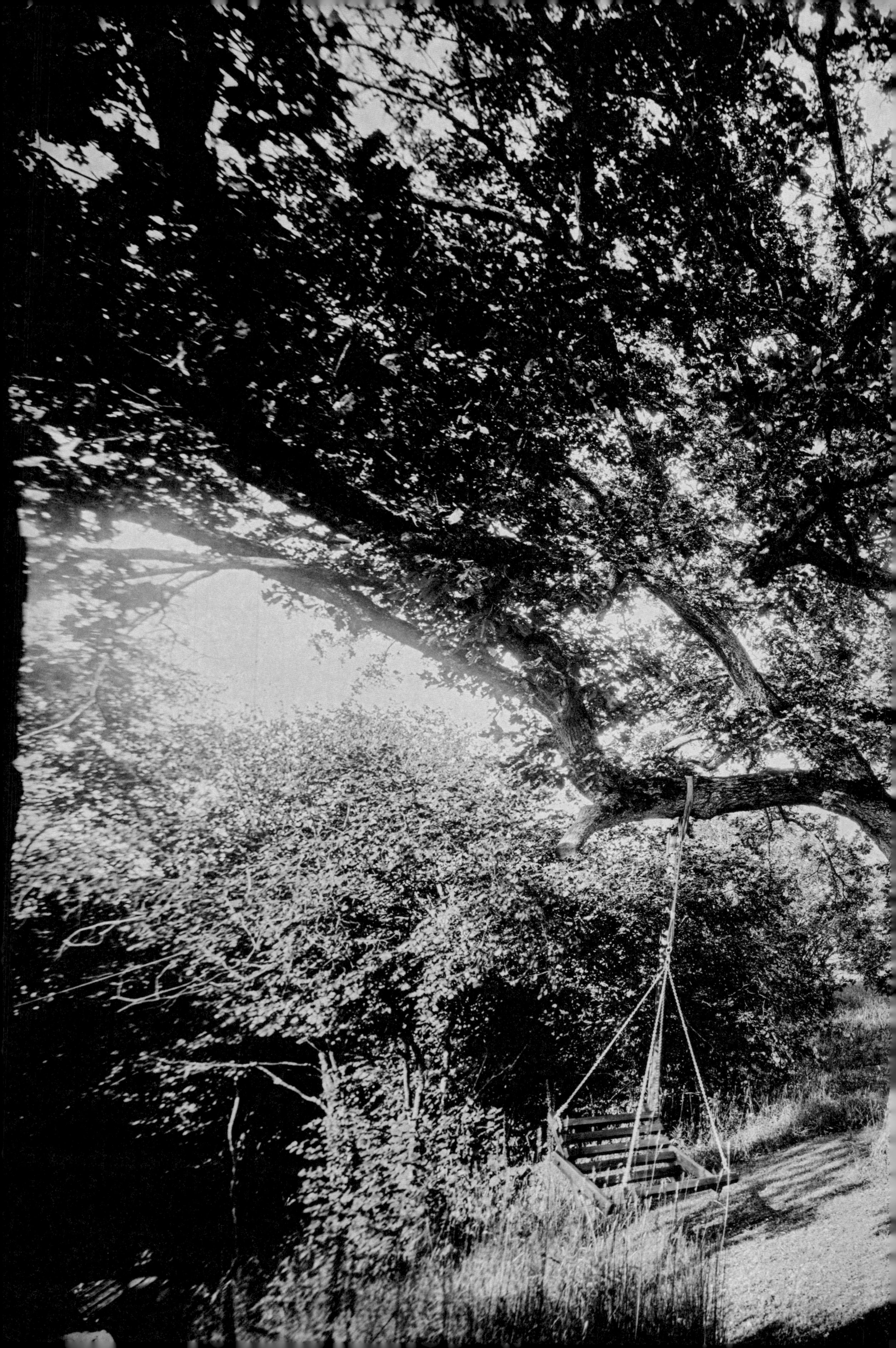

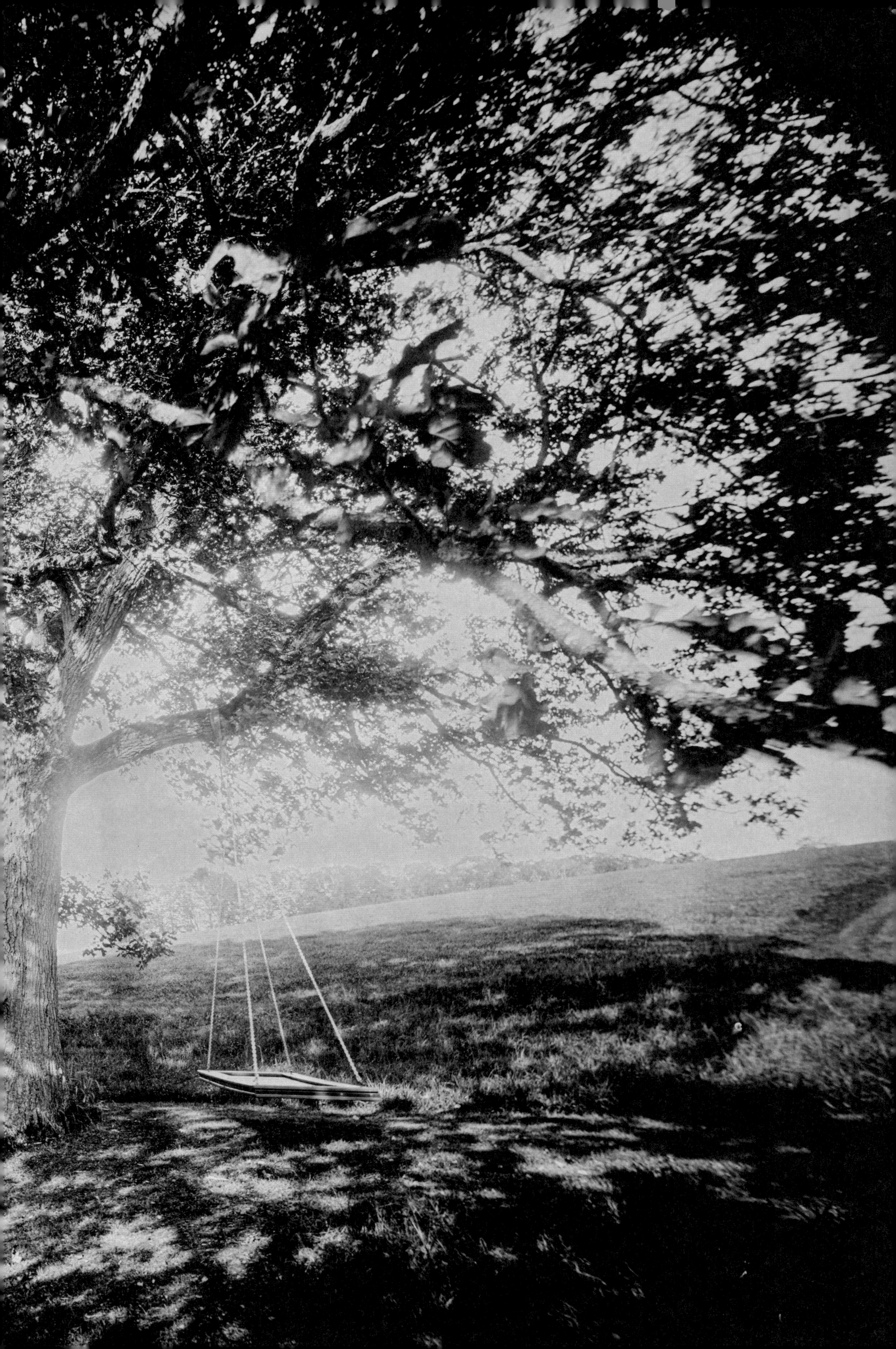

Dieser Baum zieht Menschen an. Ich kann eine geradezu magnetische Kraft spüren, als ich den Hang emporsteige und mich der Eiche von unten her nähere. Sie hat ihre mächtigen Wurzeln in eine Terrasse gegraben, ein gerades Stück im Steilen, auf dem sie wie auf einem Podest thront, sie breitet ihre Äste aus wie offene Arme, eine gastfreundliche Geste, reckt sie in den Himmel, lässt einige auch in weitem Bogen gen Boden zurückwachsen. Sie bilden einen Schirm. Raum zum Rasten, Ankommen, Atemholen nach dem Anstieg.

Von der Anziehungskraft des Baumes erzählt auch diese Geschichte. Alt ist die Frau geworden, die in dem Häuschen am Fuße des Hanges lebt, 90 Jahre alt, und sie merkt, dass die Kräfte schwinden. Der Tod kommt näher. »Einmal noch will ich zur Eiche«, sagt sich die Alte. Dort hoch, ohne fremde Hilfe. Sie geht los. Alle paar Meter muss sie pausieren. Sie setzt sich auf einen kleinen Schemel, den sie unter dem Arm trägt. Oben angekommen, sitzt sie wohl eine Weile still unter der Astkuppel. Schaut über das sich sanft weitende Tal, das den Blick auf lauter kugelige Hügel freigibt, vorn in allen Farben Grün, weiter hinten ins Blau verblassend, bis sie im Nichts des Horizonts verschwinden. Sie hört das Plätschern der Quelle, die ihr Haus mit Wasser versorgt, das Haus, das sie in dritter Generation bewohnt und das sich als Einsiedler an den Hang schmiegt. Duft der Gräser und Blumen auf den Wiesen ringsumher steigt ihr in die Nase. Dann macht sie sich auf den mühsamen Abstieg. Ihr letzter Besuch beim Baum. Zwei Jahre später stirbt sie.

»Das war meine Großmutter«, sagt Renate Hill, 70, die heute das Häuschen bewohnt, in fünfter Generation. »Es waren immer die Frauen, die diesen Ort bewahrt und an die Nachfolgenden weitergegeben haben.« Mit der Eiche verbindet sie nicht nur Erinnerungen, nicht nur das frische Quellwasser aus dem Hahn.

Sie hat auch die gleiche gastfreundliche Ausstrahlung. Einige Zimmer ließ sie zur Geoinfostube umbauen, wo sie interessierte Besucher gern empfängt; dafür hat sie sich eigens zur Geopark-Führerin weitergebildet. Sie deutet auf einen großen runden Tisch mit gläserner Platte in der Stubenmitte. Steine und Tonscherben sind ausgestellt. »Die bezeugen 400 Millionen Jahre Erdgeschichte, 4000 Jahre Menschengeschichte und« – sie schmunzelt – »400 Jahre Familiengeschichte.« Das Haus wurde 1844 gebaut, aber Hill verfolgt die Spuren zurück bis in die Zeit des Dreißigjährigen Krieges, als Mennoniten und Amische in diese Gegend kamen. Glaubensflüchtlinge. Auch sie fanden offene Aufnahme. Manchmal mit Hintergedanken der Landesherren: Ihnen ließen sich hohe Steuern abpressen – sie konnten ja nicht zurück. Hill ist eine geborene Bender, »ich glaube, das ist ein Name mit mennonitischer Herkunft.« Um ihre Wurzeln nachzuverfolgen, fährt sie in die USA und ins Elsass.

»Die meisten Siedler in unserer Gegend suchten nach Eisen. Und nach Gold.« Wir stehen bei der Eiche, und sie zeigt mir Stellen auf den umliegenden Hügeln, wo vermutlich gegraben wurde. Erkennbar an dunkelgrünen Flächen im Hellgrün der Wiesen. Fündig sind sie geworden, die frühen Bergleute. Gold liegt hier knapp unter der Oberfläche, aufgrund von geologischen Verwerfungen musste man nicht tief graben. Hills männliche Vorfahren waren Hüttenmeister. Sie selbst arbeitete nach einer landwirtschaftlichen Ausbildung als Regionalentwicklerin, zum Job gehörte die Entnahme von Bodenproben, so entstand auch bei ihr das Interesse an den Schätzen im Erdinneren.

Und die Faszination für das Gold. »Als ich einmal die Filter an unserem Brunnen säuberte, entdeckte ich jede Menge glänzende Partikel. Flitter nennt man diese Mini-Nuggets. Nicht viel wert. Aber ist das nicht toll: Seit

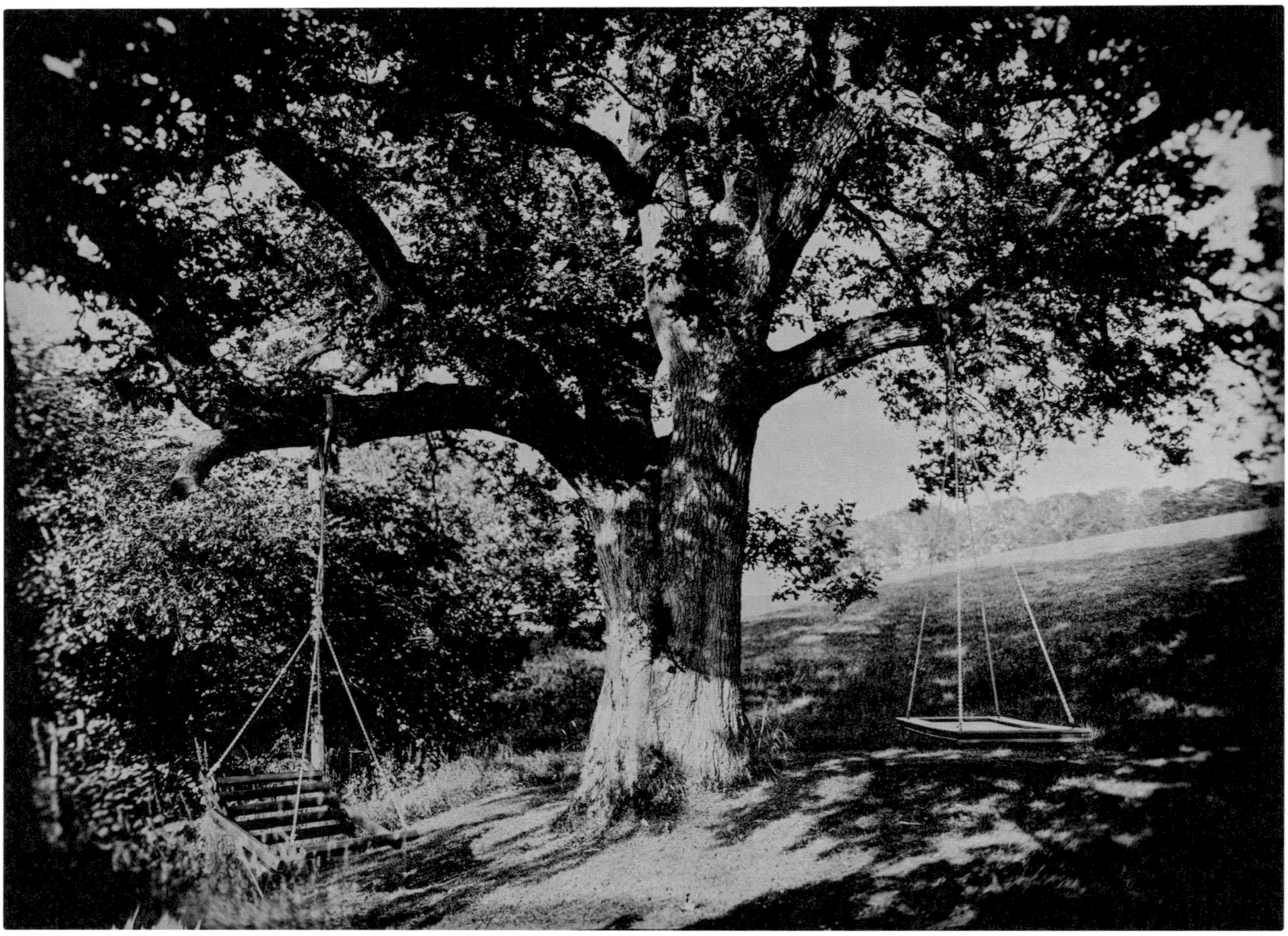

Generationen trinken wir hier Goldwasser. Vielleicht«, sagt sie und ihre blauen Augen strahlen verschmitzt, »sind deshalb alle Familienmitglieder so alt geworden.«

Gold passt zu ihr, der großherzigen Gastgeberin, die mir, kaum habe ich ihre üppig tragenden Apfelbäume bewundert, schon eine ganze Tüte mit prallroten Früchten füllt. Gold symbolisiert in allen Kulturen Fülle und Reichtum. Es steht für das Licht, das unseren Wesenskern zum Leuchten bringt. Der Ich-Geist vieler Menschen dagegen glaubt sich ständig im Mangel: als Kind zu wenig von Mutter geliebt, im Beruf zu kurz gekommen, zu wenig Zeit, zu wenig Geld, zu wenig Liebe. Insofern kann Gold, nicht materiell, sondern spirituell betrachtet, ein Heilmittel sein. Es weist den Weg, der eigenen inneren Fülle zu vertrauen.

Renate Hill erinnert sich, dass die Eiche früher schon ein guter Gastgeber war. Arbeiter auf Feldern und Wiesen rings umher kamen mittags dorthin, um zu rasten. Sie packten ihre Pausenbrote aus, kochten Kaffee im großelterlichen Haus. Vielleicht hat sie das auf eine Idee gebracht, die ihre Augen erneut vor Begeisterung blitzen lassen, als sie davon erzählt: »Ich möchte dort ein Dinner-in-Weiß veranstalten. Ein festliches Bankett unter dem Schutzdach der Eiche. Lange Tische, weiße Decken, Goldrand-Service, überall Kerzen, alle sind weiß gekleidet.« So wie sie davon spricht, spüre ich: Das wird sie in die Tat umsetzen. Zweiter Gedanke: Hoffentlich bekomme ich eine Einladung.

Usseln
51.278.657 | 8.696.233

Staumauer | Diemelsee
Kraft und Macht

Auf die Idee muss man erstmal kommen –
eine Staumauer als Seelenort.
Doch wer sich darauf einlässt,
kann es förmlich mit den Händen greifen:
die Kraft, die hier Stein geworden ist;
die Wucht des Wassers, die hier
gebändigt wird; der menschliche Wille,
die Gewalten zu zähmen,
um in diesem Tal
gut leben zu können.

Mein Vater war Maurer. Er beherrschte eine Technik, auf die er sehr stolz war: Er konnte Bruchsteine mauern. Die Schwierigkeit liegt darin, dass jeder Stein anders ist. Anders kantig, anders förmig – steinerne Individualisten. Für jeden muss der richtige Platz gefunden werden, mit den richtigen Nachbarn. Egal wie widerständig krumm die Steine sind, die Wand muss nicht nur stabil, sondern soll auch glatt werden. Das kriegen nicht viele hin. Deshalb hätte er vermutlich gerne an der Staumauer des Diemelsees mitgearbeitet, wäre das zu seiner Zeit gewesen. Die Steine für die Staumauer, kaum verwitternder Diabas, wurden unweit der Baustelle gebrochen. Man rief 90 Bruchsteinmaurer aus Italien und Serbien, 1912 begann der Bau, kriegsbedingt und wegen Geldmangels wurde er erst 1924 fertiggestellt.

Seitdem steht die »gekrümmte Schwergewichtsmauer«, so die technische Bezeichnung, 42 Meter hoch, oben an der Krone knapp 200 Meter lang. Dunkelgrau ist der Diabas mit den Jahren geworden, hellgrau immer noch die Fugen. Nicht nur stabil, sondern auch glatt geworden ist das Mauerwerk. Ich stehe am Fuße der Mauer, lege den Kopf in den Nacken, um die gesamte Höhe bis in den Himmel zu erfassen, und denke nur ein Wort: Kraft. Das Gewicht der Steine vor mir kann ich förmlich spüren, das Gewicht von 20 Millionen Kubikmeter Wasser dahinter nur erahnen. Ein ungewöhnlicher Kraftort, der mich zu Assoziationen wie dieser inspiriert: Der Stausee betreibt eigentlich asiatische Kampfkunst. Er baut Kraft auf, lenkt sie und konzentriert sie auf einen Punkt, etwa die Turbinen, um möglichst durchschlagende Wirkung zu entfalten. Aqua-Karate, sozusagen.

Die Mauer symbolisiert beides, Schutz und Gefahr. Je stärker der Mensch in den Kraftfluss des Wassers eingreift, je höher der Druck wird, desto größer müssen die Sorgfalt beim Bau der Staumauer, die Zuverlässig-

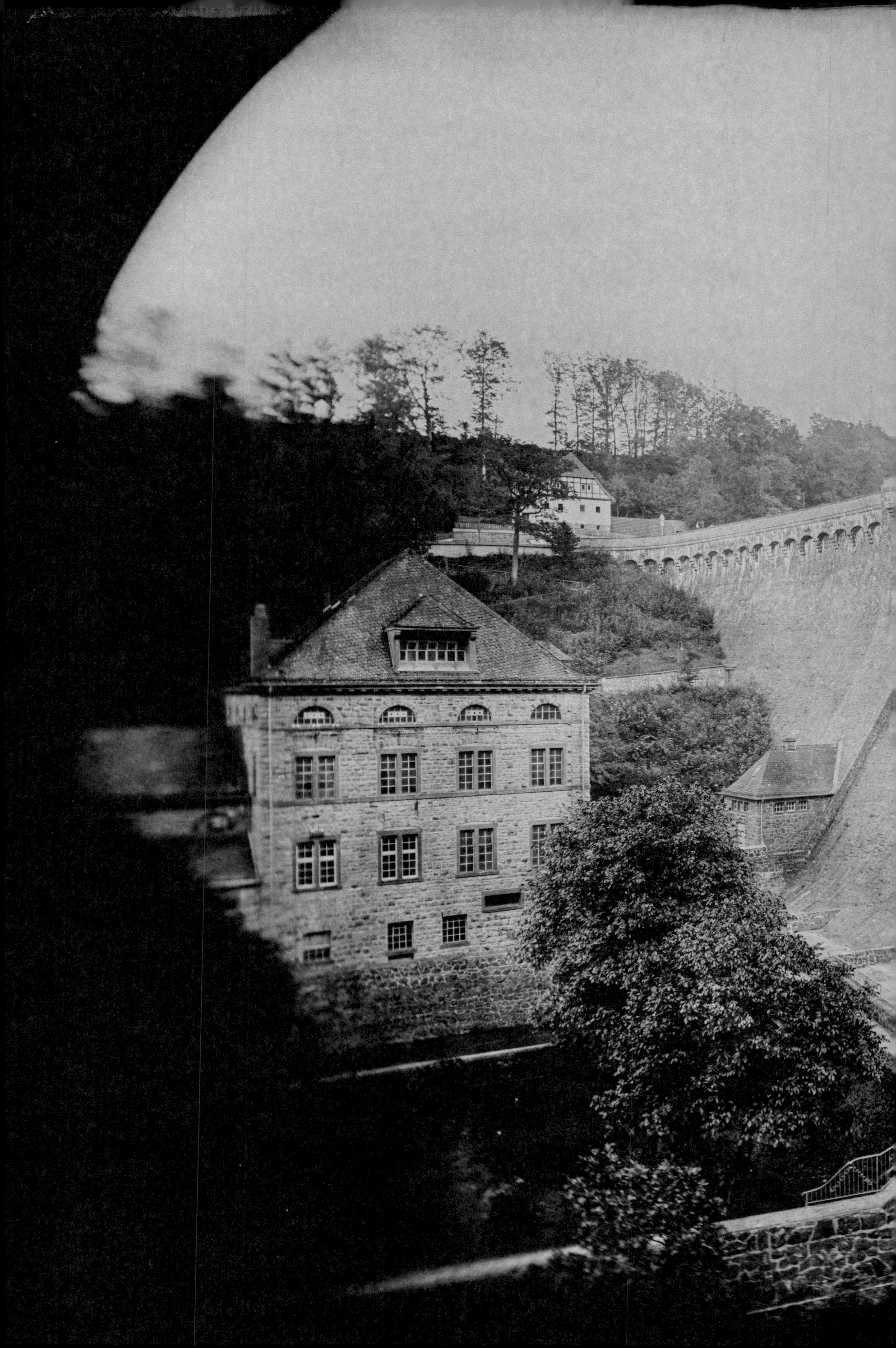

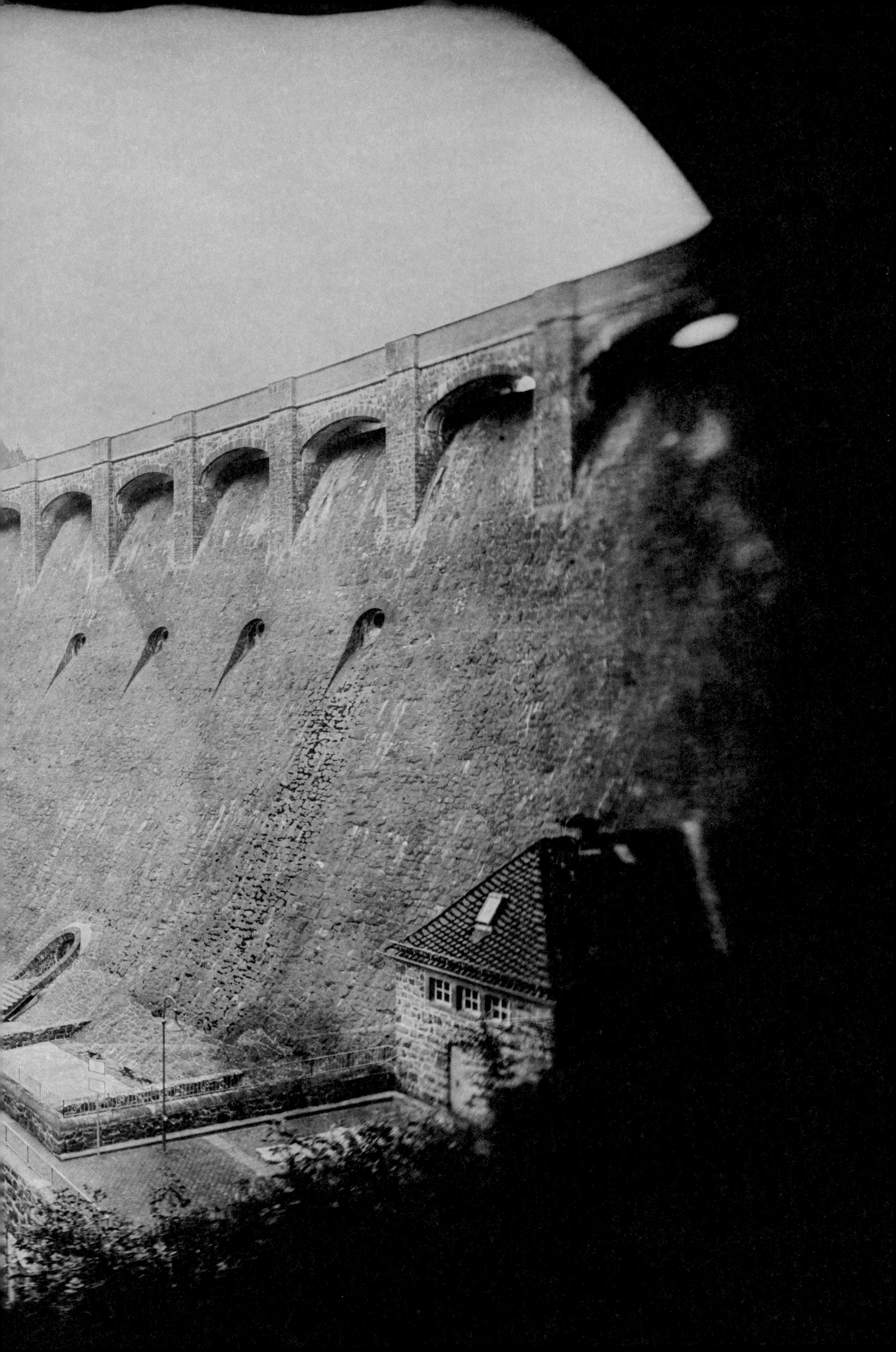

keit der Materialien und die Kunst der Ingenieure sein. Nicht mehr als fünf Zentimeter darf sich die Mauer vorwölben, gemessen mit hochpräzisen Lasern, sonst würde Alarm geschlagen.

Im Zweiten Weltkrieg versuchten alliierte Bomberverbände, den Staudamm zu zerstören. Doch der Anflug durchs Diemeltal war schwierig, die Talsperre blieb unversehrt. Auch das apokalyptische Vorhaben der Waffen-SS, die den Damm in den letzten Kriegstagen sprengen wollte, um den herannahenden Siegern nicht nur verbrannte Erde, sondern auch überschwemmte Täler zu hinterlassen, scheiterte in letzter Minute. Wasser als Waffe: Glückliche Umstände verhinderten ihren Einsatz.

Ihnen verdanke ich, dass ich am Fuß dieser künstlichen Felswand sitzen und über Kraftflüsse meditieren darf; über die Verwandlung von einer Energie in die andere, von Wasserkraft in Strom; über die Macht des Menschen, Naturgewalten zu bändigen, und seine Ohnmacht, wenn das mal wieder schiefläuft; und schließlich darüber, dass ich meinem Vater, dem Bruchsteinmaurer, mal zu Lebzeiten hätte sagen sollen, wie stolz ich auf seine Kraft war.

Diemelsee
51.377.974 | 8.727.99

Schmalah Stausee
Im Fluss

Ich brauchte ein paar Anläufe,
um diesen See zu mögen.
Aber dann wurde er zu einem wertvollen
Spiegel meiner Gedankenflüsse.
Es ging um Widerstand
oder Annahme dessen, was ist;
um die Möglichkeit, das Gleiche
immer wieder neu zu betrachten,
und um drei Glücksoptionen
im Regen.

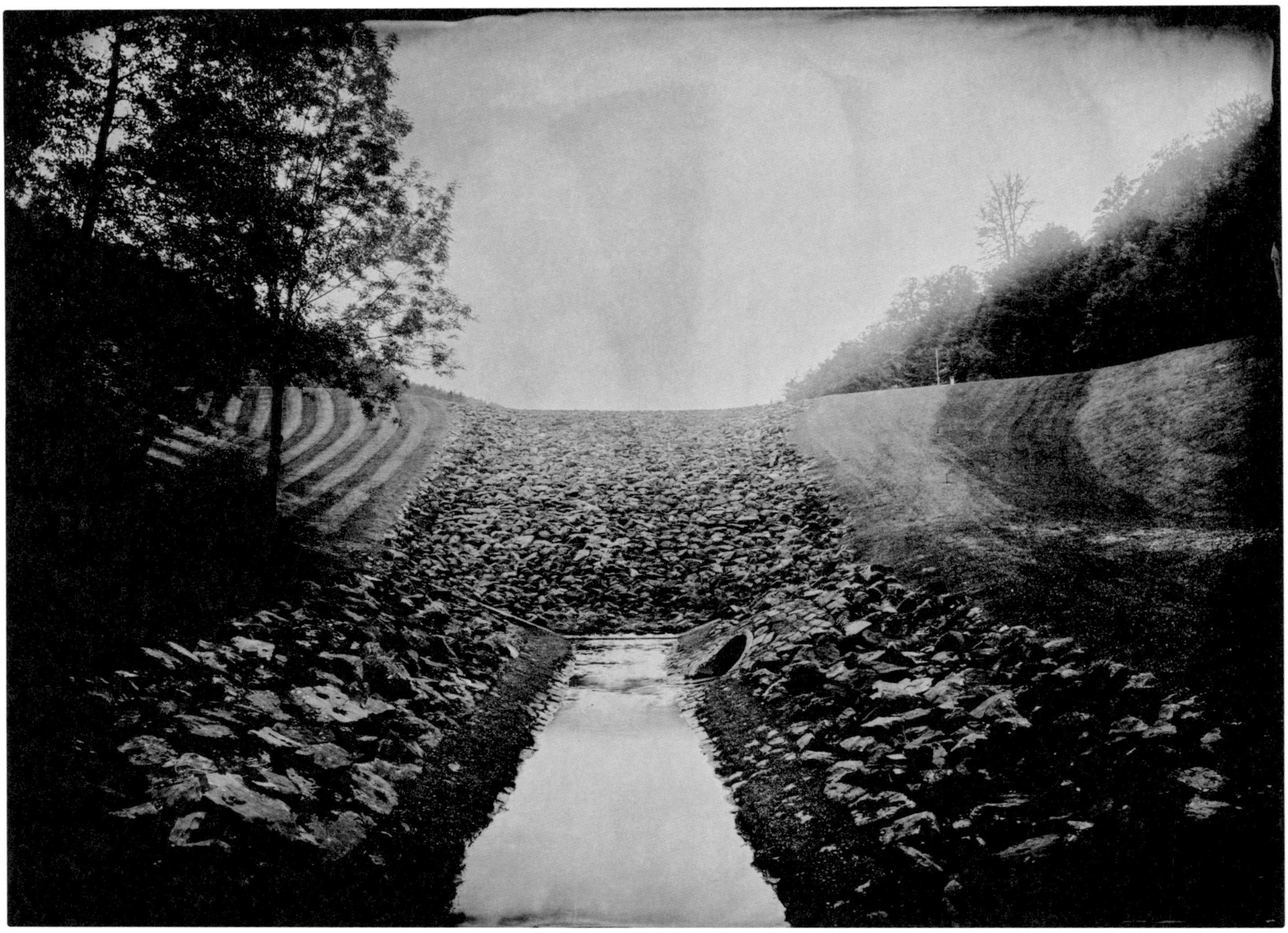

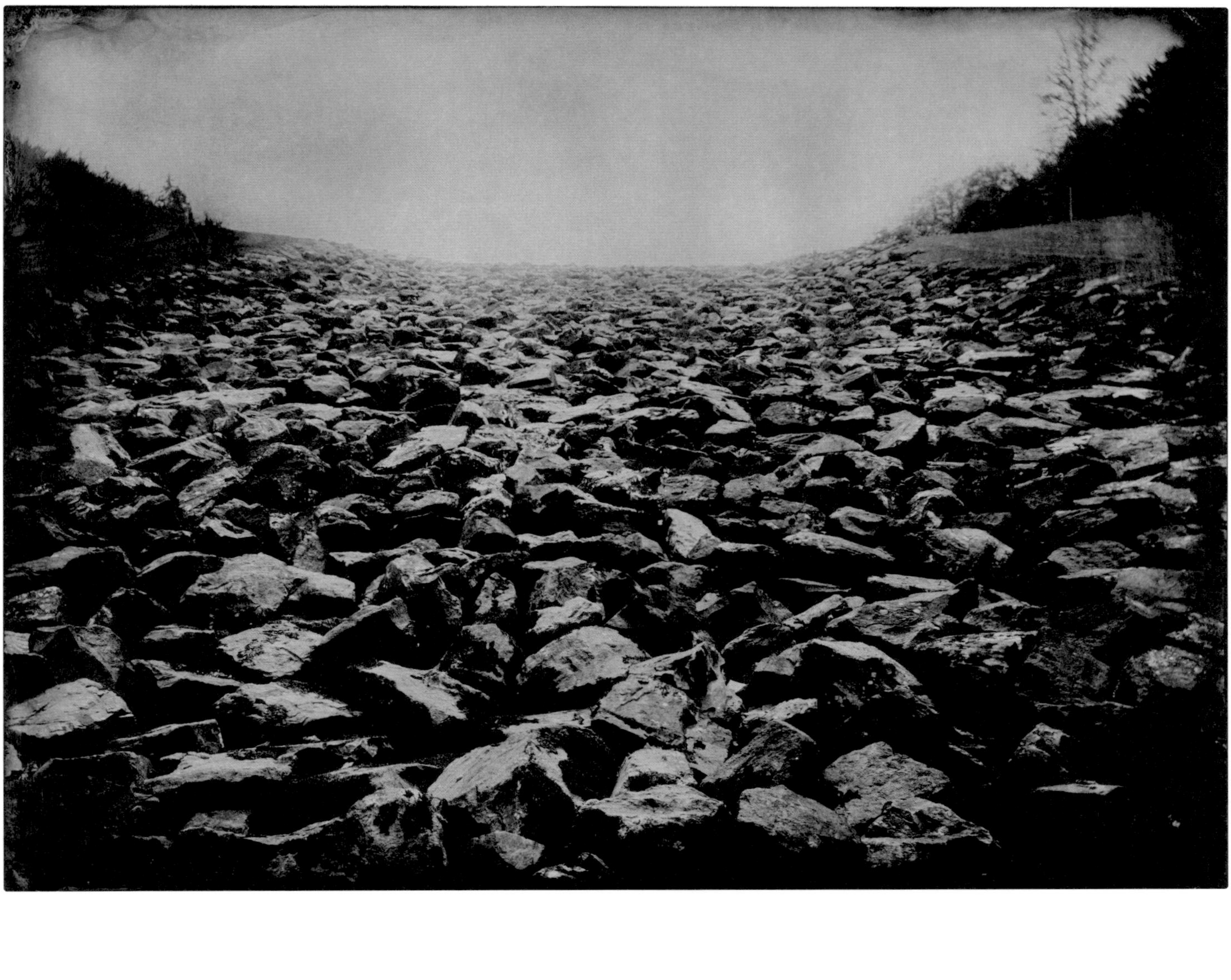

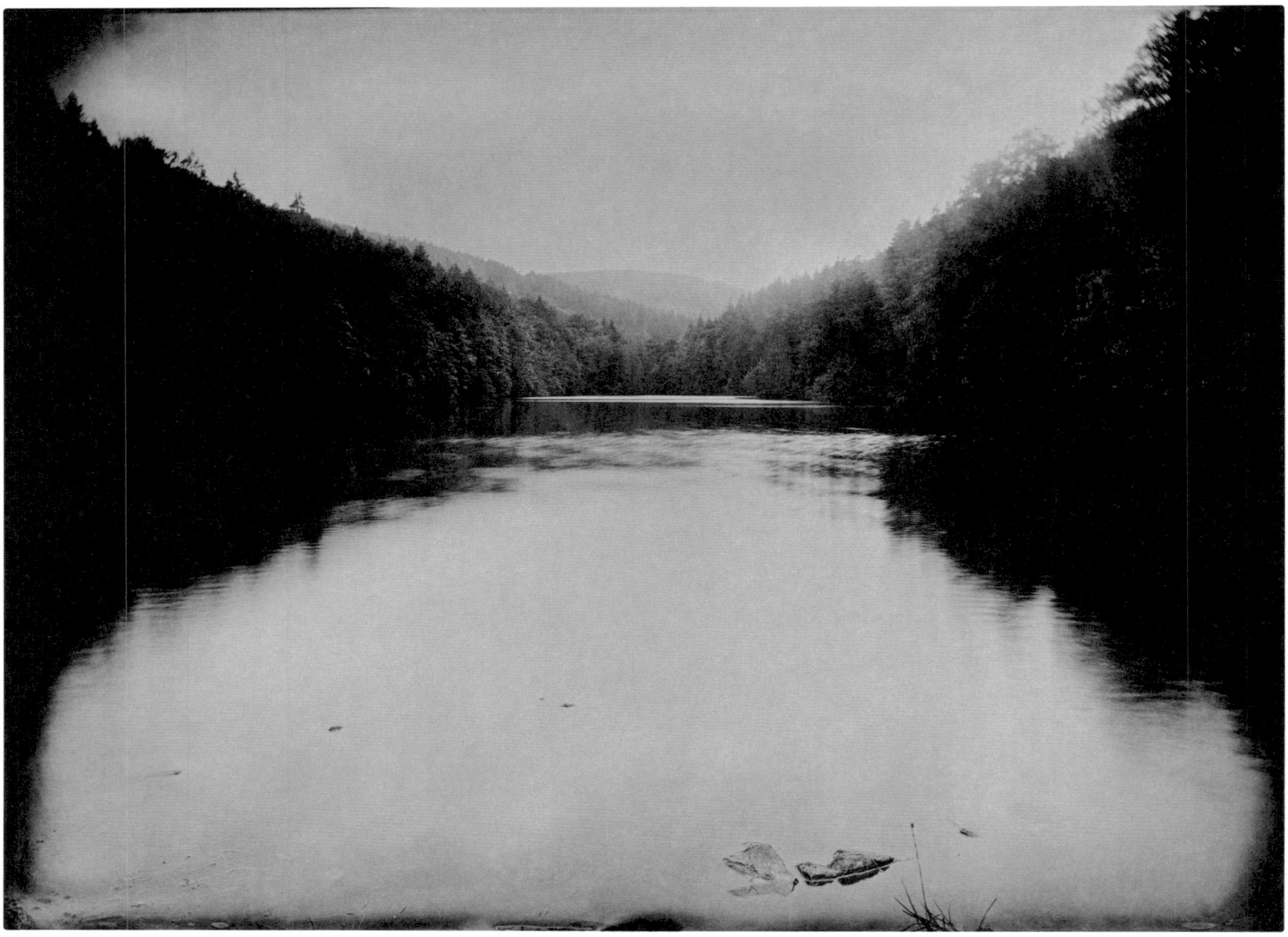

Es heißt, man steige niemals in den gleichen Fluss. Mit Verlaub, das gilt auch für Seen. Nun stehe ich schon zum dritten Mal an der gleichen Stelle am Ufer, dort, wo der Schmalah-Stausee überfließen darf, wenn sich bei ihm zu viel angestaut hat. Und doch betrachte ich jedes Mal einen völlig anderen See. Beim ersten Besuch fand ich ihn langweilig: zu künstlich, zu wenig Bewegung, zu wenig spektakulär. Im letzten Jahr, am Ende eines langen trockenen Sommers, war der Wasserspiegel sehr niedrig, die Uferböschung lag kahl und verlassen, ich sah nur Mangel, Dürftigkeit. Es fehlte was. Heute bin ich erneut hier. Ein Regentag im Frühling, der See ergießt sich über ein breites Bett aus Felsbrocken talwärts, weißer Dunst steigt aus den umgebenden Fichtenschonungen auf und plötzlich merke ich: Ich mag diesen See.

Eigentlich standen die Zeichen wenig günstig für den Beginn einer wunderbaren Freundschaft, als ich meine Wanderung an der Feuereiche startete. Es regnete Bindfäden und das hochaufragende Kunstwerk an der L 743, das der Urkraft des Feuers gewidmet ist, war kaum zu betrachten, ohne dass es einem in die Augen tropfte. Ich gestehe: Ich bin keiner von den begeisterten Wind-und-Wetter-Wanderern, an deren Laune Dauerregen buchstäblich abperlt. Von der stark befahrenen Landstraße führte der Forstweg hinunter ins Tal der Schmalah. Schritt für Schritt ebbte der Geräuschpegel weiter ab, auch in mir wurde es ruhiger. Ich dachte darüber nach, wie sinnlos eigentlich der Widerstand gegen Dinge ist, die ich nicht ändern kann. In diesem Fall: der Regen.

Es gibt im Grunde nur drei Glücksoptionen: *Change it* – ändere, was du ändern kannst. *Leave it* – geh raus aus der Situation, wenn du raus kannst. *Love it* – wenn du's nicht ändern und auch nicht rausgehen kannst, bleibt dir nur Hingabe und Akzeptanz. Alles andere führt in Wut und Ärger und zu der

allseits beliebten Opferrolle. Im Regen wandernd, kann ich von Schritt zu Schritt mehr spüren, wie befreiend es sein kann, wenn ich Momente des Lebens einfach annehmen kann, wie (nass) sie nun mal sind.

Vielleicht verdanke ich dieser gedanklichen Annäherung, dass ich heute mit ganz anderen, mit wohlwollenden Augen auf den See blicke. In Ufernähe ist der Wasserspiegel glatt, in der Mitte des Sees kräuselt sich das Wasser und glänzt silbrig, selbst jetzt, unter dunkel dräuendem Wolkenhimmel. Ein Stockentenpärchen paddelt sanft schaukelnd vorwärts. Am Ufer führen Buchen und Birken im aufsteigenden Dampf zeitlupenhaft einen Schleiertanz auf. Ein stilles Wasser, gedankentief.

Der Gang von der Feuereiche zum Wasserspeicher hat mich für die Wahrnehmung von Gegensätzen sensibilisiert. Ich bemerke an der Überlaufstelle, dass eine prickelnde Reibung entsteht, wenn sich das Wasser in Bewegung setzt. Gestautes wird Fließendes, das Schweigende zum leise Plaudernden. Als ich von dort zur Seeumrundung aufbreche, bemerke ich einen weiteren Kontrast. Rund um die Staumauer ist das Gras in ordentlichen Bahnen gemäht, kurz geschoren wie ein Golfrasen. Im weiteren Verlauf wird das Ufer immer naturwüchsiger. Dichtes Buschwerk wechselt mit wilder Wiese, hellbraune Blätterteppiche führen bis an die Wasserlinie, umgefallene Bäume erhalten eine Seebestattung. Ich vergesse auf weiten Strecken, dass es sich um einen angelegten Stausee handelt.

Als ich nach vollendeter Umrundung wieder am Ausgangspunkt ankomme, hat sich mein Blick erneut verändert. Ich habe verschiedene See-Gesichter kennengelernt und weiß nun, dass es zwei Gründe hat, warum ich niemals am gleichen Gewässer stehen kann. Zum einen, weil dieser glänzende Spiegel immer neue Himmelsfarben, Jahreszeiten und Wetterbedingungen reflektiert. Zum anderen, weil auch ich als Betrachter niemals der gleiche bin: Auch meine inneren Gefühlslandschaften, Stimmungsfarben und Gedankenströme wechseln ständig. Das Lebendige tritt in Resonanz mit dem Lebendigen. Und wird dabei lebendiger.

Brilon-Wald
51.322942 | 8.564538

Kirche St. Dionysius
Einfachheit

Sakralbauten wirken oft außen mächtig,
werden innen prunkvoll geschmückt.
Großer Auftritt
für den Glauben an Gott,
blattgoldüberzogen.
Doch barocke Opulenz kann
auch den Blick für das Wesentliche trüben.
Eine Kirche zeigt,
dass es andere Wege gibt,
mit Schönheit
das Höchste zu ehren.

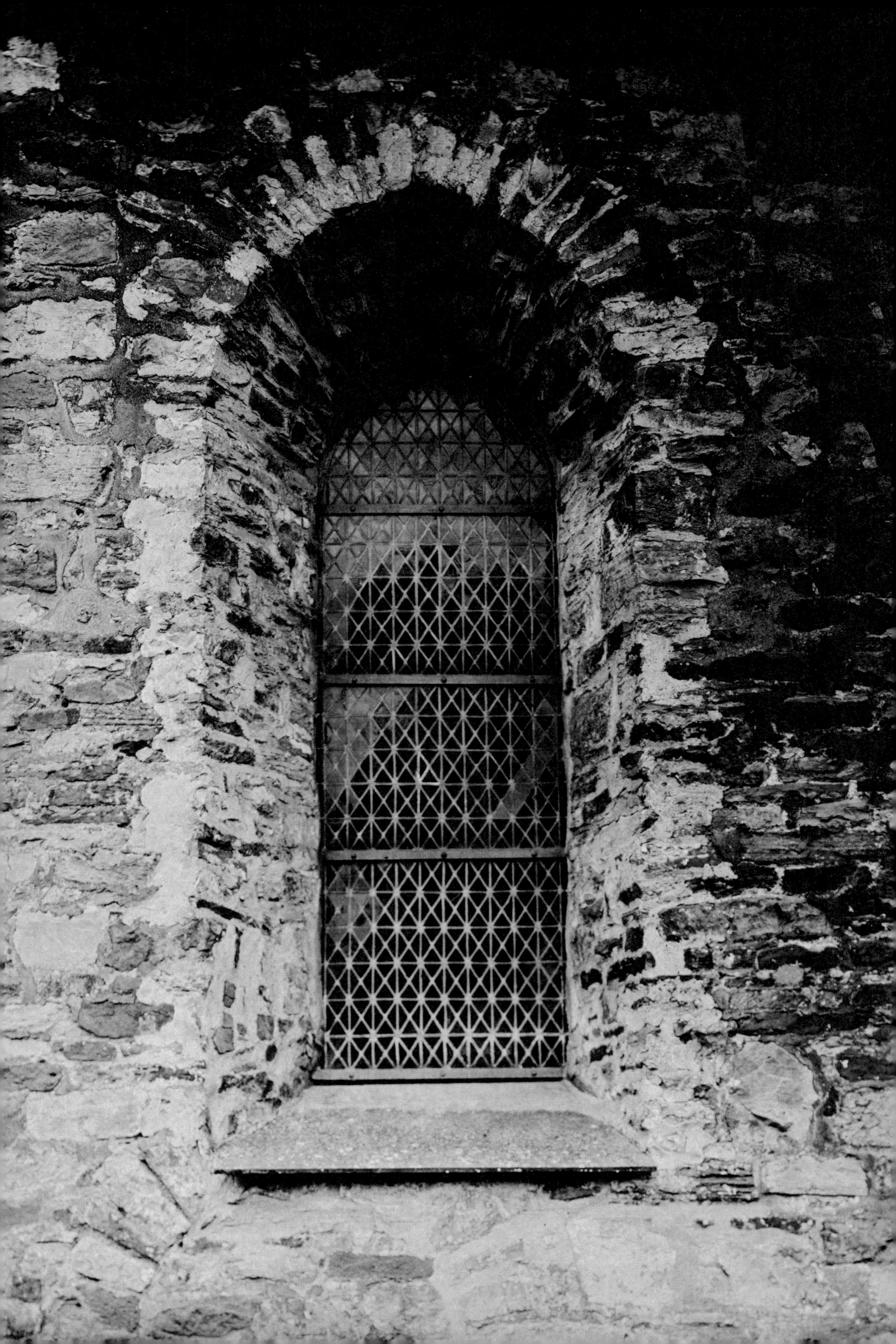

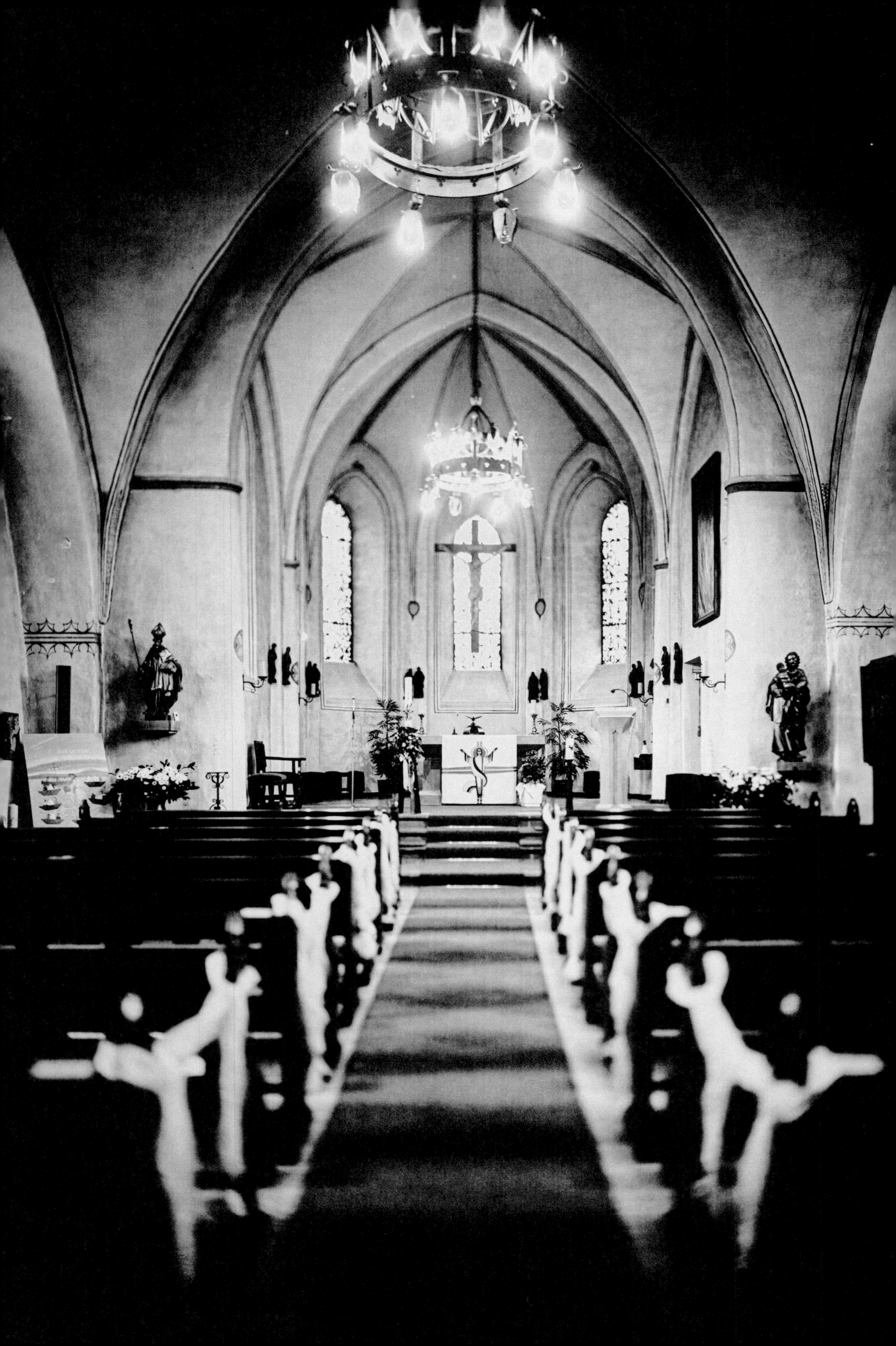

Schlicht. Und ergreifend. Das sind die ersten Worte, die mir einfallen, als ich die Kirche St. Dionysius betrete. Die Wände, braun-beige gehalten, mit zurückhaltender Bemalung an den gotischen Spitzbögen, strahlen Wärme aus. Die übliche barocke Überladung fehlt. Auch die zwölf Apostel-Figuren, die den Altarraum umstehen, strahlen einfache Menschlichkeit aus. Bäuerliche Gesichter, schlichte Gesten, kein Pathos. Ich habe das Gefühl, Nachbarn, Freunde, Bekannte aus meinem Heimatdorf wiederzuerkennen. Eine Kirche nach menschlichem Maß. Keine Herrschaftsarchitektur, in der sich die Gläubigen unwürdig und ohnmächtig vorkommen sollen.

  Diese Kirche ist völlig unwahrscheinlich. Vor mehr als 760 Jahren erbaut, im kleinen Rahrbach, von einer sicher nicht reichen Gemeinde, die nicht mehr als 200 Seelen zählte. Wie konnten Bauern, die auf kargen Berghängen gerade mal ein Auskommen hatten, eine Kirche mit 33 Meter hohem Turm errichten? Wie war das möglich, Herr Tillmann? Auch für ihn, der mit der Kirche groß geworden ist, reicht es an ein Wunder heran. Reinhard Tillmann, vor der Pensionierung bei der Post, im Ruhestand noch engagierter als früher, im Musikverein, für die Jugend und gute Wanderwege. Und für die Kirche St. Dionysius, durch die er Gruppen führt.

  Er erzählt von Rivalitäten mit »den Lutherschen«, jenseits des Berges, im Siegerland. Vom Pfarrer Heinrich Spickermann, der sich mit Waldbesitzern anlegte und einst darum stritt, ob eine Leiche auf protestantischem oder, wie er meinte, auf katholischem Boden zu begraben sei, und der, als er schließlich den Bischof attackierte, kurzerhand in Schutzhaft genommen wurde. »Als er entlassen wurde«, erzählt Tillmann, »tauchte er an einem Sonntag auf, stürzte in die Kirche, beförderte den Ersatzpriester am Kragen hinaus, sprach die Worte ›hier bin ich der Pfarrer‹. Spickermann war wieder da.«

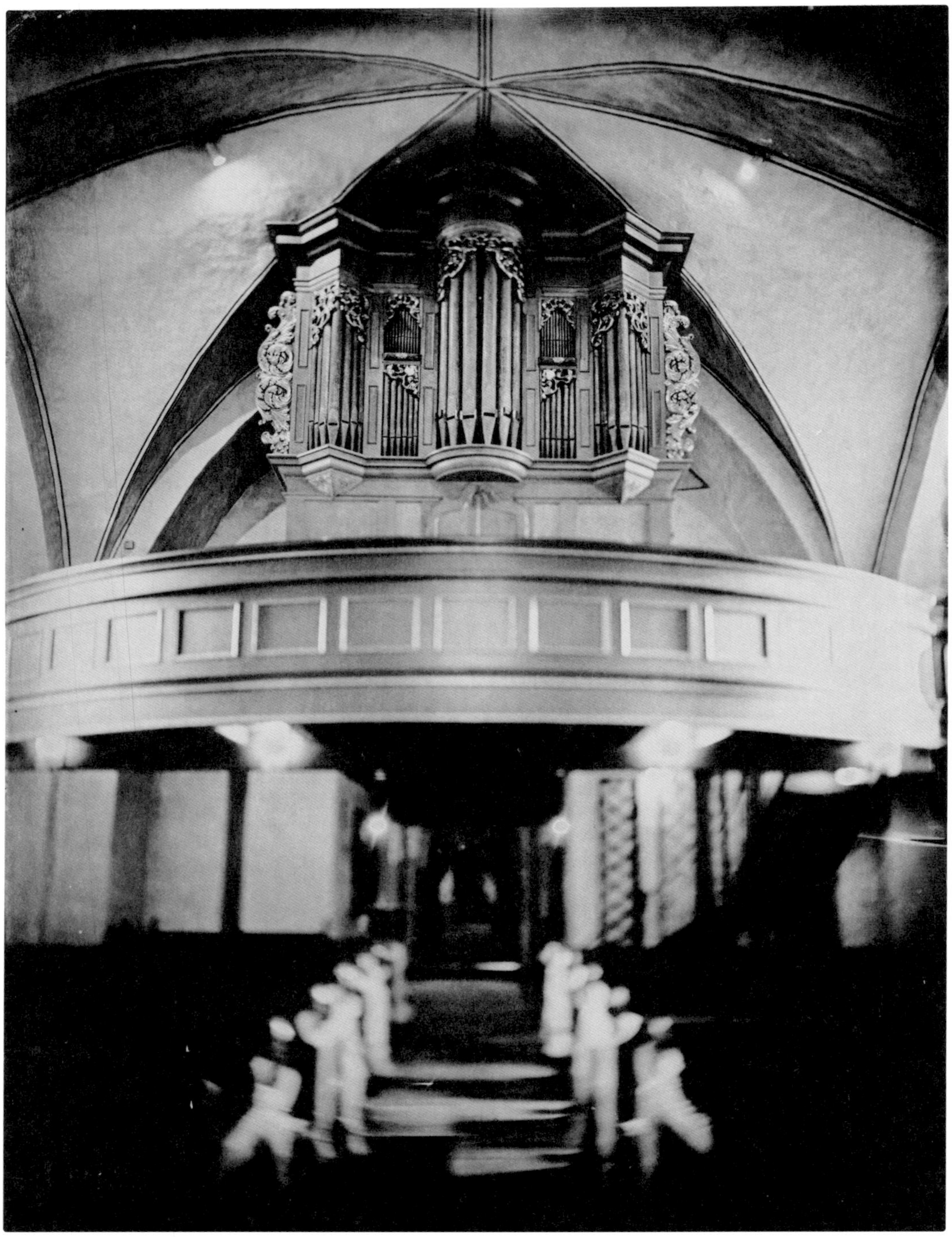

Mit der gleichen Vehemenz bewirkte er das zweite Wunder: Rahrbach bekam eine Orgel. Das war Anfang des 18. Jahrhunderts so unwahrscheinlich, als würde man heute mitten im Wald ein Fußballstadion bauen. Aber Spickermann war festen Willens. Spendete selbst eine größere Summe, und brachte seine Schäfchen dazu, ebenfalls ihren Obulus zu leisten. Damals war noch nicht viel Bargeld im Umlauf, umso erstaunlicher, wie viel Geld zusammenkam. Wer keines hatte, gab dem Orgelmacher ein paar Pfund Butter, ein Dutzend Maß Bier, ein paar Bücklinge oder Bretter. Ältere Pfeifen wurden angekauft, neue aus Blei gegossen, einen Schreinermeister ließ man von auswärts kommen. Spickermann, nicht nur Streithansel, sondern auch musikvernarrt, konnte ab 1702 auf der Orgel spielen.

Aus den Erzählungen von Reinhard Tillmann wird deutlich: Es war nicht eine einzige Persönlichkeit, die all das gestemmt hat. Es war der Wille und die Kraft der Gemeinde. »Tut dies zu meinem Gedächtnis«, hatte Jesus beim letzten Abendmahl seinen Jüngern aufgetragen. Um ihn zu feiern, braucht es einen Ort, so müssen es die Rahrbacher Bauern gesehen haben. Einen guten Ort, ohne Schnickschnack, aber nicht karg, und eine Musik wollen wir dazu, die von der Freude singt, und frische Blumen am Altar, und Kerzen sollen brennen, und es sollen Figuren der Heiligen aufgestellt werden, damit wir jemanden anschauen können, wenn wir beten und bitten.

Es ist kein Verlust, dass die reich verzierte, barock-vergoldete Kanzel an eine andere Gemeinde gegeben wurde. Sie würde nicht passen. Das Wesentliche ist einfach. Die Seele ist einfach. Kompliziert ist nur unser von Vorstellungen, Vorwissen und Vorurteilen beladener Ich-Geist. Mich berührt, mit welcher Klarheit und Konzentration diese Kirche zu mir spricht. Sie inspiriert mich auch für mein eigenes Tun: Könnte ich beim Schreiben manchen Schnörkel und Schlenker auch einfach weglassen?

Reinhard Tillmann, der Kirchenerzähler, verkörpert jene Kraft, die aus einem klaren Willen kommt. Er hat beispielsweise den Poesieweg entworfen, der an der Kirche beginnt. Dafür musste er zunächst einen kräftezehrenden Bürokratie-Hürdenlauf überstehen und hat dann mit anderen aus dem Dorf den Weg angelegt. Als wir gemeinsam den 7,5 Kilometer langen Rundkurs gehen, erzählt er mir eine weitere Dorf-Geschichte. Vor ein paar Jahren war einer seiner Freunde, ein 45-Jähriger, Vater von zwei Kindern, lebensbedrohlich an Leukämie erkrankt. Einzige Hoffnung auf Heilung: Ein passender Spender von Stammzellen musste gefunden werden. Wegen möglicher Abstoßungsreaktionen des Körpers eine Suche nach der Stecknadel im Heuhaufen.

Die Rahrbacher nahmen die Herausforderung an. Sie organisierten eine Halle, in der sich mögliche Spender testen lassen konnten. 1.500 kamen. Die Freiwillige Feuerwehr regelte den Verkehr. Eine Großbäckerei stellte Brötchen und Kuchen, der Metzger Würstchen und Frikadellen. Vier Ärzte und 20 Krankenschwestern arbeiteten unentgeltlich. Für zwölf Bedürftige im In- und Ausland wurden Stammzellen-Spender gefunden, umgekehrt bekam der Erkrankte eine Spende aus den USA. »Der ist heute wieder putzmunter«, freut sich Reinhard Tillman.

Seine Geschichte klingt, als hätte das Dorf an diesem Tag wieder eine Art Kirche gebaut. Einfach so.

Kirchhundem-Rahrbach
51.037795 | 7.977586

Wallfahrtskirche Kohlhagen
Tröstung

Manchmal ist alles zu schwer,
zu viel, zu belastend.
Dann braucht es Seelsorge
im wahrsten Sinne.
Die kann von einer Madonna
mit rätselhaftem Gesichtsausdruck
ausgehen. Oder von Nonnen,
die verstanden haben, dass es reicht,
ganz da sein, zuzuhören
und mitzufühlen.

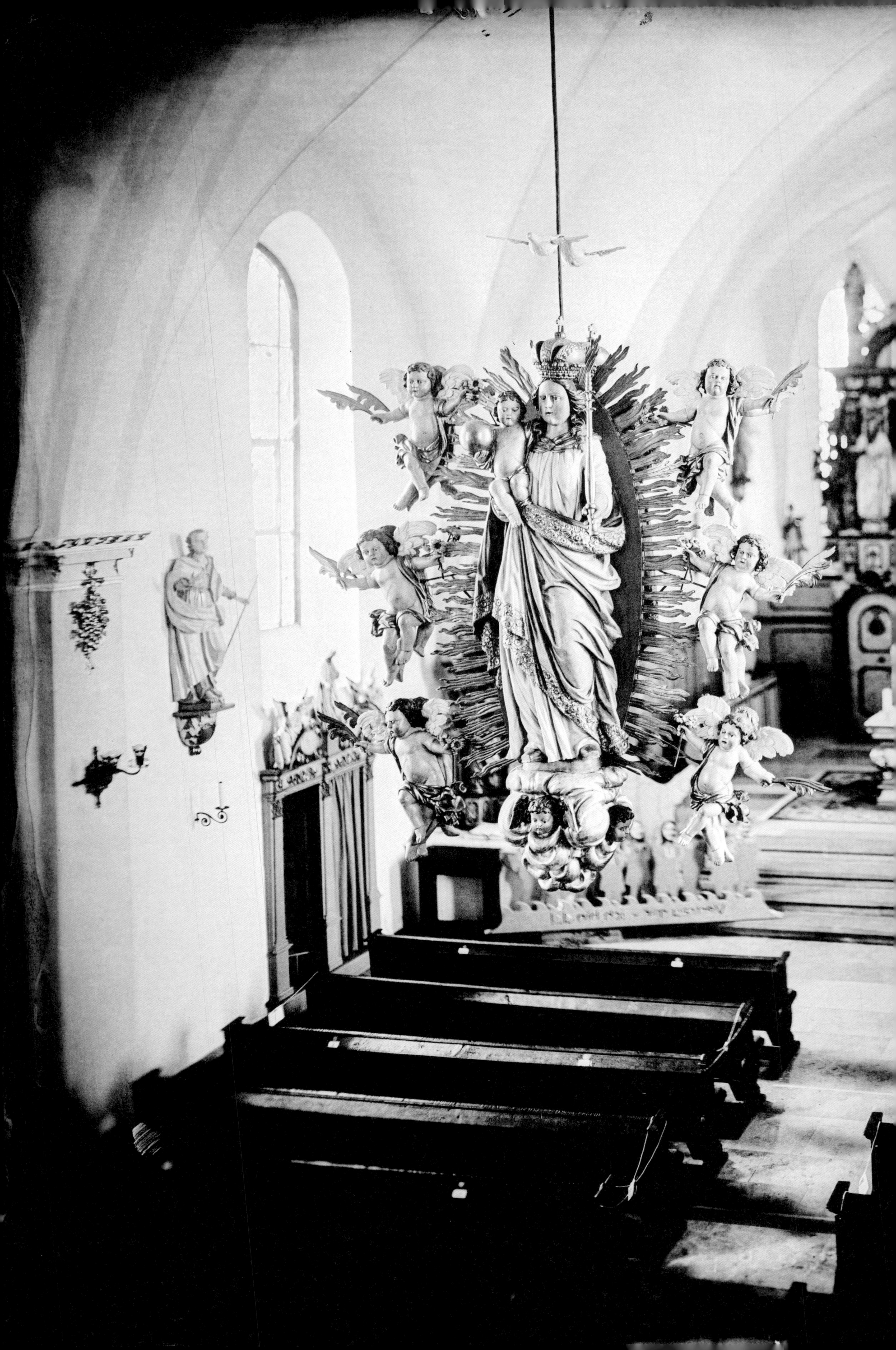

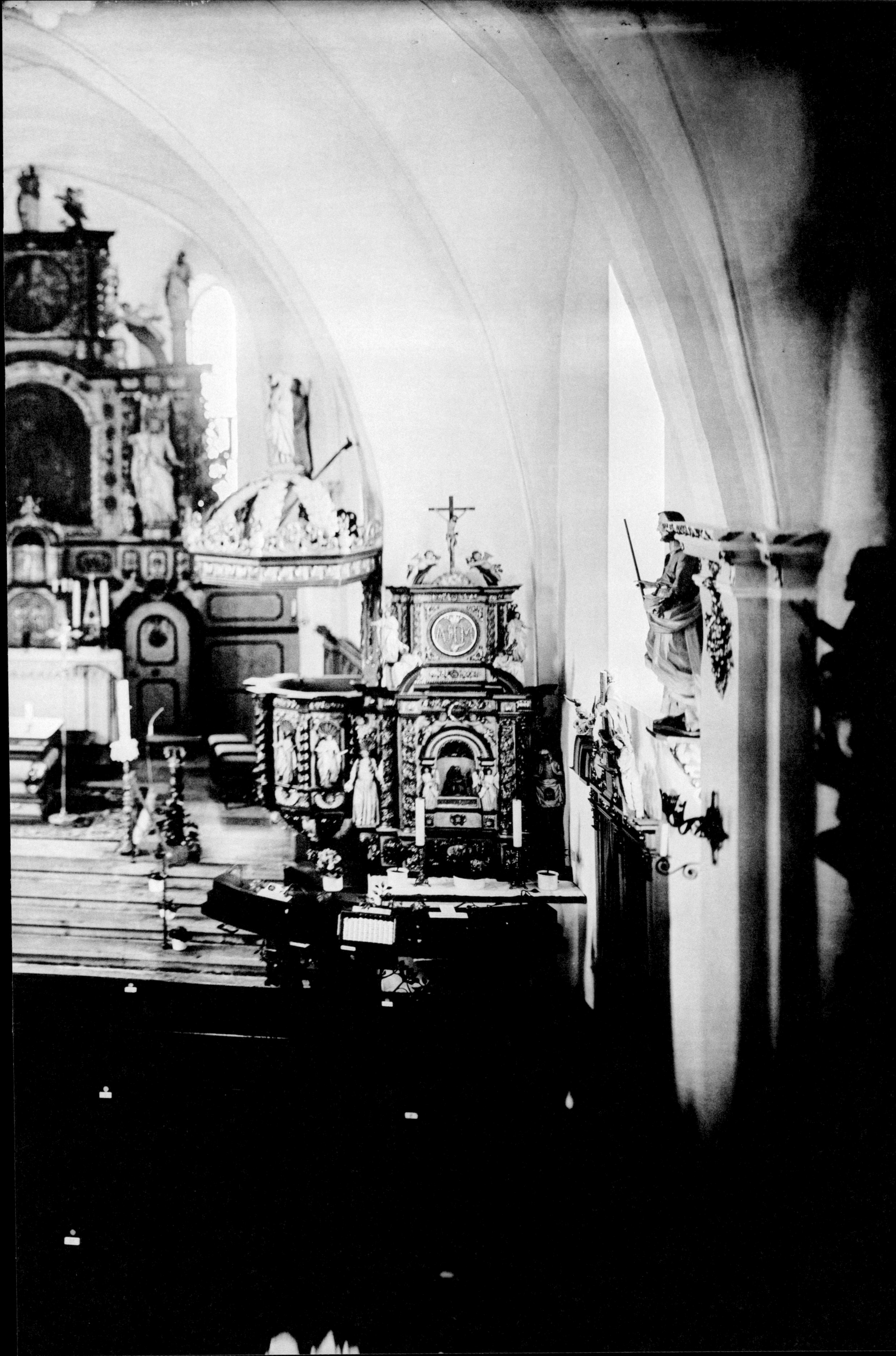

St. MARJA O.P.N.

»Ich hebe meine Augen auf zu den Bergen: Woher kommt mir Hilfe?« So heißt es im biblischen Psalm 121. Das Ehepaar ist von unten aus dem Dorf hochgewandert. Nun stehen die beiden an den Stufen der Wallfahrtskirche und sprechen mit Schwester Thomasa. Man unterhält sich über Gartenkräuter. Als sie sich verabschieden, wünscht ihnen die Nonne noch einen »wunderschönen Tag«. Beide drehen sich nochmal um, die Frau sagt: »Ehrlich gesagt ist das heute nicht so ein schöner Tag.« Schwester Thomasa mustert sie mit wachen Augen, wartet ab. Die Frau zögert, es ist sichtbar, dass sie mit sich ringt. Dann sagt sie: »Heute bekam unser Sohn die Diagnose. Krebs. Deshalb sind wir hier hochgekommen.« Woher kommt Hilfe? – »Wir werden an Ihren Sohn denken«, sagt die Schwester, »wir schließen ihn in unsere Gebete ein. Ich wünsche Ihnen jetzt ganz viel Kraft.«

Als sie gegangen sind, sagt die Schwester zu mir: »Sehen Sie...« Vorher hatten wir darüber gesprochen, was ihr solche Freude macht, eine Pilgerstätte zu betreuen: »Die Menschen kommen immer mit einem Anliegen. Ein Familienmitglied ist krank. Jemand liegt im Sterben. Eltern sorgen sich um ein Kind, das auf die schiefe Bahn zu geraten droht.« Und was kann sie dann tun? »Einfach da sein. Zuhören. Die Menschen wissen, dass alles, was sie mir anvertrauen, in meinem Herzen gut aufgehoben ist.« Das ist wahre Präsenz, denke ich: empfangen, zuhören, mitfühlen.

»Ich hebe meine Augen auf zu den Bergen...« In manchen Jahren machen sich 30.000 Pilger auf den Weg auf den 500 Meter hoch gelegenen Kohlhagen. Um zu beten, um in schweren Zeiten Trost zu suchen, oder um sich, wie es ein Pfarrer ausdrückte, »von der Mutter Gottes den Rücken frei halten zu lassen«. Für sie ist die Wallfahrtskirche eine Krafttankstelle. Angezogen werden sie von einer Pietà aus dem 15. Jahrhundert. Sie dominiert, wiewohl von kleiner Statur, den linken

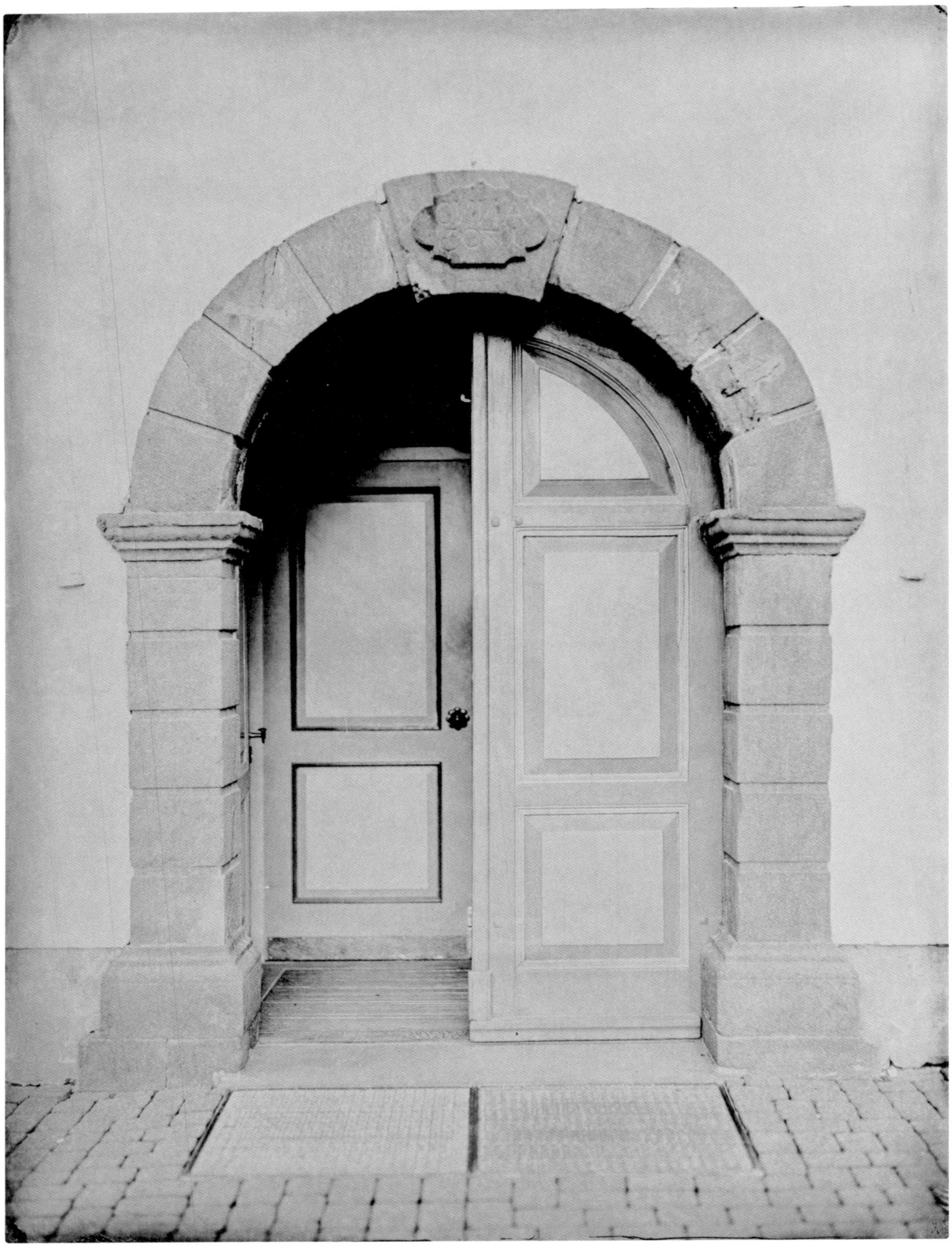

Seitenaltar. Sie wirkt urwüchsig, eher grob aus dem Holz geschnitzt, irgendwie passend zur herben Landschaft der Berge und Täler ringsumher. Was mich aber fesselt, sind ihre Haltung und der Gesichtsausdruck. Sie, die gerade einen schweren Verlust zu verkraften hat, den grausamen Kreuzestod ihres geliebten Sohnes, scheint... ja, wohin zu schauen? Je nach Blickachse richtet sie sich auf ihren Sohn aus oder blickt seltsam leer in die Ferne.

Drei Finger der linken Hand legt sie sich aufs Herz – weist sie auf die Dreifaltigkeit von Gottvater, Sohn und Heiliger Geist hin? Und dann die Gesichtszüge: Weil ich gewohnt bin, das Gesicht einer Pietà von Schmerzen gezeichnet zu sehen, meinte ich das anfangs auch hier zu erkennen. Aber je länger ich verweile und sie auf mich wirken lasse, desto mehr scheint sich ihr Gesicht zu entspannen. Es zeigt Güte. Eine seltsame Ruhe. Sogar Freude über das »Es ist vollbracht«?

Womöglich ist es diese Vieldeutigkeit, die Trostsuchende in Scharen anlockt. Die meisten zu Fuß, auf den vielen Kreuzwegen, die zum Kohlhagen führen. Schulklassen und Kindergärten kommen zunächst in Bussen, um dann, nach einem fröhlich-lärmenden Picknick am Rande des Versammlungsplatzes, ungewöhnlich still zu werden. Und schließlich, alle zwei Jahre, die Wallfahrer zu Pferde und in Kutschen. Sie werden dort auch in Zukunft Segnung und Beistand finden. Die »Armen Dienstmägde Jesu Christi« werden durch Pallottiner Pater abgelöst, die auf Kohlhagen künftig ein geistliches Zentrum leiten wollen. Die Gastlichkeit für alle, ob es ihnen gerade gut oder schlecht geht: die bleibt. Die Madonna auch. Sie ist schon seit 500 Jahren da. Und schaut auf den Sohn, in die Ferne, auf die Beichtenden und Bittenden, mit einem Gesichtsausdruck, rätselhafter als die Mona Lisa.

Kirchhundem-Wirme
51.044686 | 8.076475

YDERSTE

THOMAS

Schwarzbachtal
Geschaffen und vergänglich

Ein Flecken Savanne zwischen
Fichtenwäldern diente einst
einer Familie als einsamer Baugrund.
Das Haus ist verschwunden,
mit ihm das Geheimnis,
warum jemand so weit weg
von allen Dörfern siedelt.
Geblieben sind die Schwarzstörche,
denen das Bachtal eine störungsfreie
Einflugschneise bietet.

Ich stehe auf einer kleinen Holzbrücke. Unter mir plätschert der Schwarzbach. Er schimmert, anders als sein Name vermuten lässt, rötlich, während er sich in sanften, weiten Kurven durch das offene Tal und seine Wiesen schlängelt. Büsche und Bäume, wie eingestreut an seinen Ufern, markieren seinen Lauf noch in der Ferne, wo sich sein Schlängeln verliert. Erster Gedanke: Einfach schön! Zweiter Gedanke: Warum finde ich diese Gegend so schön?

Menschen, egal welchen Alters oder welcher Kultur, scheinen den gleichen Typus von Landschaft zu bevorzugen. Und das seit Urzeiten. Ein paar Hügel gehören dazu, die als Ausguck dienen, aber nicht zu steil, sonst wird das Klettern zu anstrengend. Locker verteilte Bäume, die Verstecke gewähren, aber kein zu dichter Wald, sonst sehen wir nicht, wenn Gefahr droht. Hier und da ein Wasserlauf und ein Teich, aber nicht zu feucht, sonst wird das Fortkommen mühsam. In der Urheimat von Homo sapiens, der ostafrikanischen Savanne, habe es diese ausgewogene Mischung gegeben, glauben Forscher. Eine Balance nach dem Motto »sehen und nicht gesehen werden«, die noch heute unsere Idealvorstellung von Natur prägt.

Egal, ob das stimmt: Auf meinem Ausguck auf der Brücke erinnert mich das Schwarzbachtal tatsächlich an die tansanische Savanne, an die Serengeti, wo ich mehrfach als Reporter war. Ein tiefsitzendes Gefühl von Heimkehr stellt sich ein. Meine Augen genießen es, frei im weiten Tal umherspazieren zu dürfen.

Ein wetterfestes Blätterbuch auf dem Brückengeländer informiert darüber, welch' lebendige Fülle der kleine Bach beherbergt. Edelkrebse, Forellen und Groppen tummeln sich bevorzugt in unterspülten Uferabschnitten. Was den Eisvogel nicht abhält, für sich und seine Jungen immer wieder nach Beute zu fischen. Gebirgsstelzen hüpfen über die sacht überspülten

Steine. Ansonsten sehe ich schwarz: Das Tal gilt als Einflugschneise für die seltenen Schwarzstörche, eine verbreitete Baumart ist die Schwarzerle, die Wiesen werden nachts umgegraben von zahlreichen Schwarzkitteln, den Wildschweinen. Schwarz ist hier ziemlich bunt.

Ich folge dem Bachlauf bis zu dem Platz, wo einst Haus Schwarz stand. Es wurde Mitte des 18. Jahrhunderts auf einem trockenen Plätzchen am Ufer errichtet, in der Mitte von nichts, Ende des 19. Jahrhunderts brannte es bis auf die Grundmauern ab und war dann tatsächlich schwarz. Hieß das Haus nach dem Bach oder umgekehrt? Wie kommt jemand darauf, in dieser Abgeschiedenheit leben zu wollen? Haben sich die Bewohner in diesem Tal geschützt gefühlt oder eher gefährdet? Was aßen sie, zu einer Zeit, als jedes Lebensmittel auf dem eigenen Rücken oder auf dem eines Ochsen mühsam herbeigeschafft werden musste? Erlebten sie abseits der sozialen Kontrolle, die im Dorf herrschte, eine große Freiheit? Oder waren sie gefangen in Kargheit und Bedrängnis? Das Haus im Wald, es stellt Fragen nach der Möglichkeit eines ganz anderen Lebens. So abgeschieden wie heute lag die Hausstelle damals allerdings nicht. Unmittelbar an ihm vorbei führte die »Via francofurtensis«, eine alte Handelsroute, die das Bilsteiner Land mit Hessen verband und auf der ein reger Handelsverkehr mit Pferdefuhrwerken stattgefunden haben wird.

Zuerst bewohnte die Familie eines Jagdaufsehers des Freiherren von Fürstenberg das Haus Schwarz. Vermutlich haben sie fast autark gelebt, vom Getreide, das auf kleinen, in Terrassen angelegten Äckern wuchs, von der Milch ihrer Kühe, von den Eiern ihrer Hühner und Enten, von Beeren, die sie im Wald pflückten, und vom Wildbret aus der Jägerei. Viele Mägen waren zu füllen, ein Taufbuch meldete zwölf Kinder im

Hause Schwarz. Die Familie errichtete ein Hofkreuz, an dem sonn- und feiertags gebetet wurde, wenn – bei hoher Schneedecke – an einen Marsch zur Kirche nicht zu denken war. Ein glückliches Leben, genährt von der Fülle der Natur? Oder ein Dasein im Jammertal? Als das Haus abbrannte, wenige Jahre vor Anbeginn des 20. Jahrhunderts, zogen die letzten Bewohner fort, die Reichlings, wie die Familie nach Einheiratung hieß; deren Nachkommen leben heute noch in den umliegenden Dörfern.

    Was bleibt? Die Grundmauern und der Keller, denen der Brand einst nichts anhaben konnte, wurden zugeschoben, aber mit geübtem Blick erkennt man die Stelle noch. Ältere Heinsberger wissen sogar, wo ein Stachelbeerstrauch aus dem Garten derer von Haus Schwarz überlebt hat und 120 Jahre nach dem Exodus der Bewohner immer noch Früchte trägt. Vor Jahren errichtete die Familie erneut ein Kreuz, das an den Beginn im Rüsper Wald erinnert. Ich sitze auf der Bank daneben, geschützt von jungen Bäumen in meinem Rücken, der Blick folgt den Bachkurven ins weite Tal hinein. Ich packe meine Vesper aus. Ein Gefühl von Geborgenheit stellt sich ein. Aber für mich ist die Sache ja auch einfach: Ich muss die Zutaten für's Käsebrot nicht auf den Wiesen vor mir selbst produzieren.

Schwarzbachtal
51.049434 | 8.202152

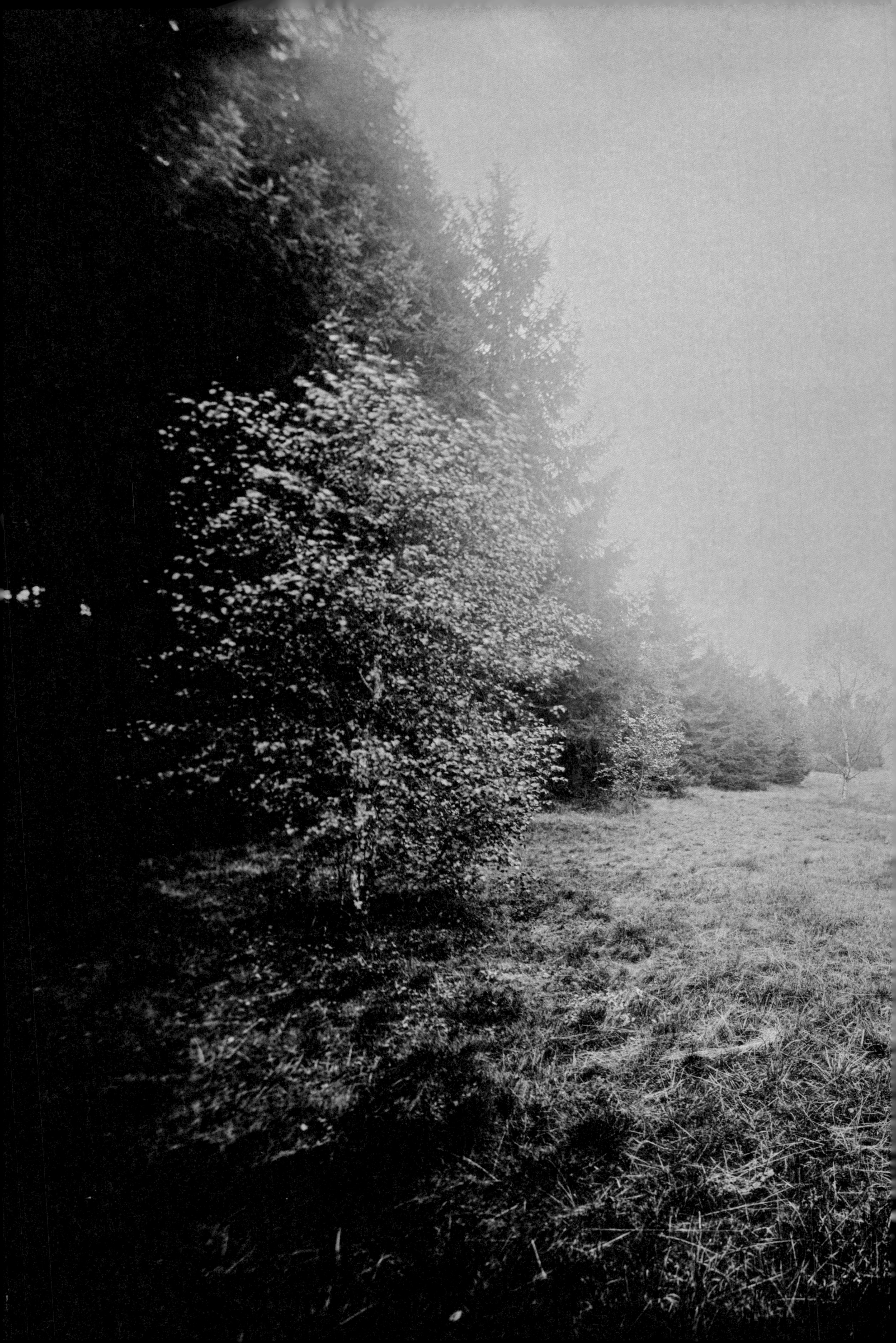

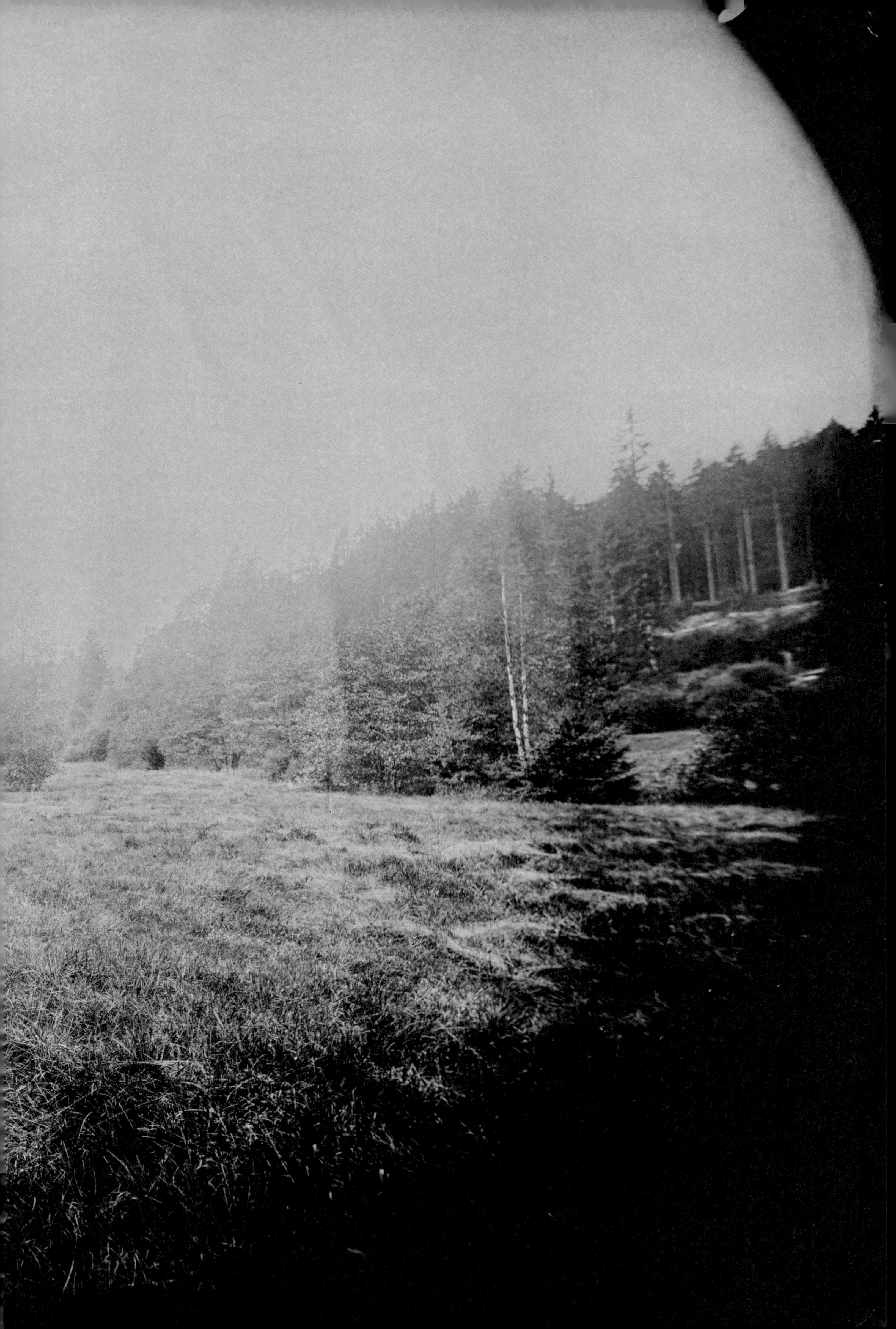

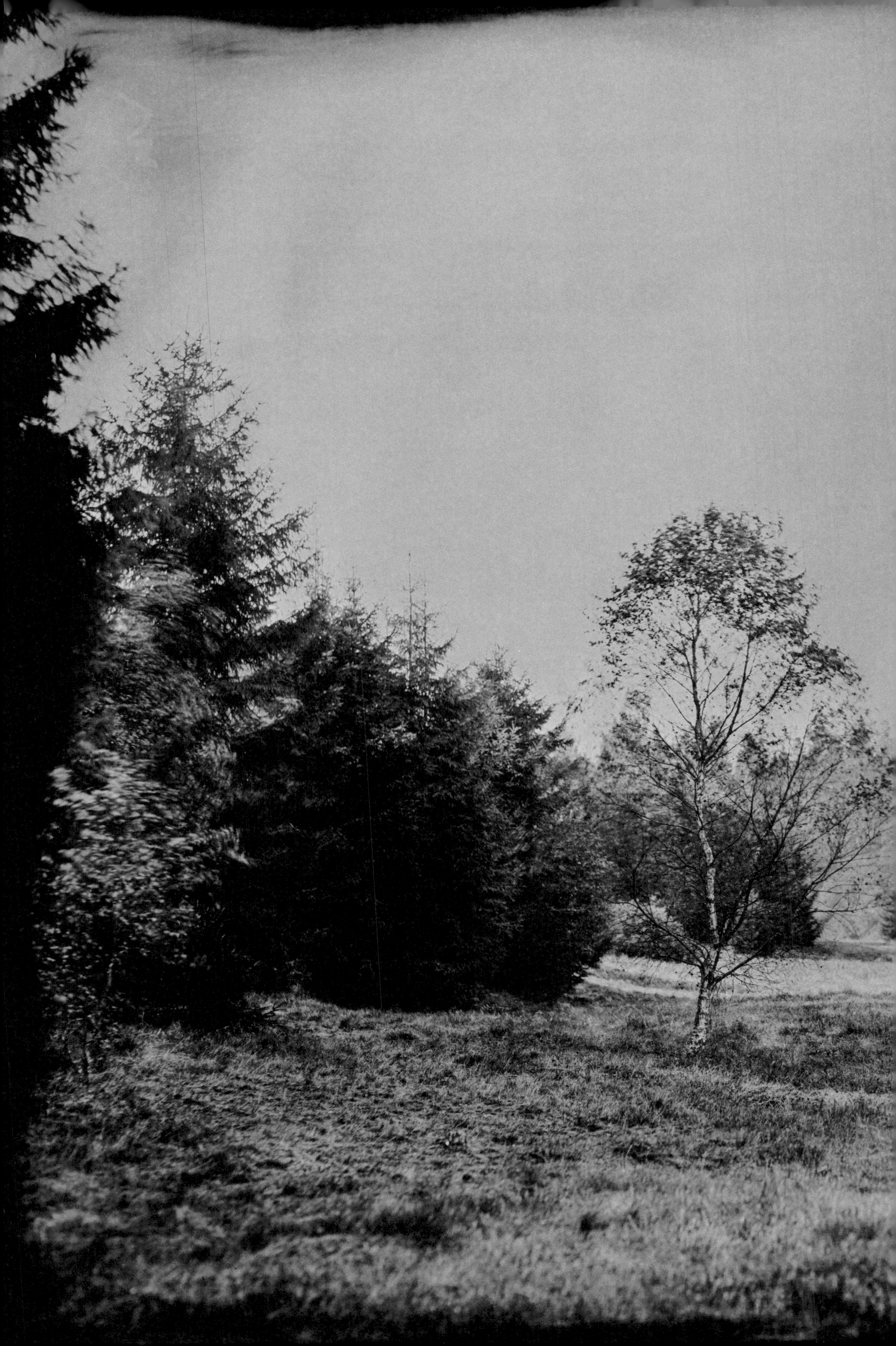

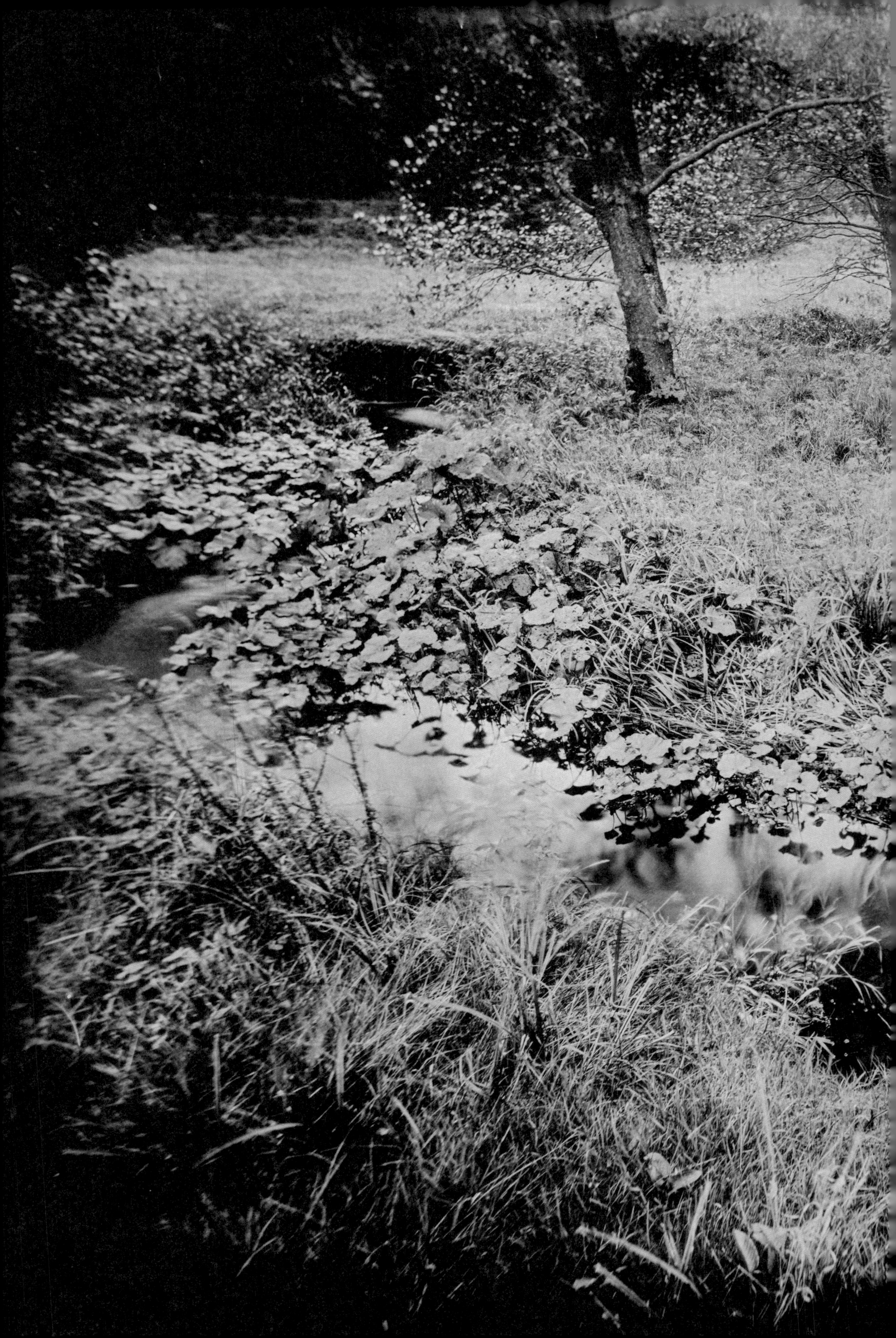

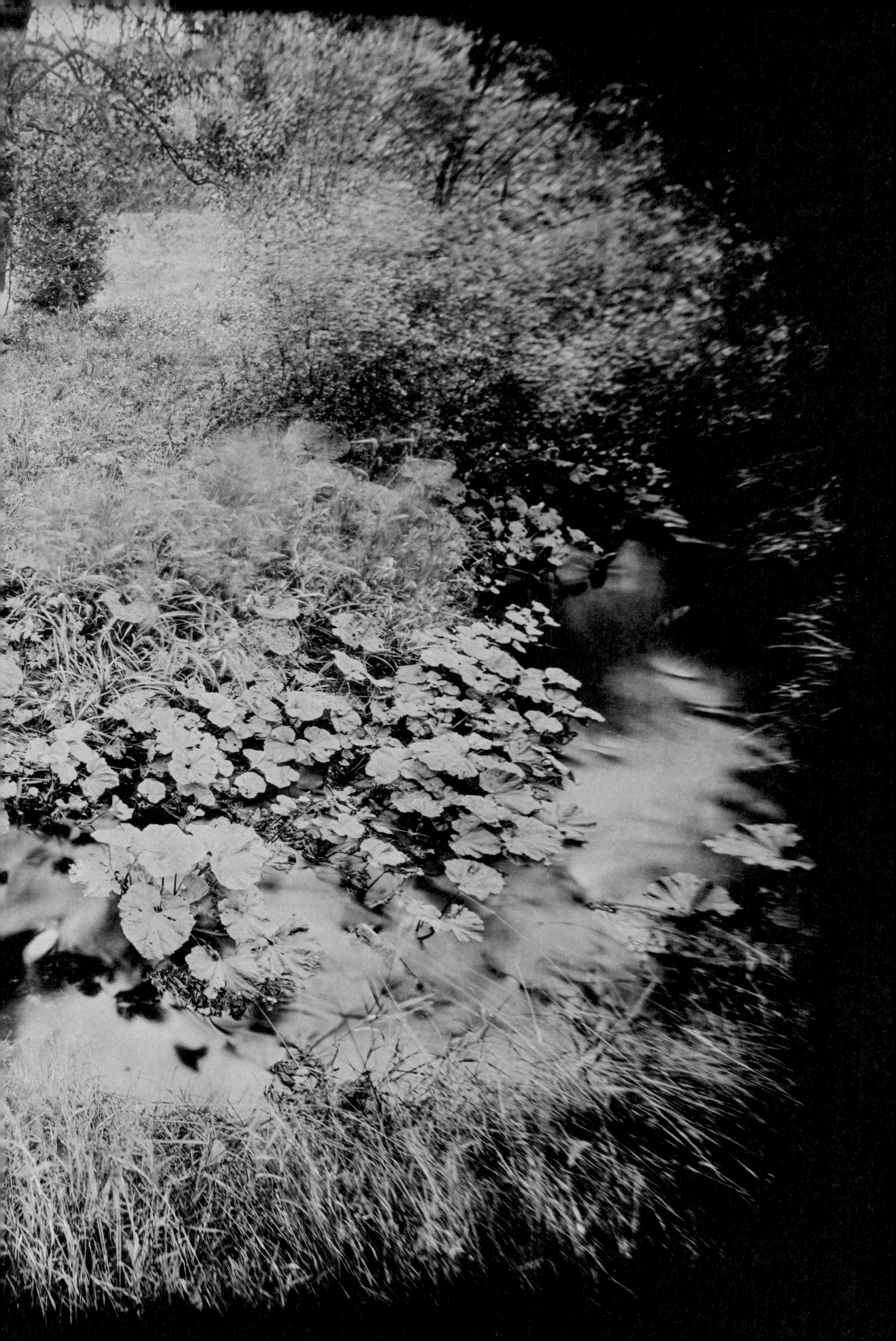

Steinbruch am Schinkenkeller
Verwandlung

Brauchen Seelenorte eine Inszenierung,
um zu faszinieren?
Nein, brauchen sie nicht.
Aber wenn eine Szenografin es versteht,
mit einfachen Kunstgriffen
das poetische Potential eines Ortes
herauszulocken,
ergreift das auch Menschen,
die womöglich achtlos
vorübergegangen wären.

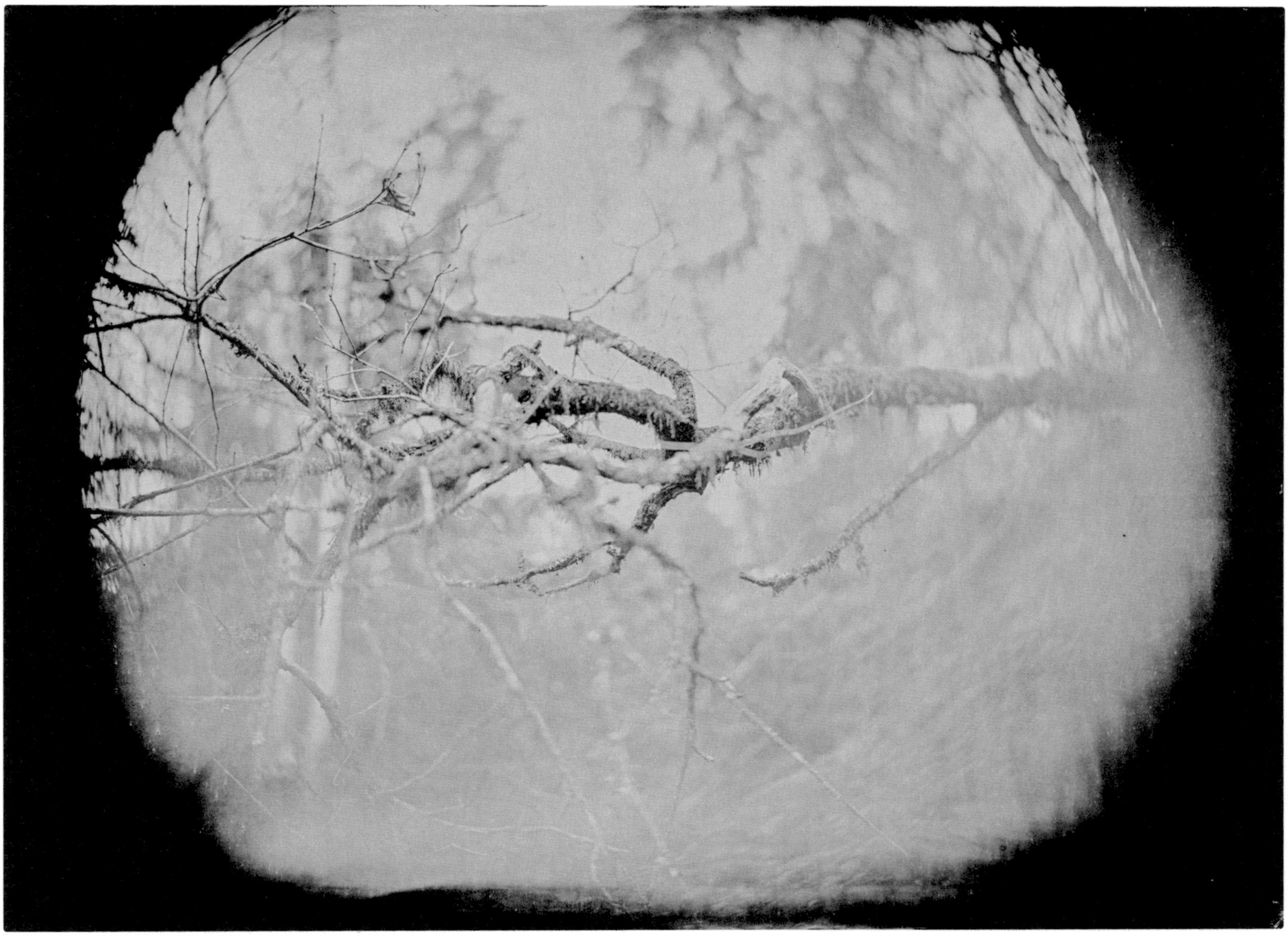

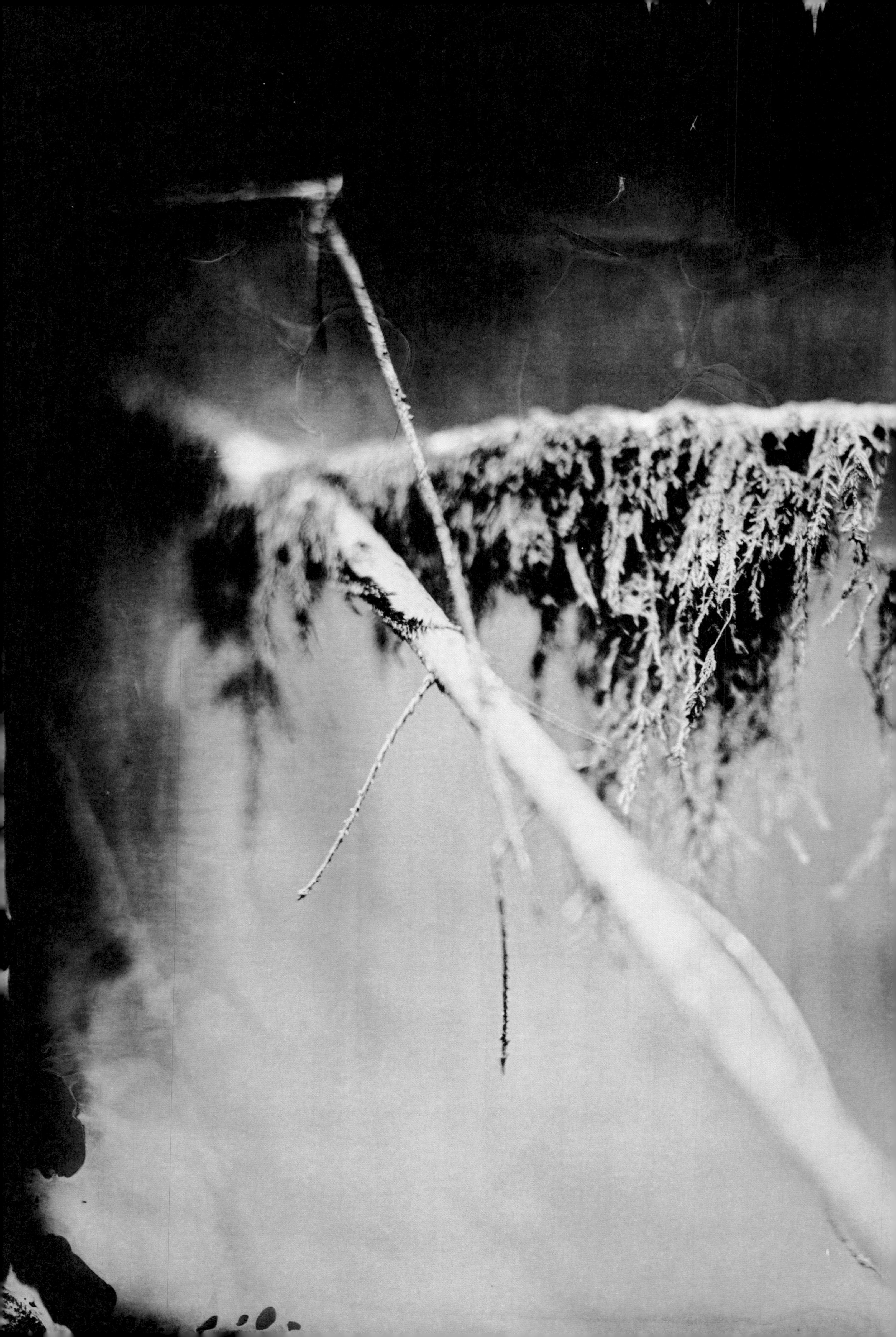

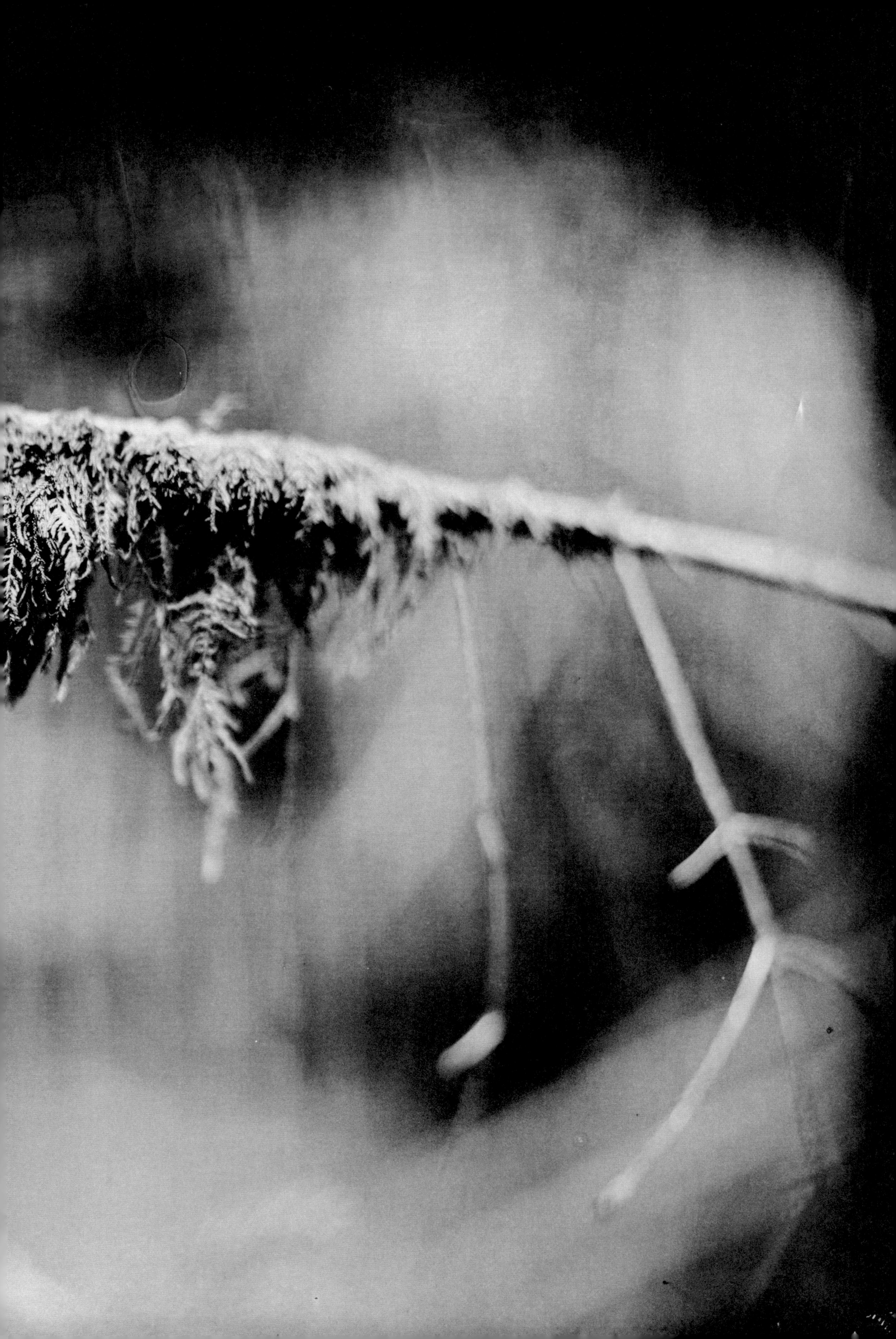

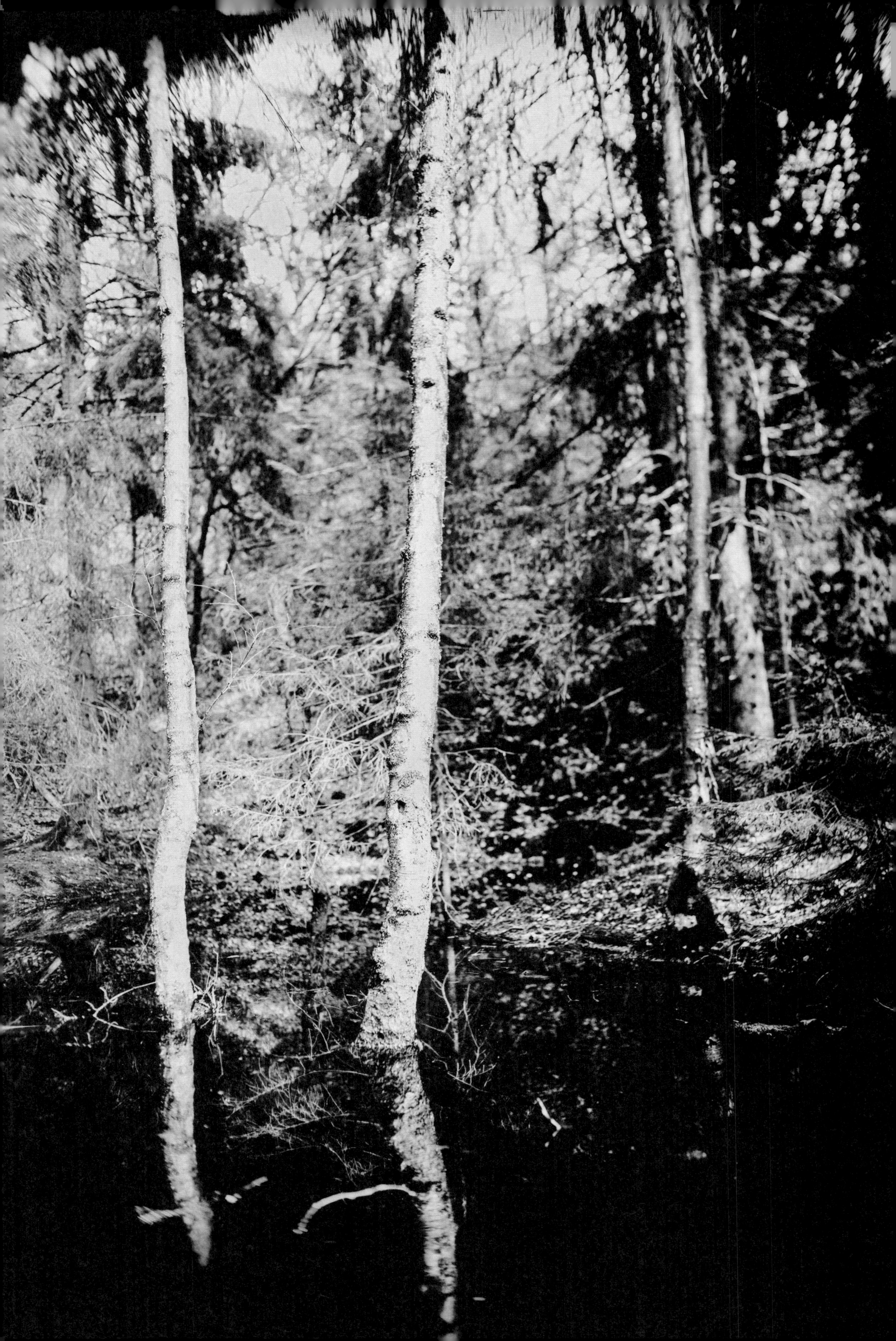

Normalerweise legt Ulrike Wesely doppeltes Sprechtempo vor. Als Kulturmanagerin muss sie viel organisieren und Menschen von Projekten überzeugen, da hilft der Zungengalopp. Doch bei einer Versammlung, in der es um Benennung möglicher Seelenorte in ihrer Gegend ging, warb sie für den Steinbruch bei Silberg, indem sie genau das Gegenteil machte. Sie sprach sie ganz langsam, sagte nur wenige Sätze, dazwischen lange Pausen. Das muss sich ungefähr so angehört haben: »Versteckt im Wald... Geheimnisvoll mit engem Eingang...Es herrscht eine große Stille... Frühling, Sommer, Herbst und Winter – der Ort verwandelt jedesmal sein Gesicht... Leise werden die Menschen dort, ganz leise... Langsamer werden sie auch... Sie hören, wie die Natur zu ihnen spricht...« Keiner der Anwesenden hatte vorher von dem geheimnisvollen Steinbruch gehört. Doch die Performance war so eindrücklich und der Ort so präsent geworden, dass die Entscheidung einhellig ausfiel: Er wurde ausgewählt.

 Heute Morgen drosselt Ulrike Wesely erneut die Geschwindigkeit, um mir Gelegenheit zum Mitschreiben zu geben. Sie will mich nacherleben lassen, wie sie im letzten Jahr den Steinbruch unter dem Titel »Verwunschen« inszeniert hat. Wir laufen bergauf aus dem Ort hinaus, lassen die gebaute Welt hinter uns und betreten die gewachsene Welt des Waldes. Wesely zeigt an einer Weggabelung auf einen Baumstumpf: »Sehen Sie die Frau mit dem grünen Umhang... Das ist die Geschichtenerzählerin... Ein Märchen aus alter Zeit...« So plastisch-fantastisch ist ihre Beschreibung, dass die Frau tatsächlich für mich erscheint.

 Ein wenig später deutet sie auf eine Lichtung abseits des Weges. Eine großgewachsene Dame mit blondem Wallehaar und langem blauen Kleid tritt zwischen den Bäumen hervor und spielt Violine. Der weiche Waldboden wird zur Bühne. Die klassischen

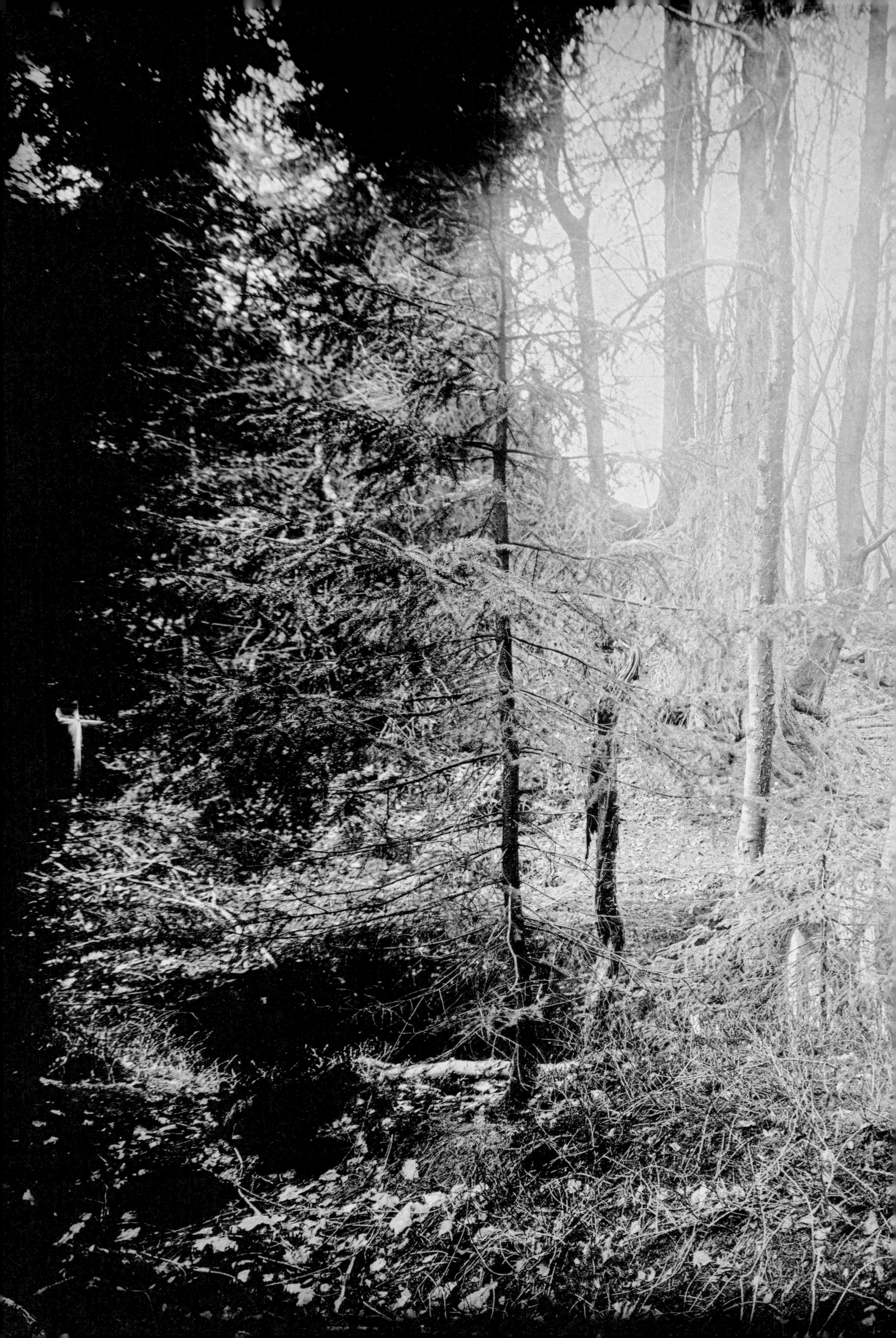

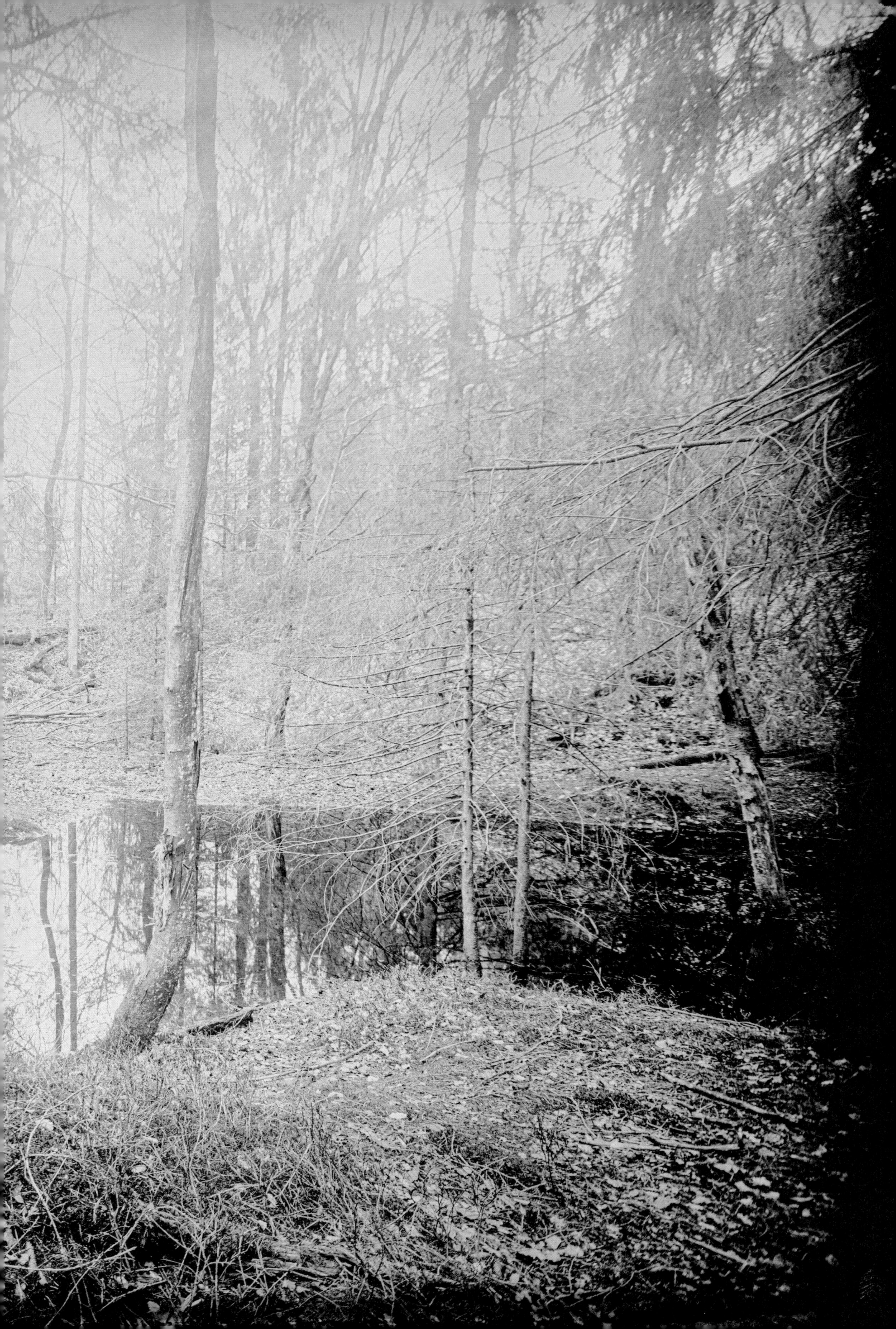

Melodien wirken exotisch, wie sie jetzt zwischen harzigen Stämmen ihren Weg zu unseren Ohren finden, entfleucht dem Smoking-und-Abendkleid-Ambiente steifer Konzertabende, sich einfädelnd in die Sinfonie von Singvögeln, quietschenden Ästen und Buschtrommeln. Das alles kann ich hören, als geschehe es gerade jetzt.

Am Eingang zum Steinbruch steht die Wächterin. Schwarzer Umhang, ernstes Gesicht. Die Gespräche der Eintretenden verstummen. An manchen Stellen des Talkessels sind die felsigen Wände steil und abweisend. An anderen sanft ansteigend, wie eine Einladung, sich in die Höhe zu wagen und sie zu erforschen. In der Mitte ein Weiher mit dunkelbraunem Wasser. Seine Oberfläche ist mit welken Blättern vom Vorjahr bestreut, seine Tiefe undefinierbar. Formt er ein Herz? Oder einen Halbmond? Eine dunkle Leinwand für die Projektionen unserer Fantasie.

Verstreut hinter jungen Tannen und toten Stämmen stehen Musiker. Glocken, Zimbeln und Klangschalen werden angeschlagen, sie weben einen Teppich aus Tönen, der durch den Steinbruch zu schweben scheint. Die Erzählerin tritt noch einmal auf. Und dann die Hauptperson des Tages: die Stille.

Aus dem Verwunschenen zurück ins Jetzt. Ich stehe mit Ulrike Wesely am schwarzen Weiher, und nachdem sie mir die Inszenierung so anschaulich und wohltönend geschildert hat, schweigen wir in wortlosem Einverständnis. Ich schaue mich noch einmal mit frischem Blick um. Dunkles Wasser, helles Blattgrün an den Zweigen, bemooste Steinblöcke, knorrige Baumstrünke, die mir runzlige Fratzen zu schneiden scheinen. Und dann die Frage: Braucht ein solcher Ort überhaupt eine Inszenierung? Reicht es nicht, zu schauen, zu lauschen und ein wenig die Seele baumeln zu lassen, und jeder erschafft sein eigenes Szenario?

Burg für Hollen und Zwerge. Hochseilgarten der tanzenden Feen. Rückzugsort für seltene, von Menschen noch nie gesichtete Tierarten. Schauplatz des letzten Gefechts zwischen Indianern und weißen Siedlern. Opernhaus für stumme Konzerte für Osterglocken und Waldmeister.

 Gleichzeitig bewundere ich, wie Wesely mit wenigen, behutsamen Eingriffen das poetische Potenzial dieses Ortes herauslockt und verstärkt. Sie setzt Akzente, verwandelt den Steinbruch in Konzertsaal, Erzählstube und Waldkino. Und wenn alle nach Hause gehen, bleiben keine Spuren zurück. Der Ort gehört wieder sich selbst. Abgelegen, verwunschen, ein verstecktes Fragezeichen. Bereit für den nächsten Fantasie-Ausbruch, von wem auch immer.

Kirchhundem-Silberg
51.027320 | 8.025985

SteinZeitMensch
Verrückt sein

Warnung.
Der folgende Text ist verrückt.
Die Perspektive wurde mal
ein Stückchen nach links,
mal ein wenig nach rechts verrückt,
hin und her.
Der Autor hatte nichts eingenommen.
Nur mal losgelassen
und notiert, was ihm einfiel.
Freilaufende Gedanken
sind glückliche Gedanken
in artgerechter Haltung.

Die Fantasie flaniert mal wieder durch den Wald. Fliegt. Pirscht. Rennt. Schleicht. Frei umherschweifend, hier um eine Tanne wirbelnd, dort in ein Bodenloch kriechend. Sie klettert auf Felsen, schwingt sich von Baumkrone zu Baumkrone, sie ist ein wildes Mädchen, wehe wenn sie losgelassen. Heute nimmt sie spaßeshalber den Rothaarsteig als Fantasiefluglinie, Schanze – Jadghaus, hin und zurück, First Class. Was für ein Luxus! Sie spielt Boule mit einem Goldenen Ei, rammt einen riesigen Krummstab in den felsigen Boden, als sei sie Bischöfin der »Kirche der entfesselten Mächte«, stößt auf einen verschollen Falken, »mit dem spiel ich Fangen, der hat 'nen Körper aus Tannen«. Und dann entdeckt sie diese Lichtung. Perfekter Landeplatz. Hier kann sie sich so richtig austoben.

    Als erstes spielt sie Köllsche gegen Nassauer. Eine kaum bekannte Variation von Räuber und Gendarm oder Indianer gegen Cowboys. Die Köllschen siedeln nördlich des Rothaarkamms, die Nassauer südlich. Damit das Spiel über die Jahrhunderte spannend bleibt, erfindet man zwei unterschiedliche Dialekte, feindliche Landesherren, und die einen beten das Kreuz linksrum, die anderen rechtsrum an, sprich: evangelisch versus katholisch. Bei Fürstenwechsel wird getauscht. Die Fantasie versammelt die Köllschen und Nassauer auf der Lichtung, lässt sie eine Weile aufeinander fluchen, mit den Fäusten drohen und Ringkämpfe austragen, halt der übliche Jungskram. Als alle tüchtig durchgewamst sind und ziemlich demoliert aussehen, will die Fantasie was mit ihnen bauen. »Ich leg hier mal ein Steinchen in die Mitte, und ihr stellt ein paar Hölzchen drumherum.«

    Köllsche und Nassauer wundern sich, viel zu einfache Aufgabe, aber was soll's. Bis... ja, bis sie das Steinchen sehen, dass die Fantasie im Sinkflug über der Lichtung abwirft. Ein Quarzit, 150 Tonnen schwer,

vier Manns hoch, da ist wohl die Fantasie mit der Fantasie durchgegangen. Aber Sauerländer und Siegerländer, im Holzhauen erfahren, nehmen die Herausforderung an. Soll uns doch keiner nachsagen...
Muss aber Hand-in-Hand gehen. Also Kampfpause. Dicke Douglasien sind ruckzuck abgesägt, abgeschält, aufgestellt. Drei links, drei rechts, watt Dickes quer drüber, ha, wir stellen den schwatten Brocken mit unsern Tannen-Tempel in den Schatten! Aber kaum ist das Gemeinschaftswerk vollbracht, geht der Zwist auch schon wieder los: Wer hat die den schönsten Stamm gesägt, wer hat am schwersten getragen, wer hat die schärfere Axt. Sauer gegen Sieger. Neue Runde Haareraufen am Rothaarkamm.

Die Fantasie verliert die Lust. Räumt die Lichtung leer. Neues Spiel, juchuh. Als Fee führt sie ihr Lieblingswildschwein an der Leine. Gassi gehen ohne Gasse. Lieber über Stock und Stein, querfeldein, so muss es sein. »Hart« hat sie den Eber getauft, wegen seiner bockelharten Borsten im Fell. Der Eber Hart schlägt bei jedem seiner Ausflüge eine Schneise der Verwüstung durch die Wälder. Der Fee gefällt's. Denn an den Schneisen stehen Jäger und Bauern Spalier, verzweifelt über den Wildschaden, und denen kann sie dann drei Wünsche anbieten – die natürlich nie in Erfüllung gehen, das gibt's ja nur im Märchen. Die einzige, der es überhaupt nicht gefällt, wie hier neuerdings der Wald umgepflügt wird, ist die Hexe Lili Fischer. Sie wohnt auf dem Hexenplatz und ist tierisch sauer, weil alle ihre Zauberkräuter und magischen Pilze vom Eber Hart unter den Rasen gepflügt werden.

Die Hexe sinnt auf Abhilfe. Wälzt uralte und hochmoderne Rezeptbücher. Googelt. Fragt in der Hexen-Community rum. Schließlich hat sie ihn: den stärksten Zauberspruch aller Zeiten. Nur die Fantasie kann ihn direkt in die Sprache Fantastisch übersetzen.

Für Normalsterbliche klingt er ungefähr so: »JPQYYJ Gerz klöjin e!!!« Die Hexe reitet auf ihrem Besen durch die Lüfte. Bis sie unten auf der Lichtung die Fee erblickt, mit Eber Hart an der Leine, der mal wieder die Sau raus- und kein gutes Rothaar am Kamm lässt. Flugs trifft ihn der Zauberspruch: »JPQYYJ Gerz klöjin e!!!« Was passiert? Der Eber Hart erstarrt. Kann sich nicht mehr bewegen. Wird nun wirklich hart, hart wie Stein. Zack, zur Sicherheit noch eine Art Stall aus massivem Tannenholz drumherum: Der rührt sich nicht mehr vom Fleck!

Als nächstes will die Fantasie was spielen, was sie noch niemals nicht...

Halt, Stop, Pause! Liebe Wandererin, lieber Wanderer: Jetzt bist du dran. Setz dich auf das Waldsofa am Rande der Lichtung. Schau auf den Stein, nimm dir Zeit, sei ganz Mensch und lass beim Betrachten der Skulptur von Nils-Udo gefälligst deine eigene Fantasie fliegen.

Nahe Bad Berleburg
51.111599 | 8.380608

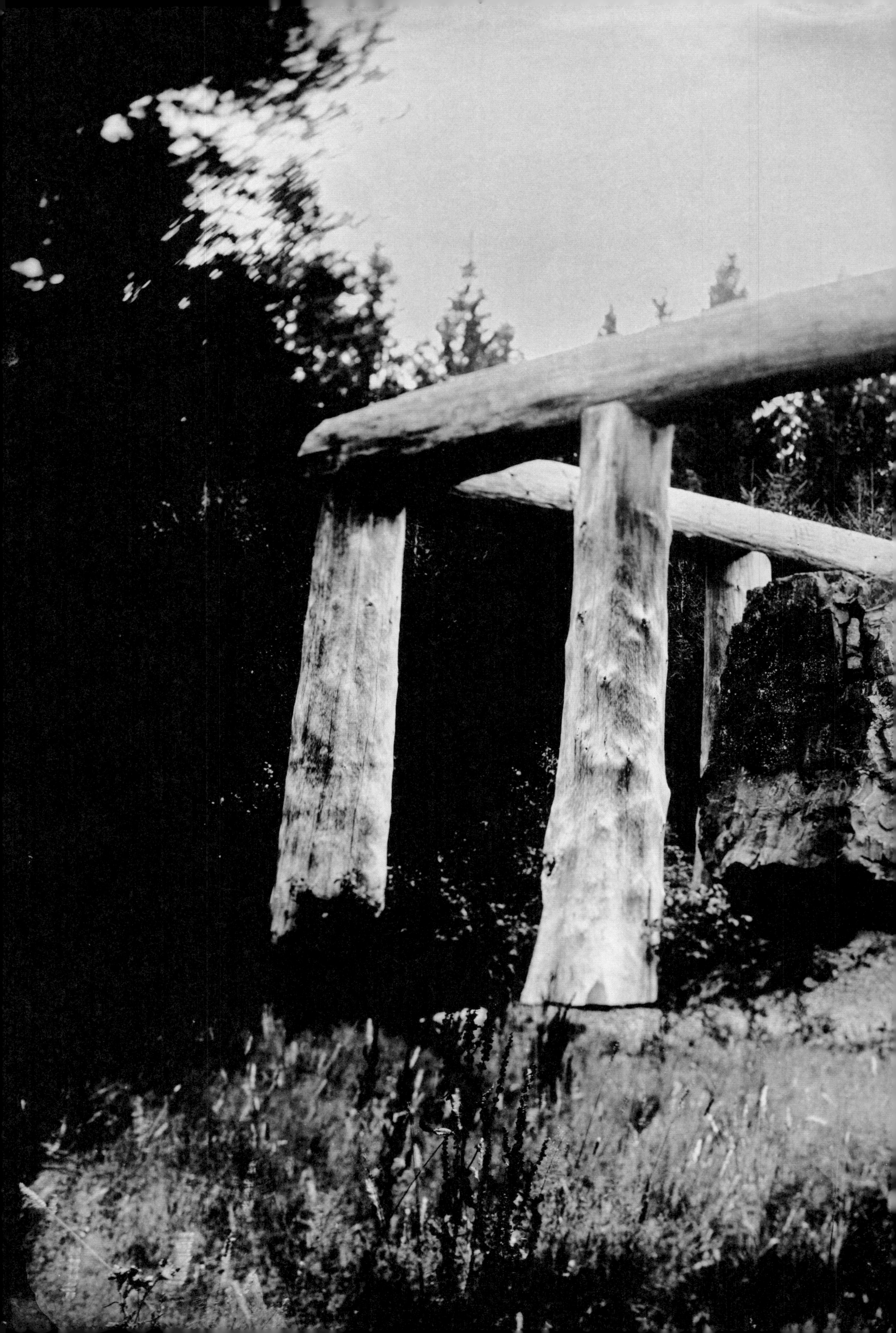

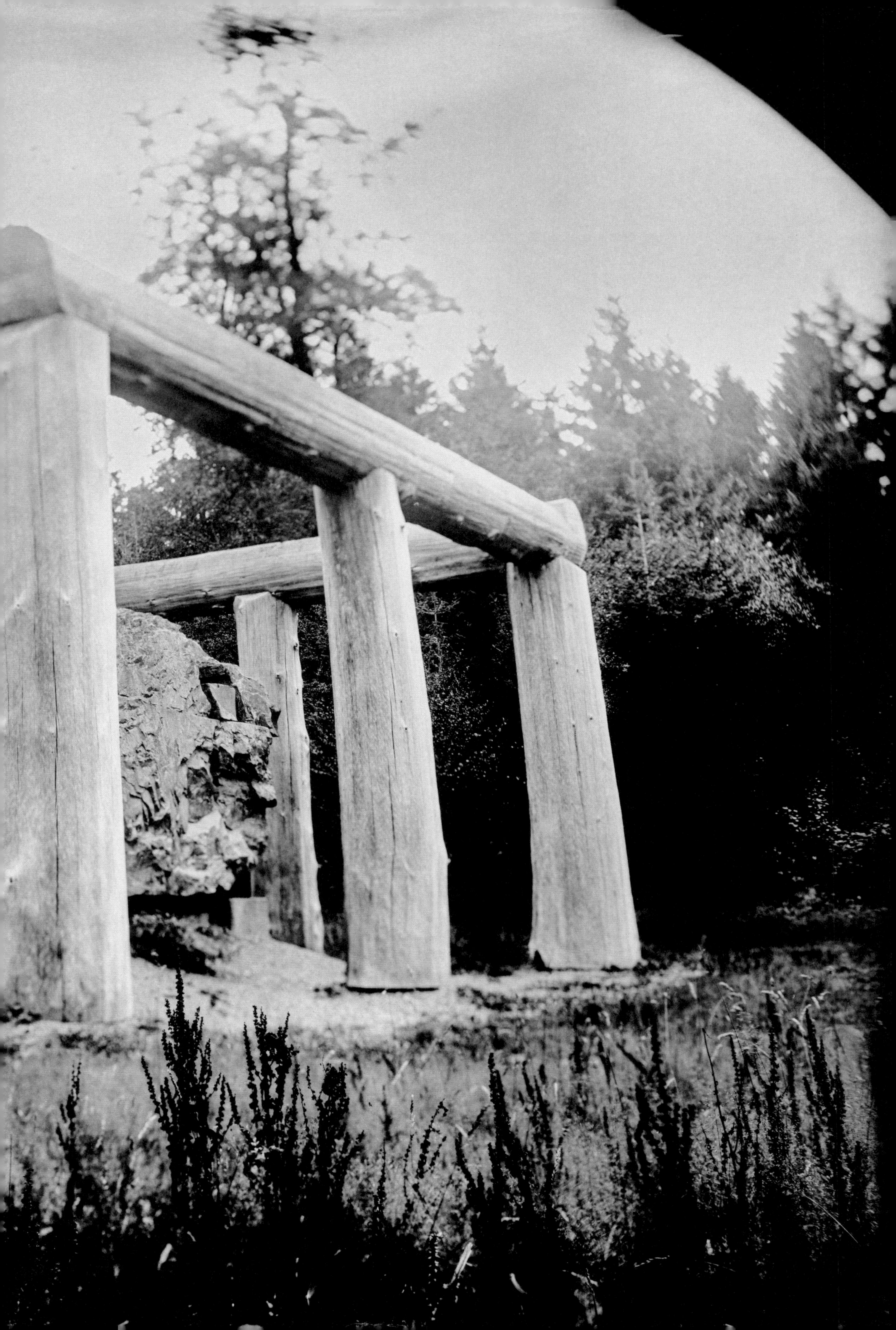

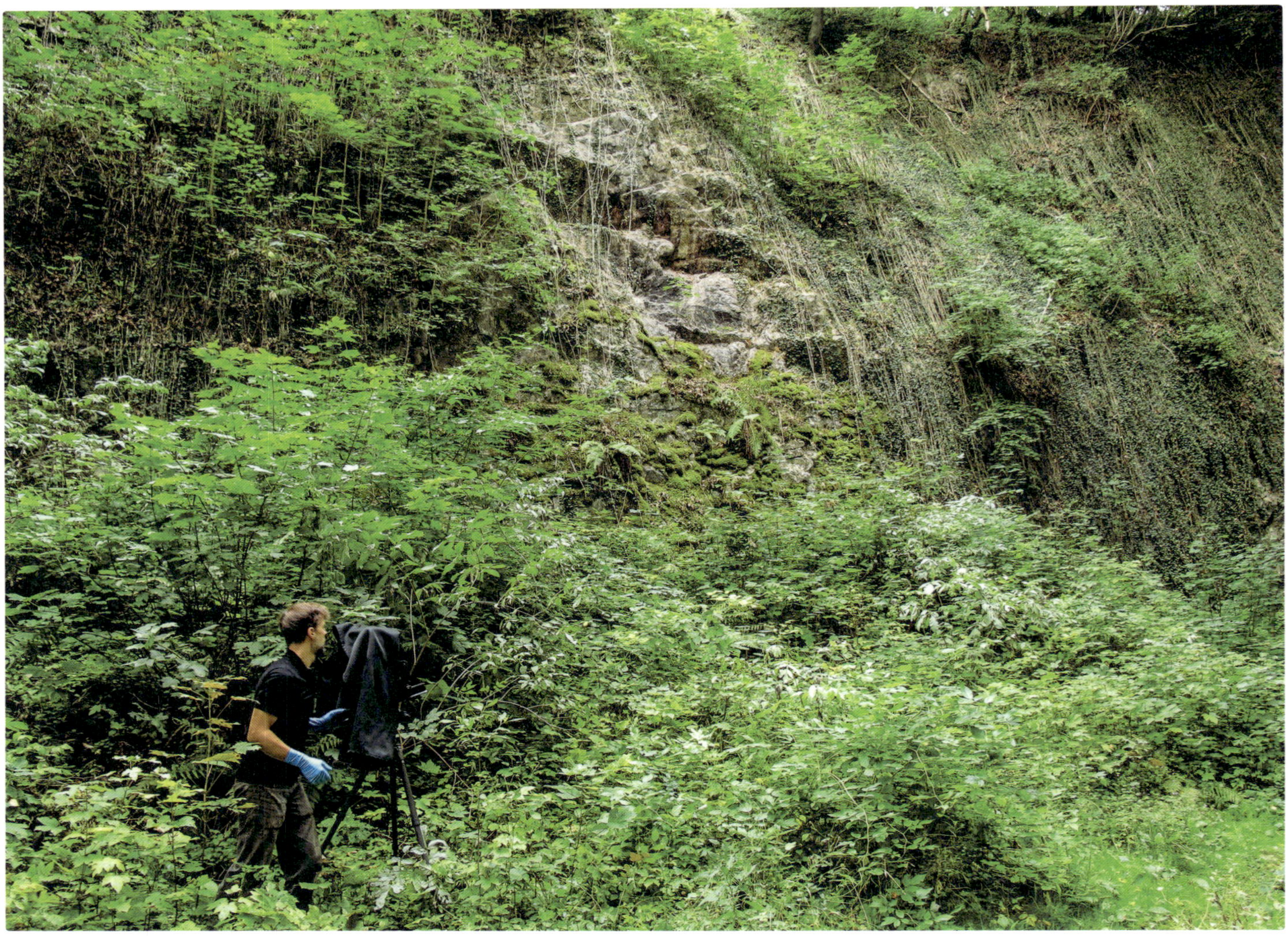

Gefühlsbilder jenseits der Zeit
Die Fotografie von Christian Klant

Langes Schauen.
Achtsames Annähern.
Das Motiv selbst
die Regie übernehmen lassen.
So entstanden Nassplatten-Bilder
die keiner Mode,
keinem Zeitgeist folgen.

Der Lichtmaler betritt den Ort. Er beginnt sein Werk damit, dass er.......................... .... nichts tut.....................
Jedenfalls nichts, was jemand sehen könnte, der ihn beobachtet. Es ist für ihn die Zeit....... .... des Ankommens.

Von dem Ort, den er betritt, gibt es Geschichten. Beschreibungen anderer. Deutungen. Auch Fotos...................... Doch der Lichtmaler hat nichts gelesen, nichts angeschaut. Seine Form der Vorbereitung ist die Nichtvorbereitung. Die Unvoreingenommenheit. Aber gilt nicht das Goethe-Wort »man sieht was man weiß«? Ja................. sagt Christian Klant, ... aber man kann, gelenkt von den Vorinformationen.......... abgelenkt von den Vorinformationen............................. .... auch leicht etwas übersehen.

Christian sucht seinen Platz. Lässt sich nieder, lässt sich ein... sagt er... will den Ort...... mit dem Herzen genauso erfassen wie......... ... mit den Augen... mit den Ohren...... mit der Nase. Die Eindrücke einsickern lassen.

Er macht viele Probeaufnahmen. Nicht mit der Kamera....... Im Kopf.... Intuition verbindet sich mit Erfahrung und erspürt, wie seine Kamera, seine Objektive, sein Bildausschnitt... .... Lichtimpulse an dem Ort, den er betritt, zu einem Foto transformieren werden. Im Kopf belichtet er. Im Kopf verwirft er Positionen. Im Kopf verändert er Ausschnitte. Der Kopf spricht mit dem Herzen......... .... sagt er. Das langsame Ankommen ist seine emotionale Hygiene... sagt er.

Ein stimmiger Standort wird gefunden. Das schwere Stativ. Die große Balgenkamera. Das schwarze Tuch............ Seine Lichtmalerei ist Handarbeit. Das exakte Gegenteil digitaler Schnellschüsse. Die Handarbeit erzwingt Langsamkeit. Werde ich zu schnell... ... sagt er......... scheitere ich regelmäßig. An dem Ort, den er betritt, baut er eine mobile Dunkelkammer auf. Es ist ein rotes Zelt. Lichtdicht. Gedacht eigentlich zum Eisangeln. Beißen Fische besser, wennn's über dem Eisloch dunkel ist?

Im lichtdichten Zelt wird eine Metallplatte mit einer Kollodium-Lösung benetzt und gleich darauf mit Silbernitrat sensibilisiert. In einem lichtdichten Kasten bringt Christian die nasse Platte zur Kamera. Mit seinem schwarzen Umhang wirkt er wie ein Zauberer.

Zauberisch....................................... .... sind die Wandlungen, die jetzt geschehen, wenn er den Objektivdeckel für ein paar Augenblicke lupft, Licht auf die Platte fallen lässt, mit dem Decken den Lichtkanal wieder verschließt. Er geht zum roten Zelt. Darin lasse ich ihn allein............ bis er wieder hinauskommt. Im Gras steht eine weiße Plastikwanne. Im Wasser wiegt Christian die Platte. Das Staunen....................... ...... sagt er...... hat mich nie verlassen, wenn ich zusehe, wie sich im Entwicklerbad die Konturen des Bildes herausschälen........ zu schärfen beginnen........... das Bild sich mir erstmals ganz zeigt. Das ist auch der Moment, in dem
sich zeigt: Gelungen oder nicht?

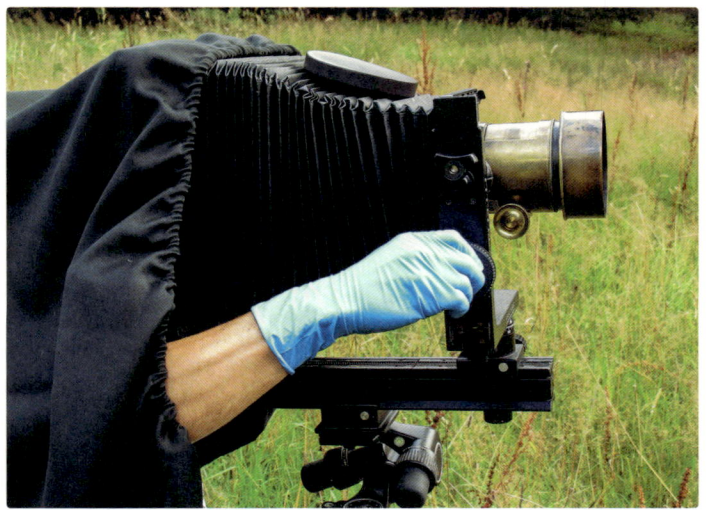

Bevor ich für diesen Text ein Interview mit Christian führte, dachte ich: Eigentlich weiß ich doch schon so viel über seine Arbeit. Schließlich sind wir mehrfach zusammen ins Sauerland gereist, haben uns auf langen Autofahrten – das Sauerland ist größer, als man denkt, auch durch die vielen Straßenkurven – über unsere Herangehensweisen ausgetauscht. Doch dann war ich überrascht, wie viel Neues ich im Interview von ihm erfuhr. Belohnung dafür, mit einem leeren Anfängergeist zu fragen.

Die Kollodium-Nassplatten-Technik, mit der Christian Klant arbeitet, ist 170 Jahre alt. Einige seiner Objektive 150 Jahre. Seine Großformat-Kamera hingegen mit cirka 30 Jahren geradezu jugendlichen Alters. Seine schwarzweißen Bilder sollen nicht alt oder historisierend anmuten. Vielmehr wirken sie wie aus der Zeit gefallen. Sie lassen sich keiner Epoche zuordnen. Damit entsprechen sie der Qualität der Seelenorte auf besondere Weise. Orte des äußeren Verweilens und der inneren Einkehr, an denen sich für den, der sich auf sie einlässt, Minuten zur Ewigkeit dehnen können.

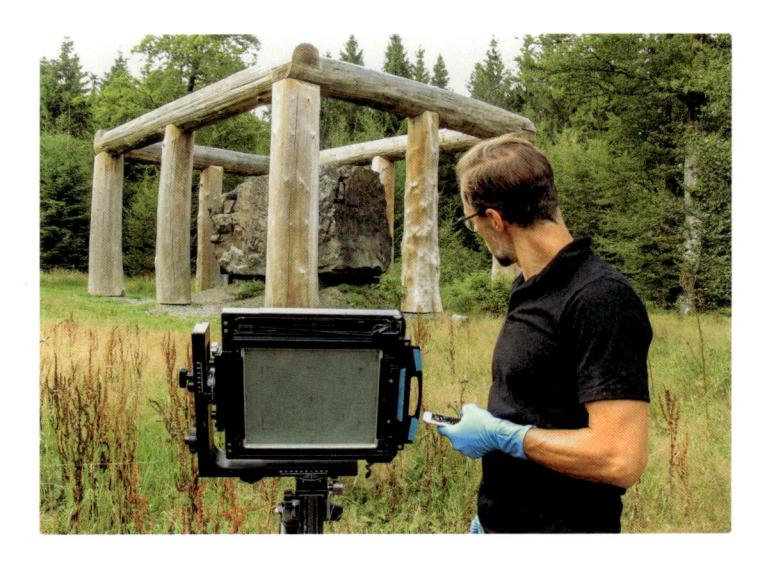

Ewigkeit bedeutet nicht »unendlich viele Jahre«, sondern beschreibt einen Zustand jenseits der Zeit, eine völlig andere Kategorie.

Radikal geringe Tiefenschärfe ist ein weiteres Gestaltungsmerkmal von Christians Bildern. Dadurch löst er seine Motive aus der Landschaft heraus, stellt sie gleichsam optisch frei (keine Photoshop-Bildbearbeitung nötig), lässt sie aus der Umgebung hervortreten. Sie lassen sich auch räumlich kaum noch ver-orten. Doch gerade dadurch werden sie zu *Topoi,* um den griechischen Begriff zu benutzen: zu universellen Orten, die für jeden und überall verständliche Botschaften vermitteln. Ein Gemeinplatz, ein Platz, der uns gemeinsam gehört.

So wird das Foto selbst zum Seelenort. Es löst eine innere, emotionale Reaktion im Betrachter aus, wenn er sich, das gilt gleichermaßen für Bild wie für Ort, darauf einlässt. Mit Muße. Wer achtlos vorbei geht, wer schnell weiterblättert, gibt der *Resonanz* keine Chance. Sie kann, je nach Betrachter, Situation und Stimmung durchaus unterschiedlich ausfallen. Resonanz ist unverfügbar. Sie kann nicht gesteuert, nicht kontrolliert, nicht in Dienst gestellt werden. Und dennoch gibt es eine Gemeinsamkeit von »starken« Orten und Bildern: Wer nach innen lauscht, kann etwas Schwingen, etwas Klingen hören. Da drinnen ist etwas, was sich von dem da draußen berühren lässt. Da drinnen antwortet etwas auf das da draußen mit: Freude, Traurigkeit, Zuversicht, Ängstlichkeit, Mitgefühl.

An den Alme-Quellen etwa ging es Christian um die essentielle Qualität von Wasser. Er sah sie still, fließend, rein, klar. Er wählte eine Stelle im Bachbett, wo die Alme noch jung ist. Gerade geboren. Ein erstes Zwinkern, Blinken, Blinzeln in die Welt hinein. Wer das entstandene Bild betrachtet, würde es nicht der Alme zuordnen können. (Hier gilt »man sieht was man weiß« dann doch.) Eine Abstraktion ist entstanden. Ich will den Wesenskern zeigen, sagt der Lichtmaler.

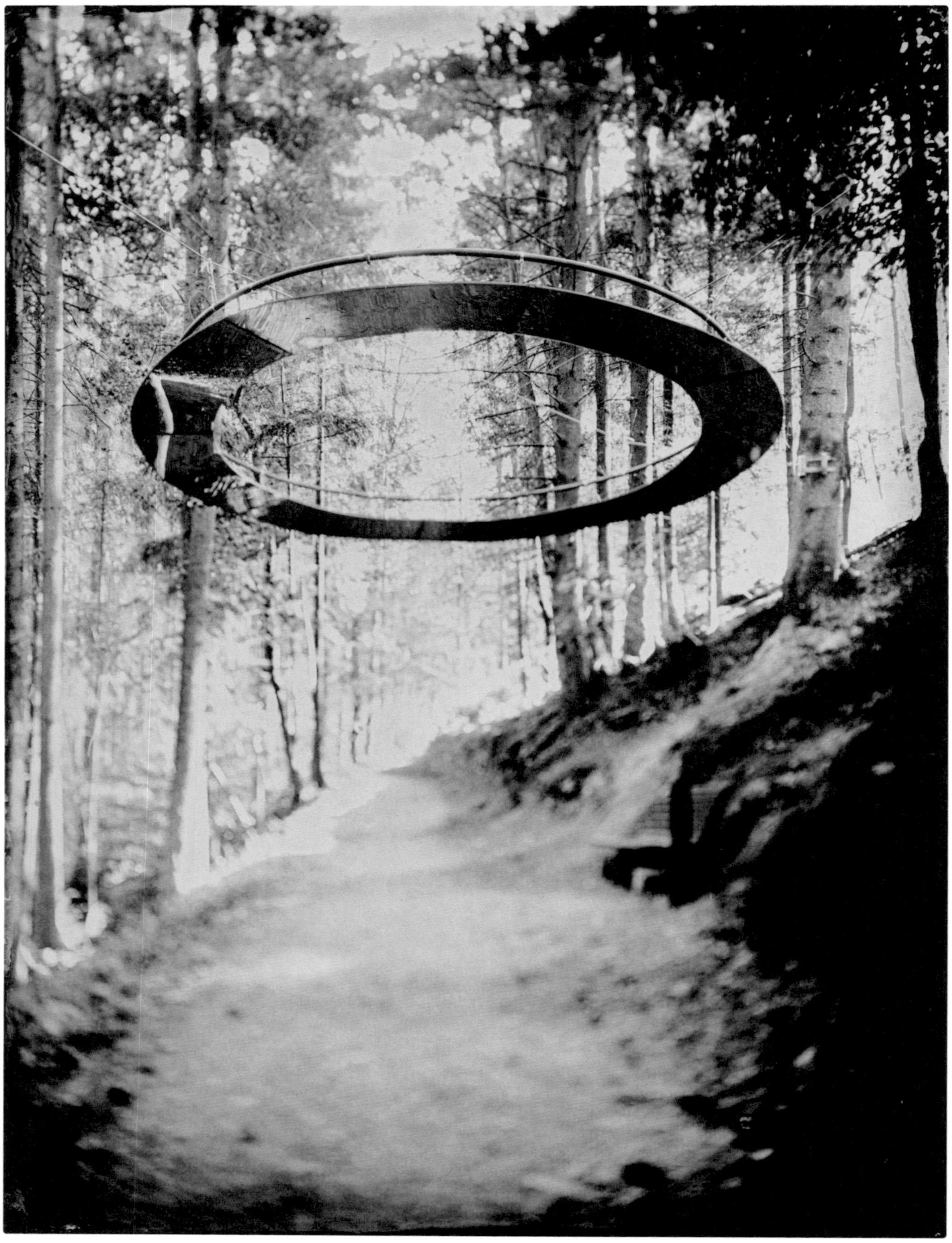

Die Optik der großformatigen Balgenkameras erlaubt ihm, die Schärfeebene in fast beliebigen Achsen durch das Bild zu legen. Ein kraftvolles Gestaltungsmittel. Schärfe und Unschärfe scheiden Wesentliches von Nebensächlichem. Der Blick wird gelenkt. Der Fotograf definiert *seinen* Seelenort.

Ich erinnere mich, wie wir mit dem Kleinbus an den Landschaftstherapeutischen Weg in Brilon heranfuhren. Christian hatte die Skulptur »Feenkranz« ausgewählt. Ein großer Ring aus leuchtend rotem Plexiglas, mit Stahlseilen über einen Wanderweg gespannt. Um mit dem schweren Equipment kurze Weg zu haben, fuhren wir auf einen Weg, der oberhalb der Skulptur entlangführte. Von unten, zwischen den locker stehenden Fichten hindurch, strahlte... ja, was...? Ein Heiligenschein. Ein gelandetes UFO? Des Waldriesen Wurfscheibe? Jedenfalls eine Irritation. Als solche war sie vermutlich auch von denen gedacht, die diesen Weg als Lernreise angelegt haben. Die Skulptur zieht an und stößt vor den Kopf gleichermaßen.

Christian sieht in dem runden Gebilde eine Lupe. Besser noch: ein Brennglas. Der Platz unter der Kranzmitte als Brennpunkt. Hier, sagt er, würde ich mein Meditationskissen platzieren. Die Bank am Wegesrand, aufgestellt fürs landschaftstherapeutische Verweilen, stört ihn im Bildaufbau. Er experimentiert so lange mit der Tiefenschärfe, bis sich die Bank gleichsam auflöst. Eine geheimnisvoller Waldtempel ist entstanden, gekrönt von einem Kranz in den Bäumen, ein Platz mit magnetischer Anziehungskraft.

Wir fahren zum »Steinbruch an der Peperburg« bei Grevenbrück. Finden im Wald den fast zugewachsenen, schmalen Zugang, hinter dem sich weiter Kessel öffnet. Die Bagger sind schon vor vielen Jahrzehnten abgezogen, das Stakkato der Hämmer und Brecheisen ist schon lange verklungen. Ein Steinbruch als Seelenort? Ich spüre die ungeheure Lebenskraft der Natur, sagt Christian, hier findet eine Rückeroberung statt. Junge, starke Bäume haben sich ihren Platz im Licht erkämpft. Von den seitlichen, steilen Hängen wallt ein üppiger Efeu-Vorhang herab. Der Ort, von den Menschen und Maschinen verlassen ist still geworden, sich selbst genug.

Man kann einen solchen Kessel von drinnen nach draußen fotografieren. So würde betont, dass er Geborgenheit spendet, wie ein großes Nest, wie ein Mutterbauch. Christian entscheidet sich für die gegenläufige Perspektive: von draußen in den Kessel hinein. Er hat ambivalente Wahrnehmungen. Ich spüre das Behütende, sagt er, aber es gibt auch eine Kraft, die hinaustreibt. In der Mittel des Kessels gibt es keine Feuerstelle, wie man sie sonst fast zwangsläufig antrifft. Man fühlt sich dort beobachtet, wie in der Arena eines Amphitheaters Christian fühlt sich in der Rolle des Zuschauers wohler. Er findet den stimmigen Standort für die Kamera – am Rande.

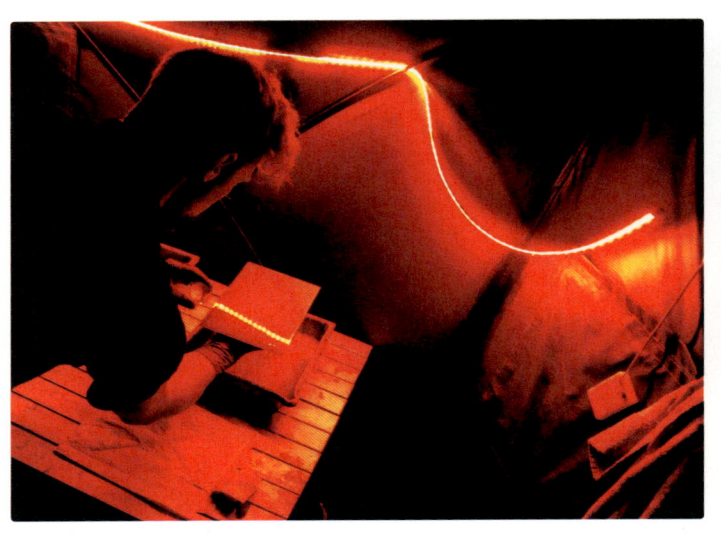

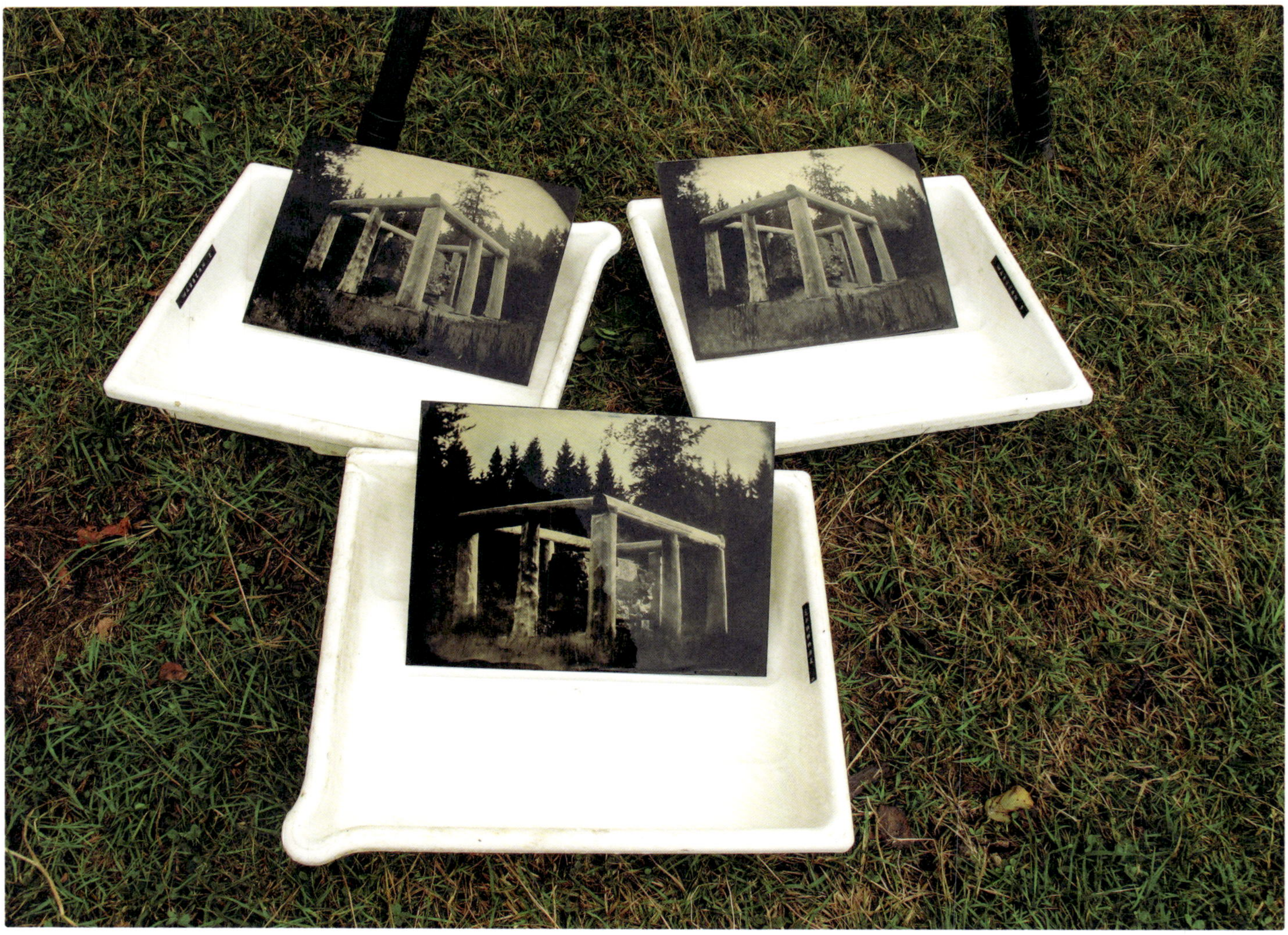

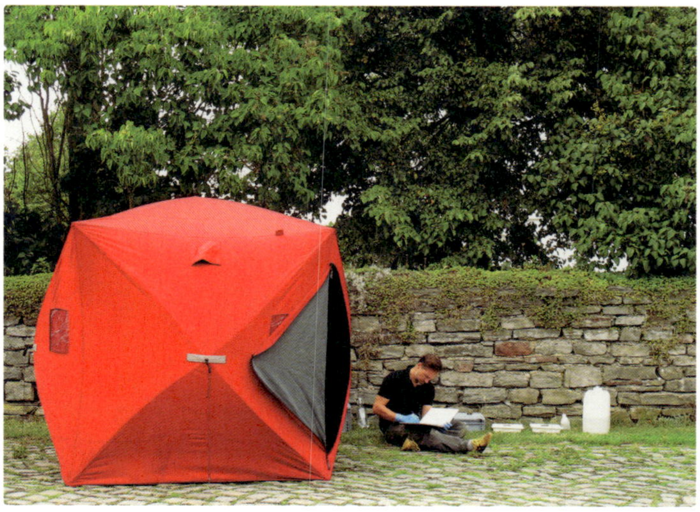

Die 43 Seelenorte im Sauerland können auf den ersten Blick nicht unterschiedlicher aussehen: Quelle und Staumauer, Felsen und Kloster, Bergkuppe und Bergwerksstollen, Gerichtsplatz und Kapelle, Wegkreuz und Riesenbäume. Ihnen ist gemeinsam, dass sie für die Menschen eine starke Bedeutung haben, seit alters und heute. Es sind Resonanzorte.

Christian Klants Fotografie hat wenig Mühe, das Verbindende herauszustellen. Allein durch die charakteristische Anmutung der Bilder: schwarz-weiß, orthochromatisch (wodurch Rottöne fast schwarz, Grau- und Blautöne heller dargestellt werden), mit ihrer minimalistischen Tiefenschärfe. Manchmal gibt es bei der Entwicklung der Nassplatten Unregelmäßigkeiten. Schlieren am Rand, ein hineingewehtes Stäubchen hinterlässt einen feinen Abdruck. Auch das gehört zum fotografischen Fingerabdruck dieser Serie: das Organische, Unperfekte, Handwerkliche.

Damit knüpft die Seelenorte-Serie unmittelbar an frühere Projekte an. Etwa die »Guardians«, Felsformationen in Portugal, die gleichsam die Grenze zwischen Meer und Land zu bewachen scheinen. Der Unterschied: Er hatte sich die Plätze selbst ausgewählt, im Sauerland sind sie gesetzt. Doch genau das habe ihn so berührt, sagt er: Wie achtsam und sorgsam die Menschen die ihnen bedeutungsvollen Orte ausgewählt haben, wie sie sich des Reichtums ihrer Umgebung bewusst wurden und ihn wertschätzen. Auch der Begriff »Seelenorte« habe sofort eine starke Reaktion in ihm ausgelöst, sagt der Christian. Er sieht darin Tiefe, Sinnhaftigkeit, Lebendigkeit. (Bloß nicht Kraftorte nennen, hat er auch noch gesagt, das erinnere ihn an Kraftmeierei.)

Der Lichtmaler führt ein Logbuch, in dem er seine foto-emotionalen Erlebnisse einträgt. »Langsamer werden« . . . . hat er mehrfach notiert. Mit Hektik und Druck . . . . scheitere ich . . . . sagt er. Seine Technik entschleunigt ihn zwangsläufig. Aber er fühlt sich nicht gezwungen, sondern erlebt die Verlangsamung als die Vertiefung, die er für sich ersehnt sagt er.

Seine paradoxe Erfahrung: Je langsamer ich werde, ... desto schneller geht alles voran.

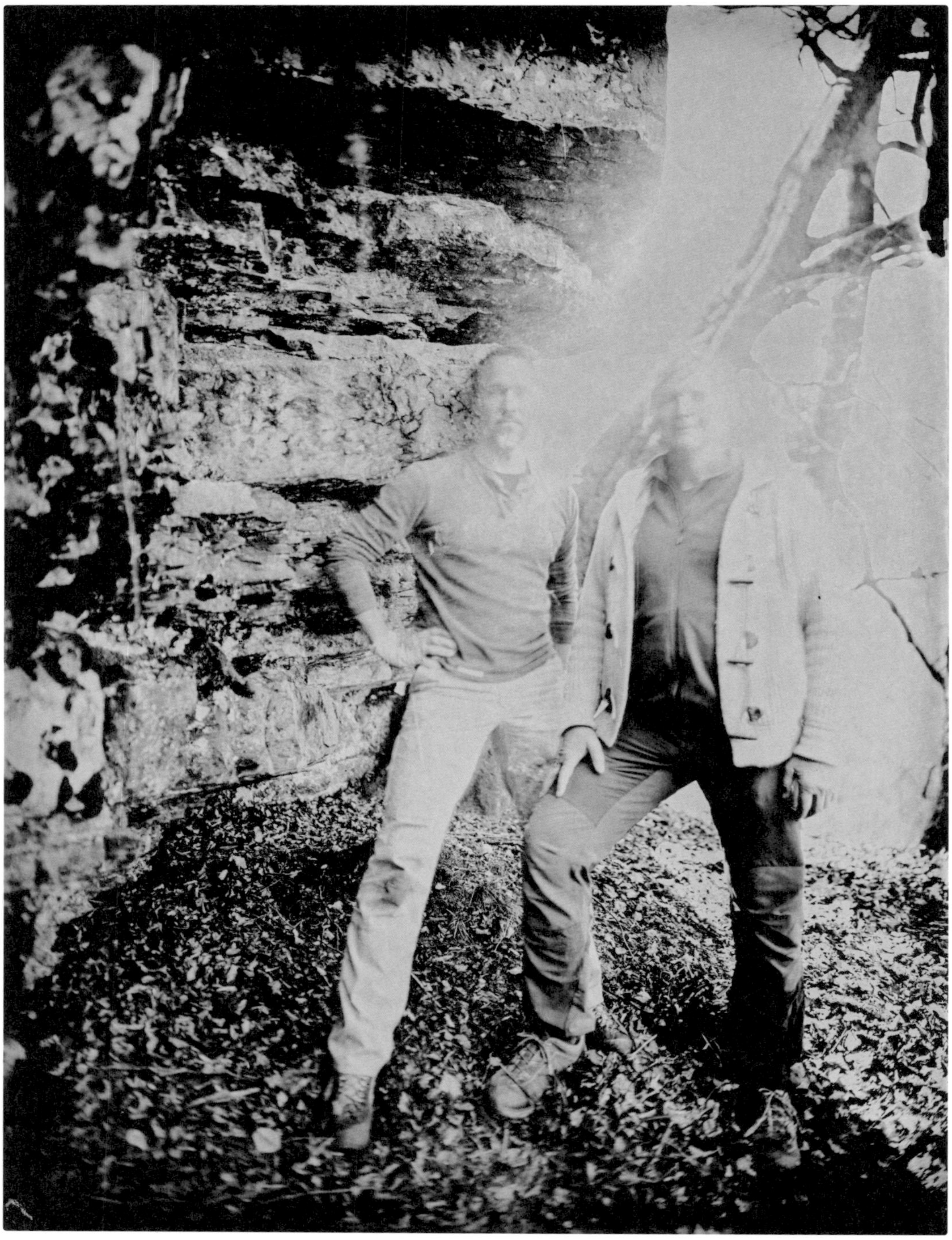

Michael Gleich

Ich bin in Südwestfalen aufgewachsen, wohin ich privat immer wieder zurückgekehrt bin. Als Reporter habe ich Flügel, als Sauerländer Wurzeln. Für ein Projekt der Sauerland-Wanderdörfer durfte ich 43 Reportagen über die Seelenorte der Region schreiben. Aus der alten Heimat wurde eine neue, größere, vielfältigere.

Lebendigkeit ist zu meinem Lebensthema geworden, sie zu nähren ein Herzenswunsch. Etwa mit Multimedia Projekten zu Artenvielfalt *Life Counts,* kultureller Vielfalt *Culture Counts* und Friedenslösungen *Peace Counts.* Dafür habe ich viel Anerkennung erfahren. Ernennung zum Fellow der internationalen Organisation *Ashoka,* Auszeichnungen wie »Wissenschaftsbuch des Jahres«, Deutscher Umweltpreis für Publizistik und zweimal den Journalistenpreis Entwicklungspolitik, verliehen vom Bundespräsidenten.

Zur äußeren Arbeit kommt die innere. Die Erforschung von Glaubenssätzen, in der Kindheit erworben, nie wieder hinterfragt, leidvoll gelebt. Seit langem bin ich auf dem Weg zu meinem inneren Seelenort. Dabei erscheint mir das Gehen genauso wichtig wie das Ankommen.

Chrstian Klant

In meinem früheren Berufsleben unterstützte ich als studierter Betriebswirt Unternehmen in Sachen Nachhaltigkeit und CSR (Corporate Social Responsibility). Als Fotograf bin ich Autodidakt und finde mich selbst nach einigen exklusiv digitalen Jahren und einem doppelten Salto rückwärts in der fotografischen Geschichte als Spezialist für handgemachte und analoge Fotografie wieder.

Unsere Natur und Werte wie Achtsamkeit und Authentizität sind der rote Faden meiner freien Arbeiten. Diese sollen inspirieren und neue Perspektiven eröffnen und werden international ausgestellt.

Als BFF* Professional, Mitherausgeber des Art Lab Podcast, Treuhänder der Stiftung Photographie schwarzweiß und stellvertretender Sprecher des Deutschen Fotorates setze ich mich für die Fotografie ein. Forschungsprojekte u.a. über Gustave Le Gray für das Rijksmuseum in Amsterdam bereichern meine Arbeit.

Als leidenschaftlicher Printer bringe ich nicht nur meine eigenen Arbeiten zu Papier, sondern habe die Ehre, dies auch für ausgewählte KollegInnen tun zu dürfen. Der Prozess zum fertigen Bild ist jedes Mal auf's Neue eine wunderbare Reise.

* Berufsverband Freie Fotografen und Filmgestalter e.V. | *https://bff.de*

Clemens Theobert Schedler

Typografischer Amateur [lat. *amator* Liebhaber], geboren 1962 in Gräfelfing bei München, aufgewachsen in Vorarlberg, lebt seit 1983 in Wien, arbeitet von dort aus als strategischer und visueller Gestalter und Kommunikationsbegleiter.

»Es ist immer alles authentisch. Das Aussehen ist wesentlich, es macht das Wesen sichtbar. Wie es aussieht ist jedoch nicht wesentlich, sondern wie es wirkt.«

Herausgeber
Michael Gleich
http://der-story-teller.de
Christian Klant
https://christian-klant.com
Clemens Schedler
https://a-g-i.org/user/clethesche

Internationale Standardbuchnummer
ISBN 978-3-00-072055-0

Alle Rechte vorbehalten
2022 © Michael Gleich und Christian Klant

Bibliografische Information der Deutschen Nationalbibliothek
Die Deutsche Nationalbibliothek verzeichnet diese Publikation
in der Deutschen Nationalbibliografie; detaillierte bibliografische
Daten sind im Internet über *www.dnb.de* abrufbar.

Texte
Michael Gleich

Kollodium Nassplatten-Fotografie
Christian Klant

Farbaufnahmen
Michael Gleich

Konzept und Gestaltung
Clemens Theobert Schedler, Büro für konkrete Gestaltung

Schrifttype
Lava LCG, entworfen von Peter Biľak
www.typotheque.com

Papiere
Umschlag MANIFATTURA DEL SEVESO, Paradise 7584
Vor- und Nachsatz FEDRIGONI IMITLIN E/R55 AIDA Nero, 125 g
Kern MUNKEN Polar Rough, 150 g

Begleitung Bildbearbeitung und Druckvorstufe
Markus Wörgötter

Druck
Holzhausen – die Buchmarke der Gerin Druck GmbH, Wolkersdorf

Bindung
Papyrus GesmbH & Co KG, Wien

Auflage
1.000 Exemplare im Juni 2022 –
diese Auflage inkludiert 50 nummerierte
und signierte Künstlerexemplare
mit einem limitierten Platin|Palladium-Print
im Schuber

Bestellungen
https://christian-klant.com